不要错过你的天才孩子

学习天赋解码

雷琼 著

知识产权出版社

全国百佳图书出版单位

—北京—

图书在版编目（CIP）数据

不要错过你的天才孩子：学习天赋解码 / 雷琼著 .
北京：知识产权出版社，2025.1. — ISBN 978-7-5130-
9890-8

Ⅰ. G791；G78

中国国家版本馆 CIP 数据核字第 2025RG4129 号

责任编辑：刘亚军　　　　　　　　责任校对：谷　洋
封面设计：易　滨　　　　　　　　责任印制：刘译文

不要错过你的天才孩子——学习天赋解码
雷琼　著

出版发行：知识产权出版社 有限责任公司		网　　址：http://www.ipph.cn	
社　　址：北京市海淀区气象路 50 号院		邮　　编：100081	
责编电话：010 – 82000860 转 8342		责编邮箱：731942852@qq.com	
发行电话：010 – 82000860 转 8101/8102		发行传真：010 – 82000893/82005070/82000270	
印　　刷：三河市国英印务有限公司		经　　销：新华书店、各大网上书店及相关专业书店	
开　　本：880mm × 1230mm　1/32		印　　张：9	
版　　次：2025 年 1 月第 1 版		印　　次：2025 年 1 月第 1 次印刷	
字　　数：260 千字		定　　价：79.00 元	

ISBN 978-7-5130-9890-8

自 序

那片绚烂的花海，是我生命的召唤

2013年深秋的一天，我在中国创问教练中心的"进化教练"培训课上，一次看似平常的三人小组练习，却在我的人生旅途中激起了波澜，让我看到了自己生命的召唤。

在练习中，我扮演了客户的角色，徐老师作为教练，坐在我的对面。我向他倾诉了我的退休计划——创办一个为父母和孩子提供帮助的家庭教育培训公司。然而，由于我几十年都在教育系统的政府机构工作，对公司运作一窍不通，不知道会遇到什么样的困难，因而有些纠结。有一点我很清楚，如果不去尝试，只有一个结果，将会抱憾终身。

教练："为什么想做这件事？"

我："几十年的教育经历让我看到了每个孩子都有自己独特的天赋优势，可惜很多家长并没有意识到这点，反而采用了忽略、抑制或者毁坏孩子天赋的行为。一方面，家长自己身心疲惫；另一方面，很多孩子没有能尽情活出他们的天赋。我为孩子可惜，也同情家长付出了那么多的辛苦却没有收获到喜悦的果实，我想帮助这些孩子和家庭。"

教练："当你想到要做这件事的时候，脑海里出现了什么？"

我闭上眼睛，眼前浮现出一片绚烂的花海。

"是花海。每个孩子的笑脸就是其中一朵花，每个其乐融融的家庭也是其中一朵花，漫山遍野开满了各式各样的花。"我越说越激动。

教练追问："这片花海开出来了，对你意味着什么？"

那一刻，我的眼泪夺眶而出："因为我想证明给父母看，我也是一朵花。我想让天下的父母看到，他们的孩子是一朵能绽放的美丽的花。"说到这里，泪水如决了堤的江河一样汹涌而出，我浑身颤抖，埋下头痛哭起来。

这样的愿望，从我的孩提时代就萌生了。

幼儿时，由于身体原因，我未满周岁便被送到五十公里外的外婆家抚养。直至六岁，我才得以回到父母身边，并得知家中还有一个比我小两岁的弟弟。孩子的心灵是敏感的，自幼便懂得爸爸妈妈对他意味着什么。从小被父母"弃养"的我，多年后再回到父母身边，内心最渴望的便是得到父母的认同和接纳。而对父母而言，由于我并非在他们身边长大，他们不熟悉我的行为习惯，这使他们很容易对我的行为表现感到不满，视之为缺点。

我的父母是传统而严厉的，他们对待孩子的缺点和错误，采取的方式是非打即骂。因此，我时常受到他们的批评。这对一个曾经离开父母多年又突然回到他们身边的我来说，无疑带来了巨大的心理冲击。我觉得父母不接受我，不爱我，这使得我对他们产生了深深的恐惧，与他们相处时总是小心翼翼，生怕出错。

我出生于1959年，父亲是一位热爱阅读的知识分子。尽管我的童年处在一个特殊年代，但父亲仍然十分注重培养我和弟弟的学习能力。他时常设计一些训练项目或者出些题来考我们。

有时，父亲在纸上写几个字，然后让我和弟弟看几秒钟，再把纸合上，要求我们凭记忆默写出刚才看到的字。父亲说这是为了训练我们的记忆力。每次在这个环节，我记住的字总是没有弟弟多。这时，父亲就很生气，大声喝斥我："刚才你有没有认真看啊？你比弟弟大两岁，认识的字也应该比他多，怎么就记得还不如他呢？"父亲坚信我一定是没有用心。我委屈极了，因为我真的是在竭尽全力、拼命地想记住这些字。

有时，父亲也会要求我和弟弟照着字帖练字，规定我们每天必须自觉抄写一页。当他想起来时，便会检查我们写的字。每当这时，我心里格外紧张。

"你看看你写的字，再对比字帖，你自己说写得好不好？"威严的父亲看着我，令我感到十分害怕。

"写得不好。"我战战兢兢地回答。

"哪里不好？"

"不知道。"我低头看着自己的字，大气都不敢出。

"不知道？你看看字帖，再看看你的横是怎么写的。"父亲说话的音调在逐渐提高，让我越发紧张。

"哦，我的横写得歪歪扭扭。"我这才说出不足。

"还有哪里不好？"父亲继续追问。

我再次低头看着自己的字，摇了摇头。

"你好好看看字帖呀，你看看你写的竖。"父亲愤怒了，瞪着眼朝我吼。

"我写的竖不直。"我终于又说出了自己的不足。

我清楚自己的字写得不好看，但真的辨别不清具体是哪里写得不好。可是父亲并没有相信我有努力把字写好的愿望，更不相信我对照字帖还看不出差别。他认定我是态度不认真，所以才会如此生气。当父亲大声训斥我时，我感到无助极了。

至今，我仍清晰记得当年的那些感受。不是我记仇，正是由于童年这些记忆深刻的感受，才让我对儿童教育充满浓厚的兴趣与好奇。我渴望解开这些现象背后的秘密，为自己洗清那份"冤屈"。怀着这份决心和好奇心，在十三岁那年，我萌生了一个信念：这一生只做一件事——儿童教育。这个决定，在随后的几十年里，我始终坚守，从未动摇。我深入钻研与孩子相关的一切科学知识，探索他们学习成长的奥秘。

通过大量的学习和研究，我不仅解开了当年的心结，还创造了"三觉"（视觉、听觉、感觉）优势学习法。这一方法帮助众多孩子走出了学习困境，找到了适合自己的学习风格和策略，并通过科学的训练方法，全面提高了学习能力。

"三觉"优势学习法洗刷了我当年的"冤屈"。通过科学的"三觉"评测，我发现自己是感觉型，而视觉和听觉系统并不活跃。相比之下，我弟弟则是强视觉型。当年，父亲用纸上写字的方式考我们的记忆力，这种方式主要调动了视觉神经系统。我的视觉学习能力远不如弟弟，所以很难赢过他。可惜父亲早已过世，如果给他老人家做这项评测，我猜想父亲一定也是视觉型，因为他采用的教学方法都是基于视觉系统的。当年，我和父亲都不了解这些原理，但考核结果这个事实对我的打击很大，再加上父亲对我的不理解与批评，更是严重损害了我对自己的认可和信心。

有一次，我在一所学校的家长课堂上讲述了自己童年的这些故事，课后，一位妈妈激动地找到我："雷老师，我怀疑我的大女儿和您的特质相同，是感觉型，而我的小儿子可能和您的弟弟相同，是视觉型。"她的女儿读小学二年级，各科成绩都不理想，尤其是默写，总是不及格。尽管妈妈很耐心地帮助女儿一遍遍抄写和默写，可女儿每次总有几个词记不住。而在一旁默默观察的弟弟，虽然只上幼儿园中班，却能默写出姐姐写不出的字。作为复旦大学曾经的高材生，孩子的父母对此怎么都想不通，为什么幼儿园中班的儿子都学会了，而二年级的女儿就是记不住呢？他们开始怀疑女儿是不是智商有问题。

这位妈妈带着一对儿女来到我的工作室，通过评测，结果如妈妈猜测的那样，姐姐是感觉型，弟弟是视觉型。我向孩子的父母详细讲解了"三觉"学习理论和特质表现，并强调了不同特质需要不同的学习方式。听完我的解释，孩子的父母恍然大悟，原来并不是女儿比儿子笨，而是两个孩子的优势学习系统不同。当妈妈每次用写的方式帮助姐姐记忆时，视觉记忆很强的弟弟自然更容易掌握。然而，弟弟的出色表现，给姐姐造成了极大的心理压力（如同我的当年），也让父母对姐姐的学习能力产生了怀疑和焦虑，形成了恶性循环。在我的建议下，妈妈开始采用适合感觉型的学习方式辅导女儿。一周后，女儿的默写成绩从原先的不及格进步到良、优、全对，短时间内就完成了三级跳。

不是孩子的智商不够，也不是孩子不努力，而是教学方式没有和孩子的学习特质相匹配。只要掌握了其中的奥妙和方法，孩子自然就会聪明起来。

通过"三觉"优势学习法，我成功帮助了无数孩子找回学习的自信，也打破了很多父母认为自家孩子"没有学习天赋"这一限制性的信念；将曾经的家庭作业时间常常上演鸡飞狗跳的武打剧，转变成如今母慈子孝的温馨剧。孩子自信，家庭温馨，这正是我童年就十分向往的美好画面。

几十年光阴转瞬即逝。直至2013年那个深秋，教练的引导让我脑海中那片久藏的花海再次清晰浮现，那一刻，我仿佛听到了生命的深情召唤。

《不要错过你的天才孩子》，这不是我用大脑思考出来的，而是从我的生命中迸发出的呐喊。长期的教育工作，让我目睹了许多父母因为不了解自己孩子的特质，不知道孩子学习困难背后的症结所在，采用的方式，非但没有帮到孩子，反而对孩子造成更大的困扰或伤害，压抑和毁坏了孩子的天赋，而父母自身也累得筋疲力尽，产生很大的焦虑和痛苦。

正是看到父母和孩子"两败俱伤"的现象愈发普遍，我萌生了要写一本书的念头，将我四十多年的研究心得、实践过程中累积的经验，以及从数千个咨询案例中提炼出的精华，毫无保留地分享给所有的父母。父母也从童年走过，他们也有与生俱来的天赋优势，在帮助和陪伴孩子的同时，他们也能成就自己。这是我在许多成长起来的家庭中看到的，因为教育孩子是父母最好、最真实的修行。

童年的一个梦想在我成年以后化为了一种使命，这个使命在岁月的洗礼下不断升华，成为我坚定的信仰。我对孩子们的爱早已深入骨髓，他们滋养了我，也是我存在的意义。我愿意用一生去回报他们的信任与期待。

如果我的人生还有30年，我想给这个世界带来什么？

我希望能为孩子们的成长世界带来更多的爱与温暖。我祈愿每个孩子都能得到尊重，绽放出他们天赋的光芒；每个父母都能享受与孩子共同成长的喜悦；每个家庭都能充满欢声笑语，和睦融洽。孩子们的笑脸，父母们的笑容，将汇聚成一片片绚丽的花海，那是世间最美最壮观的风景。我愿意为此奉献我的一生，直到生命的最后一刻。

雷琼

2018年10月

再版前言

五年前，我首次出版发行的《不要错过你的天才孩子》一书是我的处女作。让我深感意外的是，发行仅两周后，出版社就告知我需要进行第二次加印。这一消息让我无比兴奋。五年来，这本书如同一位默默耕耘的园丁，见证了许多家庭与孩子的成长与蜕变，也让我的生命之旅得到了丰富和升华。

在书中，我深入探讨了每个孩子天生具备的"三觉"学习天赋优势，简称三觉优势。它指的是人们通过视觉、听觉和感觉三大通道来学习的能力优势。

我的三觉优势是感觉型，感觉型的学习特点是需要通过亲身体验来获得感知。写作伊始，我尚未找到写书的感觉，因此对自己能否写好并无信心。我最终鼓起勇气将书稿交给出版社，完全是被我的贵人——一位身为家长的赵鑫老师的极力推动。

赵鑫老师不断鼓励我，他提到三觉理念让他和孩子收益颇多。他说我从事家庭教育数十年，积累了大量案例，只需将这些案例整理成书，便能帮助到更多像他一样的家庭。

我深感若再不答应写书，便对不起赵鑫老师的一番好意。于是，我整理了自己记录的咨询案例，将其交付给出版社。当时我心中惴惴不安，认为出版社的审核大概难以通过。后来，当编辑告知我书稿已通过审核，即将出版时，我既感到欣喜，又想大概不会有人看我这本书的。我已经努力过了，我当时用这个来安慰自己。

　　出乎我意料的是，2019年5月图书上市后，我收到了来自全国各地的热烈反馈。家长们纷纷向我发来信息，其中提及最多的感受是醍醐灌顶、豁然开朗。有些家长看书时泪流满面，他们意识到之前误解了孩子，现在按照书中的理论和方法去帮助孩子，已经带来了显著的改变，家庭氛围也因此变得温馨和睦。

　　这本书不仅深受家长们的喜爱，孩子们也对其情有独钟。他们特别喜欢我在书中对每个孩子说的那些鼓舞人心的话，因为这些话语让他们感受到了自己的天才之处，让他们觉得被真正看见和理解了。有些孩子甚至会恳求他们的妈妈带他们来我的工作室，只为能亲耳听到我对他们说这些激励人心的话语。孩子们对我说："雷老师，您就像书里写的那样，对我说几句吧。"

　　更令我欣喜的是，许多学校老师也告诉我，他们学校的领导为每位老师都购买了这本书。不少老师与我分享了他们的喜悦，通过运用这本书中的理念和方法，他们不仅成功地帮助了家长，还极大地促进了自己的教学工作。他们不再依赖刷题来提高成绩，而是用更为科学和人性化的方式，使班级学生的成绩有了显著的提升。一些老师自豪地告诉我："雷老师，我现在轻松多了，班里已经没有学习成绩不佳的学生，整个班级的平均分在年级中都名列前茅。"

　　有一次，我在一所学校的讲座上提到了这本书。讲座结束后，一位父亲告诉我，他已在当当网上搜索了这本书，并看到它获得了100%的好评，他当即下单购买了这本书。

　　2023年10月，我有幸再次与赵鑫老师相聚。我们一起回顾了当年他鼓励我写书的情景。那时，他的孩子被诊断为抽动症，学习上遇到了重重困难，这让他忧心忡忡，甚至愁白了头发。幸运的是，通过运用我在书中所阐述的教育理念和方法，他的孩子逐渐走出了困境。如今，这个孩子已经顺利考入北京市一所名列前茅的高中。初中的老师幽默地说："这个孩子把初中最好的成绩留给了中考。"在那所优秀的高中里，赵鑫老师的儿子学习成绩依然稳居年级前列。

这些反馈让我非常感动，也让我感到很惭愧。我觉得第一版没有写好，因此，我下定决心要对原书进行修订，以不辜负孩子、家长和老师们的期望与托付。

相较于原书，此次修订版主要有以下改动：

1. 在书名中增加了一个副书名，为《不要错过你的天才孩子——学习天赋解码》

"不要错过你的天才孩子"这句话，曾是我内心深处的呐喊。在我眼中，每个孩子都拥有独特的天赋优势，而学习天赋只是其中之一，因此，五年前我选择了《不要错过你的天才孩子》作为书名。然而，考虑到本书主要聚焦于孩子的学习天赋，以及如何有效发展和展现这些天赋，进而帮助孩子在学习中体验成就感，为了让读者更直观地理解书的内容，故这次修订为书名增加了一个副书名。同时，我想说的是，保护孩子的学习天赋与保护孩子其他天赋的方法并无二致。

2. 对语言表达进行了调整

修订版中显著的改动是对表达的结构形式和语言进行了调整。

在三觉（听觉、视觉、感觉）优势中，听觉型的人的表达能力最为出色，他们的语言逻辑性强，注重结构条理。相比之下，感觉型的人在表达上的逻辑条理性最弱。感觉型的人常常认为自己已经表达得很清楚，但在听觉型和视觉型的人看来，其表达结构混乱，语言并未完全、清晰地传达出意思。视觉型的人的表达能力和方式介于听觉型和感觉型之间。

在我的三觉优势中，感觉最为突出，而听觉最弱。因此，在这次修订中，我刻意将自己调整到视觉的频道来进行修改。那些觉得我书写的内容令人动容的家长和孩子，通常都是具有一定感觉能力的人，才能理解我的感觉型语言。为了给所有具有不同三觉特质的读者朋友提供更加完善、深入的阅读体验，我在修订版中将原书中大量的感觉型语言尽可能地调整为视觉型的表达方式。

3. 重整章节顺序，丰富案例讲解

在修订版中，我对原书的部分章节顺序进行了调整，旨在使本书的内容更聚焦，更具逻辑性，便于读者理解和跟随。同时，对每个案例进行了更为详尽的讲解，力求清晰明了。为了深化理解，增加了对底层逻辑和方法的阐释，帮助读者更好地掌握核心理念。此外，在每个小节后都增设了要点总结和家庭练习项目，为家长朋友们提供了实践指南，可在实际生活中轻松应用。

人生如书，每一页都充满了故事。在我65岁之际，修订出版的《不要错过你的天才孩子 —— 学习天赋解码》是我这个资深儿童写给天下父母的一封恳切的长信。我始终怀揣着一个愿望，那就是每一个孩子都能活出自己的天赋，成为更好的自己，因为这样的生命旅程才更具深意。

衷心期盼这本《不要错过你的天才孩子 —— 学习天赋解码》继续走进每一个家庭，成为你们育儿路上的良伴。

即使我只有萤火微光，也要把它捧出来温暖孩子们的世界。

希望读到此书的您，千万别错过孩子的天赋优势，让孩子的未来更加灿烂辉煌！

2024年6月

目 录

绪 论

珍视并发现——孩子的学习天赋

每个孩子都是独特的个体，他们带着各自的天赋来到这个世界。然而，在现实的教育环境中，我们看到孩子们被统一的标准所束缚，他们的学习天赋往往不被认识或未能得到充分的发挥。因此，本书旨在引导家长和教育者深入理解孩子的学习特质，发现他们的学习天赋，并据此为他们提供适合的教学方法和策略。

我们观察到，即使是同一位老师授课，孩子们都在认真听讲，他们的听课效率也会存在显著的差异。有些孩子能够迅速理解并掌握老师讲的内容，有些孩子却显得吃力。在完成作业时，有些孩子朗读了无数遍还是背不出，而有些孩子听一遍就记住了。可能同样是这个朗读了无数遍还背不出的孩子，当他默写作业时，看两眼却能很快记住、默写正确，而那个听一遍就能记住的孩子，却抄写了十多遍还是默错。这是源于每个孩子的大脑擅长接收和处理信息的通道方式与能力有所不同。有的孩子擅长使用视觉系统学习，有的依赖听觉系统学习，还有的则更敏感于感觉系统。这种差异正是孩子们各自的学习天赋的体现。

视觉系统、听觉系统、感觉系统，这就是孩子在学习方面的天赋优势系统。所谓教不会的学生，往往是因为老师传递的教学信息没有从该学生大脑最擅长的输入通道进入。比如，当学生擅长接收的信息主通道是视觉系统时，如果老师主要采用口头语言授课的形式，学生就会左耳进、右耳出，听课效率大打折扣。

为了充分利用学习天赋，我们需要了解并尊重每个孩子的学习特性，以便为他们提供适合的教学方法和策略。"三觉"优势学习法，正是这样一种有效的工具，它强调利用孩子最擅长的优势通道来形成高效的学习模式。这种方法不仅可以帮助孩子提高学习效率，还能让他们在学习过程中体验到成就感和快乐。

"三觉"理论的基础是美国著名脑神经学专家、毕业于哈佛大学的Brock Eide博士的神经学习过程理论。此理论解释了神经学习过程有四个基本模块：信息输入、模式加工、动作输出、注意协调，这四个模块以及相互之间的连接构成了孩子学习的全过程。只有当这些模块之间的连接畅通无阻时，孩子才能在学习上不断体验成就感的快乐。反之，只要有一个模块通道不通畅或者有障碍，孩子就会在学习上遇到困难。

基于Brock Eide博士的神经学习过程理论，结合笔者几十年的教育实践经验，我与来自中国台湾的儿童教育专家李骥老师合作，建构了一个行之有效、方便使用的工具模型——儿童学习成就金字塔。

这个金字塔模型从孩子的"三觉基础"优势出发，通过层层递进，最终指向学习成就。它为我们提供了一个清晰的框架，用以分析和解决孩子在学习过程中可能遇到的问题。需要说明的是，这里所说的学习成就，不是单指学校的考试成绩，而是儿童对待学习的一种积极状态，是对自己的学习能力和成果的一种自信和成功体验的感受。

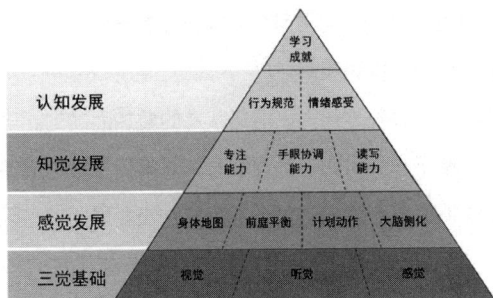

儿童学习成就金字塔

每个孩子都有自己的三觉学习天赋优势，而他们的大脑神经系统还处在快速发展中。运用这个金字塔模型，我们可以依据孩子的"三觉基础"优势，帮助他们找到适合自己的高效学习路径和策略；同时，在三觉基础上发展起来的多感官联合学习的方式，是让孩子的大脑变得更聪明的训练捷径。这部分详见第一章。

运用这个金字塔模型，我们可以深入分析孩子未能如愿获得学习成就的原因。其中，"感觉发展"和"知觉发展"，这两层的发展情况对于孩子形成后续的学习能力具有至关重要的影响。在数千个小学生案例样本研究中，我们发现，孩子在学习上的卡点通常出现在这两层。因此，当孩子面临学习困难时，我们可以借助这个金字塔模型，从上往下逐层剖析问题根源。

例如，我们可以仔细观察孩子是否存在注意力不够、读写困难等问题，并进一步探究这些问题是否源于感觉发展阶段的不足或偏差。通过这种方法，我们可以将孩子们遇到的各种学习困难进行归类和分析。这些归类和分析足以覆盖当前孩子们呈现出的各种学习问题（不包含先天智力受损的情况），不仅能更准确地把握问题的症结所在，还提供了针对性的改善和提高措施，帮助孩子逐步走出困境，找回学习和人际交往的自信。这部分将在第二章中进行详细的探讨和阐述。

孩子的行为表现是能力和情绪状态的叠加而成的。当孩子学习能力的困难不被父母和老师理解时，对学习抵触的情绪就产生了，而这些情绪将影响孩子对于学习的认知发展能力。因此，在关注孩子学习能力提高的同时，我们还需要关注他们的情绪状态，帮助他们化解对学习的负面情绪，培养积极的学习态度，让学习好习惯从天赋优势中长出来。这部分将在第三、第四章中着重介绍。

最后，本书将从心理学角度为家长提供一些家庭实用的操作原则和方法，帮助家长和教育者激发孩子的学习动力，唤醒他们的内在成长驱动力，让普通的孩子成长为优秀，让优秀的孩子走向卓越。

天才就是天赋优势与外部成长环境匹配的产物。孩子的成长环境与基因的天赋优势匹配得越多，释放的天赋就越多。

如此，每个孩子都能活出自己的天赋优势，属于孩子们的美好世界就回来了！

第一章

发掘"三觉"优势，不错过孩子的学习天赋

本章导读

本章以儿童学习成就金字塔的"三觉基础"为基石，深入剖析大脑神经学与学习机制的紧密联系。通过借鉴西方国家的前沿研究与科学实验成果，我们得以洞察每个孩子大脑内独特而丰富的优势学习系统。

每个孩子都是独一无二的个体，且各自拥有通往学习成就的专属路径。

我们还将深入探讨如何更有效地激活大脑的学习潜能——多感官联合训练。通过一系列生动具体的训练方法，我们将揭示这些训练背后的科学原理与理论基础。这些方法不仅易于操作，而且具有显著的效果。按照神经学的理论，只要坚持进行这些训练，在短短两个月内就能构建新的神经连接，从而使孩子在学习能力上取得肉眼可见的进步。

第一节　孩子大脑学习的奥秘：探索孩子学习的内在机制

每个孩子出生时，大脑都未被完全解锁，而等待着与世界的互动来逐渐展现其独特的学习天赋。婴儿的脑神经细胞之间的连接初始相对较少——只有哭泣、惊讶、呼吸、吸吮、吞咽活动的基本神经连接，因此只能完成一些基本的生理动作。但随着孩子逐渐长大，他们与周围环境的互动增多，这些互动促使脑神经细胞间不断建立新的连接和重整连接，从而形成个体当前所具备的能力和创造性。这一过程，被科学家们称为神经学习过程。它涉及了大脑中四个核心系统：信息输入、模式加工、支配动作以及注意协调。这四个系统相互协作，共同构成了孩子大脑学习的基石。❶

1.信息输入

信息输入是学习的起点，是大脑开启思考、学习和动作控制的关键步骤。大脑如同一个信息处理器，需要从外界和自身接收信息。目前普遍认为信息输入系统主要由五个感觉系统组成，即视觉、听觉、嗅觉、味觉和触觉。它们共同构建起一个多元的信息输入网络，为后续的加工处理提供了丰富的素材。

只有当信息输入系统正常运转时，大脑才能获取到准确、全面的信息。然而，当某个信息输入系统出现故障，如眼睛或耳朵出现问题时，就会导致进入大脑的信息流发生偏差。这种影响不仅仅局限于信息的接收，更会波及整个学习过程，使孩子难以有效地吸收新知识，进而形成正确的认知。

---

❶ 艾德 B，艾德 F. 贴错标签的孩子：怎样正确理解孩子独特的学习方式[M]. 王立新，等译. 北京：当代中国出版社，2008：12.

2.模式加工

信息输入完成之后，大脑会对信息进行一系列加工，将其转化为基于经验的模式记录。这些模式记录会被编码成独特的"大脑语言"，并存储在记忆区域。一旦模式被编码和存储，它便成为大脑的一部分，随时可供调用。每次大脑在接收新信息时，都会重复这一加工过程。随着孩子与环境的互动增多，其大脑记忆库里就会存储越来越多的模式记录……[1]这些记录不仅是孩子学习的经验积累，更是他们能力形成的基础。这一过程不断重复，推动着孩子对世界的认知不断深化。当然，成年人的学习过程亦是如此。

3.支配动作

经过信息输入（即观察）和模式加工（即理解）这两个步骤，大脑会决定该如何行动，然后指挥身体做出相应的动作，这个流程便是支配动作的过程。对于孩子而言，写作业、回答问题或是参加考试等学习活动，正是他们通过支配动作的过程展现学习成果的重要形式。这些实际行动不仅反映了孩子对知识的掌握程度，更体现了他们运用所学知识解决问题的能力。

4.注意协调

"信息输入""模式加工""支配动作"这三大神经系统，都在注意协调系统的监控和调节下协同运行。注意协调系统就像神经学习过程中的指挥家，要确保每一个阶段的学习活动都能够有序、高效地进行。正因如此，专注力的重要性不言而喻，它是孩子学习与发展过程中不可或缺的基石。后续章节，我们将深入剖析专注力这部分内容。

举个例子，从孩子坐在教室里听老师讲课，我们就可以清晰地看到四个核心系统是如何相互协作，共同促进学习过程的高效运行。

---

[1] 艾德 B，艾德 F. 贴错标签的孩子：怎样正确理解孩子独特的学习方式[M]. 王立新，等译. 北京：当代中国出版社，2008：13.

首先，信息输入系统通过听觉系统发挥作用，孩子的大脑积极接收老师传授的知识，将听到的声音转化为自己可以理解的词汇和句子。此时，孩子的专注力成为信息输入的关键，只有保持高度的注意力，才能确保信息被准确、完整地输入大脑。

其次，模式加工系统开始工作。孩子的大脑对输入的信息进行加工处理，通过理解、分析和记忆，将这些信息转化为自己的知识和经验。这个过程需要孩子运用已有的知识和思维方式，对信息进行深入的理解和加工，逐渐培养自己的学习能力。

最后，支配动作系统开始发挥作用。孩子根据大脑中已有的知识和经验，指挥身体进行实际的行动输出，如回答老师的提问、完成作业或参加考试。这些都是孩子日常学习中常见的输出形式。这些输出形式不仅检验了孩子的学习效果，还促进了孩子对知识的巩固和应用。

在整个学习过程中，注意系统始终发挥着关键的作用。它像一个指挥官，确保信息输入、模式加工和支配动作这三个环节顺利进行。当孩子保持高度的专注力时，他们的注意系统就能够更加高效地协调并配合各个系统的工作，从而提高学习效率和质量。

因此，这四个核心系统相互协作，共同促进了孩子的学习过程。专注力作为这一切的基石，对孩子的学习效果至关重要。只有当孩子保持高度的专注力时，他们的学习系统才能够更加高效地运作，从而取得更好的学习效果。

如果这四个系统运作正常，连接通畅，那么孩子在学习时便能体验成就感带来的快乐，从而自然而然地对学习产生兴趣。一旦这四个系统中的任何一部分出现问题，或是系统间的连接出现偏差，就会导致系统间无法协调运作，从而使孩子面临学习困难。这种困难往往超出了孩子自身解决的能力范围，导致他们产生挫败感和畏难情绪。在这种情况下，家长若采取催促或逼迫的方式，孩子或选择退缩、逃避，转移自己的注意力去做别的事情，或大喊大叫、摔东西、或哭泣等，抗拒表达不满。此时，家长往往会束手无策，倍感头疼。

实际上，孩子的这些表现正是他们在向家长发出求助信号，提醒家长：我们的神经发育尚未达到当前的学习要求，需要得到额外的支持和帮助。因此，家长应细心观察，及时识别这些信号，并采取适当的措施帮助孩子化解困难。

在本书的后续章节，我们将深入探讨如何通过科学的方法和策略，确保这四个系统能够协同工作，从而充分发挥孩子的学习天赋，帮助他们在学习的道路上扫除障碍，越走越高远，成为未来的佼佼者。

本节要点

孩子在学习方面的困难表现，正是他们在向家长发出求助信号，提醒家长他们的神经发育尚未达到当前学习要求，需要得到额外的支持和帮助。

家庭思考与实践

回顾本节学习的四个核心系统——信息输入、模式加工、支配动作以及注意协调，您发现孩子有哪些行为是其发出的求助信号？

第二节　解锁"三觉"优势学习法：每个孩子的学习密码

身为父母，我们曾沉浸在孩子呱呱坠地时的喜悦中，感受新生带来的激动之情；我们曾为孩子第一次喊出"爸爸""妈妈"而欣喜若狂，仿佛看到了他们未来的无限可能；我们也曾为孩子迈出人生的第一步而感动，感叹生命的奇迹与成长的力量。

每当孩子学会新技能，无论是唱歌、数数，还是那些看似微不足道的小动作，父母都倍感骄傲。那时的孩子，在父母眼中如同天才般闪耀。

那么，究竟是从何时起，父母们开始不再将自己的孩子视作天才了呢？为了寻找答案，我对一千多名家长进行了深入了解。结果显示，高达80%的家长认为：从孩子上小学起，他们的学习表现就开始发生变化。看到"别人家的孩子"上课一听就懂，一学就会，而自家孩子一提到学习却无精打采，怎么听都似懂非懂，怎么学都显得吃力，甚至需要重复数遍才能勉强理解一二。这种鲜明的对比让家长感到焦虑和困惑，甚至开始怀疑自己的孩子是否天生就不适合学习。

真的是这些孩子天生就不适合学习吗？当然不是！这些孩子并非智商不够，也并非不够努力，更非上小学以后就变"笨"了。其实孩子在学习上表现出的差异，与两个因素密切相关：一是孩子大脑内在的优势学习系统的能力分布，即他们的学习特质；二是这种学习特质与所接受的教学方式之间的匹配度。只要掌握了这两个因素的奥妙和方法，孩子自然就能展现出他们的聪明才智。

例如，有些孩子的背诵困难，课文反复朗读十多遍仍然难以记住，但他们的视觉记忆效率很高，一个词语看两遍就能默写正确；有些孩子默写很困难，抄写十多遍后还是默写不出来，但他们听的记忆力很强，听一遍就能记住。这其中的缘由，就是孩子大脑学习的独特方式。

上一节，我们解构了孩子大脑学习的奥妙，揭示了大脑神经学习的完整过程，它包含信息输入、模式加工、动作输出、注意协调这四个系统。这一节，我们将重点探讨信息输入和模式加工这两个系统，分析它们是如何构成孩子的学习天赋的。

每个孩子的大脑都有其独特的组合形式，他们在选择信息输入通道和运用模式加工方面表现出很大的差异性。有些孩子对看到的信息反应迅速，擅长加工视觉系统输入的信息，属于视觉型学习者；有些孩子依赖于听觉获取信息，擅长加工听觉系统输入的信息，属于听觉型学习者；还有些孩子则喜欢通过亲身实践、体验来获取信息，擅长加工触觉、动觉、嗅觉、味觉系统输入的信息，属于感觉型学习者。一个人喜好的信息输入方式，就是他的大脑擅长处理信息的通道，也就是大脑加工具有的优势模式。这些不同的感知模式，形成了每个孩子独特的学习特质。

视觉型、听觉型和感觉型，是三大基础类型的学习特质。在感觉型中，嗅觉和味觉与学习没有很强的关联性，而触觉和动觉与学习具有很强的关联性。因此，本书中所讲述的感觉型学习特点和应用方法，主要是指触觉和动觉。每种类型在孩子学习的过程中都有其特点和优势。了解这些特点和优势，有助于我们更好地指导孩子学习，帮助他们找到最适合自己的学习方式和策略。

当然，这并不意味着视觉型的人就没有听觉加工能力，或者听觉型的人就不能通过视觉学习。每个人的听觉系统、视觉系统和感觉系统都能正常运转（先天有缺损的除外），只是在接收外界信息的时候，个体会优先采用某个系统。因为当有外界信息输入时，人会不自觉地优先启动自己最擅长的系统，或是视觉，或是听觉，或是感觉。当一个人利用自己擅长的感官系统来处理信息时，他的反应速度就会快，效率就会高，同时也会感到更轻松愉悦。如果成年人把优势特质用于工作或者与人沟通等方面，都会有更好的表现。孩子的大脑学习也遵循同样的规律。

孩子优先采用的系统就是他所擅长加工、处理的信息输入通道，即他学习效率最高的系统。有些孩子似乎"教不好",其实很多时候是因为老师灌输的信息没有从孩子喜好的输入通道进入,导致孩子的大脑无法有效加工老师的教学信息。比如,孩子优先采用的系统是视觉,如果老师采用大量口头语言、说教的形式讲授知识,那么孩子容易"左耳进、右耳出",信息输入的效率将大打折扣,学习效率自然不高。

同样的道理,有些孩子背课文时,朗读了无数遍还是记不住,但是他们默写很快,只要看两遍就能默写正确,这是因为他们的视觉记忆远比听觉记忆有优势;相反,那些抄写了无数遍还是默写不出来,但听一遍就能记住的孩子,他们的听觉记忆就比视觉记忆更有优势。

具有听觉优势的孩子,即使在听课时小动作不断,他们的耳朵也能有效地吸收并理解老师讲授的内容。有时老师以为他们在开小差,但当他们被叫起来回答问题时,往往可以回答正确。

具有视觉优势的孩子,往往对看到的信息理解反应特别快。如果老师上课时不喜欢写板书,或主要依靠口头讲解,那么这类孩子可能难以充分理解和回答出稍有难度的问题。

还有一类孩子,上课时喜欢动手动脚或身体不停地晃动,他们就是感觉型孩子。这类孩子本能地通过动觉或触觉,即肢体动作来调动感官系统,使大脑活跃起来,从而更好地理解老师讲课的内容。然而,当孩子动作较多或身体晃动幅度较大时,就很容易被误认为专注力有问题,甚至被贴上"多动症"的标签。在日常咨询中,我就发现不少被误认为有多动症的孩子,但经过评估,他们大部分并不是真正患有多动症,只是感觉型的孩子在用自己的方式寻找学习的感觉。

因此,了解孩子的学习特质至关重要。当我们的教学方式与孩子的学习特质相匹配时,才能使他们充分发挥自己的学习潜力,获得更好的学习效果。例如,对于视觉型孩子,我们可以利用图表、图片等视觉辅助工具来帮助他们学习;对于听觉型孩子,我们可以通过讲解、朗读等方式来向他们传授知识;而对于感觉型孩子，我们可以通过实践活动、动手操作等方式来激发他们的学习兴趣。

只有这样，我们才能真正发掘孩子的"三觉"学习天赋，帮助他们体验到学习带来的成就感与快乐。

本节要点

视觉型、听觉型和感觉型，是三大基础类型的学习特质。

孩子优先采用的系统就是他所擅长加工、处理的信息输入通道，是他学习效率最高的系统。

家庭思考与实践

在了解视觉型、听觉型和感觉型这三大基础学习类型之后，请您在日常学习中观察孩子的表现。您认为孩子学习时存在哪些效率低下的方式？请尝试分析这些效率低下的学习方式与孩子的三觉（视觉、听觉、感觉）学习类型之间可能存在的关联。

第三节　科学评测与个性化学习：定位孩子的学习特质

每个孩子都是一块未经雕琢的玉石，他们的内心世界丰富多彩，学习特质各异。"尽管我能够通过孩子日常的语言及行为模式来判断其学习特质类型，但一个人的力量终究有限。我渴望实现的愿景，正如自序中所描绘的那片召唤我生命的花海，那就是需要让更多的父母和老师也能够了解孩子的学习特质，从而帮助孩子找到属于自己学习的罗马之道"。为了实现这一目标，我们需要一套科学、系统的工具来评测孩子的学习特质。只有通过科学评测，我们才能有依据量化并判断孩子的学习特质类型及其相关细节。

基于这样的需求，我与来自我国台湾的李骥老师合作，基于Brock Eide博士的神经学习过程理论，共同研发出国内第一套儿童"三觉"学习特质评测工具。这是目前较为客观和科学的评测儿童优势学习系统的量化评测方法。该评测过程只需要孩子自然运用其三觉（视觉、听觉和感觉）完成一系列选择操作，即可得出评测结果。该结果将客观呈现孩子的大脑在"三觉"方面优先采用的系统顺序及相关分值。具体计分方式为：听觉、视觉和感觉的总得分为100分，每一"觉"的得分所占百分比的高低排序，就代表了该"觉"被大脑自然选用的相对优先程度。

从中我们可以清晰地了解孩子大脑中每个系统的活跃程度。其中最活跃的系统通常是孩子大脑最喜欢的信息输入通道，也是最擅长的加工系统，即孩子的优势学习系统。这是孩子学习特质的直接体现，也是我们制定学习战术的依据。

使用百分比计分有两个目的：其一，表示老天很公平，赋予了每个孩子等量的先天优势（智力受损者除外），因此用100%表示。其二，小学阶段的孩子，"三觉"能力值相差并不大，便于进行横向比较和分析。随着孩子进入青春期，"三觉"能力值将逐步拉开差距。

运用这套"三觉"评测工具，我们收集了大量的数据。基于这些数据，结合多年的实践经验，我将孩子的"三觉"优势分布进一步细化为十个类型的学习特质，即视觉型、视听型、视感型、听觉型、听视型、听感型、感觉型、感视型、感听型以及均衡型（详见表1）。每种类型都有其独特的特点和表现形式，需要我们用心去理解和适应。

表1 "三觉"优势细化的十类学习特质

学习特质	定义	举例
视觉型	视觉系统优先而另外两项得分的百分比均不到1/3	视觉优势48.68% 听觉优势28.50% 感觉优势22.82%
听觉型	听觉系统优先而另外两项得分的百分比均不到1/3	视觉优势24.19% 听觉优势53.23% 感觉优势22.58%
感觉型	感觉系统优先而另外两项得分的百分比均不到1/3	视觉优势20.00% 听觉优势21.67% 感觉优势58.33%
均衡型	三项系统各自得分的百分比均大于30%	视觉优势31.41% 听觉优势33.83% 感觉优势34.76%
视听型	视觉和听觉系统得分的百分比都超过1/3且视觉优势高于听觉	视觉优势40.43% 听觉优势36.36% 感觉优势23.21%
视感型	视觉和感觉系统得分的百分比都超过1/3且视觉优势高于感觉	视觉优势41.93% 听觉优势23.81% 感觉优势34.26%

续表

学习特质	定义	举例
听视型	视觉和听觉系统得分的百分比都超过1/3且听觉优势高于视觉	视觉优势33.33% 听觉优势48.15% 感觉优势18.52%
听感型	听觉和感觉系统得分的百分比都超过1/3且听觉优势高于感觉	视觉优势20.96% 听觉优势42.39% 感觉优势36.65%
感视型	视觉和感觉系统得分的百分比都超过1/3且感觉优势高于视觉	视觉优势35.71% 听觉优势25.00% 感觉优势39.29%
感听型	听觉和感觉系统得分的百分比都超过1/3且感觉优势高于听觉	视觉优势22.92% 听觉优势34.25% 感觉优势42.83%

一、视觉型

视觉型的孩子擅长通过视觉信息来学习，对文字和图片有着敏锐的感知力。他们的典型表现包括以下几个方面。

（1）喜欢看文字、图片等书面语言，视觉记忆力最好；

（2）对画面敏感，喜欢颜色鲜明、外形漂亮和变化多端的事物；

（3）视觉观察和分辨能力强；

（4）学习过程中更注意眼睛所看到的内容，如老师的板书；

（5）听课时爱记笔记、喜欢在书上画线或作标记；

（6）背书时看着书，不开口朗读而在心里默读。

由于对听觉不敏感，他们不容易受到他人言语的刺激，情绪相对稳定。在学校中，他们通常表现得比较乖巧。图像丰富的多媒体，如图表、图片和视频，对于这类孩子来说是很好的学习媒介。

需要指出的是，并非每个视觉型孩子都会立即将这些特质展现出来，有些特质可能要在特定的环境下，经过多年才会逐步展现出来。

二、听觉型

听觉型的孩子善于通过听觉信息来学习，对声音和语言特别敏感。他们主要有以下几个特点。

（1）语言理解能力强、听觉记忆突出；

（2）善于用语言表达自己的想法和感受，且描述内容详细、逻辑性很强；

（3）喜欢指挥他人，享受被当作领导者对待的感觉，对命令式的口吻反感；

（4）朗读悦耳动听；

（5）对文字发音分辨率高，比较在意发音的准确性，难以忍受听到的错误发音；

（6）对他人的言语批评特别敏感，常常会振振有词地为自己或事情辩护；

（7）在课堂上不太注意看黑板，容易被老师误认为没有认真听课，但往往能很好地吸收、理解课堂内容。

听觉型的孩子（包括成年人）采用的是文字思考法，他们可以将思考的内容直接用语言表达出来，因而对他人的语言反应迅速。由于听觉敏锐，他们很容易受到周围声响的干扰，哪怕是细小的响动，都会引起他们的注意。这样的行为，在学校往往被老师认为是不专心听课，在家被父母认为是不专心做作业。这种所谓的专注力不佳，并非大脑"注意协调"系统出了状况，而是他们的听觉优势过强，敏感度过高带来的行为困扰。有些西方国家的学校，为这类孩子安排座位时，会尽量远离门窗，以减少环境声音对他们的干扰。

并非每个听觉型孩子都会立即将这些特质全部表现出来，有些特质可能要在特定的环境下，经过多年才会逐步展现出来。对于听觉型的孩子，我们可以通过多与他们进行口头交流和讨论，来巩固和拓展他们所学的知识。此外，在课前简要介绍和在下课前总结重要知识点，这种"三令五申"法对他们非常适用。

三、感觉型

感觉型的孩子更依赖于触觉和动觉来学习，喜欢通过亲身实践和体验来认识世界。肢体动作和触摸是这类孩子获取信息的两大渠道，他们主要有以下特点。

（1）可长时间独立学习，对周围的听觉和视觉刺激不敏感，容易沉浸在自己的感觉世界中，从而忽略了他人的感受，喜欢得到他人的关怀；

（2）实干精神强，凡事喜欢亲力亲为，动手能力强，行为稳重，享受做事情的过程；

（3）好奇心旺盛，热爱并善于思考，对新鲜事物充满探索欲望；

（4）学习状态受感觉影响较大，感觉良好时大脑很活跃，接受信息能力强；感觉不佳时，听力、视力似乎都下降了；

（5）上课时若感受到老师的关注和微笑，就会感觉很好，从而表现得更专注；

（6）学习时常伴有习惯性的触摸动作，或者经常摇摆身体；

（7）常常发呆或遐想，思维跳跃。

感觉型的人，不论是成人还是孩子，都更倾向于通过场景思考法进行理解和交流。对于他们来说，将听到的语言转化为生动流畅的场景，是理解信息的主要方式。相应地，当他们回应时，也需要先在脑海中构建场景，再将其转化为文字表达。因此，他们的语言反应相对较慢。这种特点与听觉型的迅速反应形成了鲜明对比。

感觉型的孩子在学习过程中若能融入动作或场景想象，将能显著提高他们的学习效率。因此，我们可以设计更多动手实践的活动，让他们通过亲自操作来深入感知和理解知识。此外，搭配音乐也是一种有效的增强记忆的方法。

同样，并非每个感觉型孩子都会立即将这些特质展现出来，有些特质可能要在特定的环境下经过多年才会逐渐展现出来。

四、均衡型

均衡型的孩子是一种特殊的混合型，他们的视觉系统、听觉系统、感觉系统都很活跃，兼具视觉型、听觉型、感觉型的特质。

这类孩子的典型特点主要有以下几个方面。

（1）三项系统能力分布均衡，能够根据当下环境灵活切换使用任一系统，因此能获取更多元化的信息；

（2）思考能力强，能够多角度、全方位地分析问题；

（3）与各种类型的人相处时，都有与之相应的沟通方式，这使他们的人际关系比较和谐，被称赞善解人意，被誉为天生的情商高手；

（4）在日常生活中，无论是听到的、看到的还是感受到的事物和经历，都能成为他们学习的素材和途径，因而他们的学习兴趣广泛；

（5）在课堂学习中，能够灵活调动视觉、听觉和感觉系统参与学习研究，因此他们能适应不同的教学方式，学习起来轻松自如；

（6）善于察言观色，能够敏锐地捕捉到老师的情绪和态度，这使得他们容易赢得老师的喜爱，也能进一步增强他们的自信心。

五、视听型与听视型

视听型的孩子和听视型的孩子都是混合型特质，他们既具备视觉型的特点，也拥有听觉型的优势。

视听型孩子的视觉优势高于听觉优势，而听视型孩子的听觉优势则高于视觉优势。他们在课堂上能够较快地理解老师通过语言或板书所传授的教学内容。

需要指出的是，视听型的孩子与听视型的孩子之所以在课堂上表现出色，并非因为他们的智力超群，而是由于目前传统的教学方式，往往只能调动学生的听觉系统和视觉系统参与学习。这种教学方式恰好与这两类孩子的特质高度匹配，因而他们能够更高效地吸收和掌握知识。相对于拥有其他特质的孩子，视听型的孩子和听视型的孩子在课堂上相当于进行了双重学习——既通过听觉又通过视觉进行学习，因此他们的学习效率往往更高，这也使得他们成为众人口中"别人家的孩子"。

六、视感型与感视型

视感型的孩子和感视型的孩子是兼具视觉型和感觉型特点的混合型特质。其中，视感型孩子的视觉优势更为明显，而感视型孩子的感觉特质更为突出。

这两类孩子都非常关注老师对他们的态度和赞赏，尤其是感视型的孩子，通常需要先获得良好的感觉体验，才能有效地调动和发挥他们的视觉优势。

七、听感型与感听型

听感型的孩子兼具听觉型和感觉型的特点，但听觉优势更为突出；而感听型的孩子则兼具感觉型和听觉型的特点，但更偏向于感觉优势，两者均属于混合型特质。

这两类孩子有一个显著的共同特点，那就是他们的听觉系统和感觉系统之间存在着紧密的联动效应。这就意味着，当他们的听觉系统接收到信息时，感觉系统便会迅速做出反应，反之亦然。对于听觉和感觉都极其敏锐的孩子来说，一句刺耳的言语不仅会引起他们听觉上的不适，还会迅速触发他们身体的不适，使他们产生强烈的负面情绪。他们就像灵敏的小雷达，一句温暖的鼓励，可能让他们心生欢喜；而一句严厉的批评，则可能让他们心痛如绞。这种情绪反应相比于仅仅是听觉敏感的孩子会更加强烈。

因此，听感型的孩子和感听型的孩子对他人的语言最为敏感，常常会因为一些敏感的言辞而受伤，被大家戏称为"玻璃心"。他们并非心胸狭隘，而是由于同样的语言在他们身上，会同时触动他们的听觉和感觉两大系统，使得他们所感受到的刺激更为强烈，仿佛承受了巨大的压力。这两类孩子特别在意老师、父母、同学的看法，他们渴望得到他人的喜爱和认可。只有在感到被接纳和受欢迎的情况下，他们的听觉优势才能得到充分的展现和发挥。

那么，这是否意味着我们对听感型的孩子和感听型的孩子只能表扬而不能批评呢？答案是否定的。我们当然可以对他们进行批评，但关键在于采用什么样的语言和方式。在后续的章节，我们将详细探讨如何与这类孩子建立有效的沟通桥梁，以及进行批评时如何避免伤害他们的感情，确保他们能够从中吸取教训，进而健康成长。

视觉型、听觉型、感觉型，构成了孩子学习特质中的三大基础类型。它们如同绘画中的三原色，在孩子的学习和成长的世界里绘制出丰富多彩的画卷。除了这三大基础类型的特质，还有许多混合型特质的孩子，他们兼具多种学习特质，展现出多元化的学习特点。这些孩子既拥有独特的优势，也面临一些潜在的挑战。

因此，在教育、教学中，我们需要综合考虑这些拥有混合型特质孩子的个性特点，深入了解他们的学习方式和需求。我们应通过制定个性化的学习方案，充分发挥他们的优势，同时有针对性地帮助他们弥补不足，从而更好地激发他们的学习潜力和创造力。

需要指出的是，上述关于学习特质的描述和定义，只是从神经学习特质的角度来展现的。事实上，孩子的学习表现并非仅受这些特质的影响，而是多种因素共同作用的结果。

其中，情绪状态是一个不容忽视的影响因素。当孩子的情绪不稳定时，他们的注意力和学习效果都可能受到严重影响。家庭养育方式也会对孩子的学习特质发展产生深远影响。过度包办代替的养育方式，不仅限制了孩子的学习能力发展，还削弱了他们的探索欲望和独立思考能力。学校教育对孩子学习特质的影响也不能忽视。传统的教育方式往往只注重知识的灌输和应试技巧的训练，强调孩子对知识的记忆和背诵，而忽视了孩子的个体差异和多元化学习需求。

综上所述，孩子的学习表现受到多种因素的干扰，这使得家长和老师往往难以清晰地看到孩子的三觉优势在学习中的具体应用。因此，我们需要综合考虑各种因素，为孩子提供全面、个性化的教育支持，帮助他们充分发挥自己的学习潜能，最终实现全面发展。

我们必须明确，并不存在一个最佳的评测数据或者最好的优势系统。每个孩子都是独一无二的，他们各自拥有不同的天赋和优势。"天生我材必有用"，每个孩子都有自己通往学习成就的罗马之道。因此，评测所做的分类，并非为了给孩子贴上标签，而是希望通过数据深入了解孩子在视觉、听觉、感觉系统方面的能力分布。这样，我们才能为他们量身打造最合适的学习方式，使他们能够以最小的投入获得最大的学习成果。评测的真正目标，是帮助每个孩子发现并发展自己的潜能，让他们在学习的道路上更加自信、高效和愉悦。

本节要点

并不存在一个最佳的评测数据或者最好的优势系统。每个孩子都是独一无二的，他们各自拥有不同的天赋和优势。

评测的真正目标，是帮助每个孩子发现并发展自己的潜能，让他们在学习的道路上更加自信、高效和愉悦。

家庭思考与实践

请观察孩子在生活和学习活动中对视觉、听觉和感觉信息的反应，并尝试判断孩子主要属于哪种学习特质。

第四节 因材施教的学习实践：探索"三觉"优势

经过数十年的儿童研究与实践，我发现听觉型、视觉型、感觉型这三大基础特质在孩子们的学习过程中作用发挥得淋漓尽致。运用优势学习法，针对孩子的特质进行因材施教，往往能取得显著的教学效果。

以下典型实例，均来自我多年来对孩子的量化评测及学习能力改善实践的数据库。

一、视觉型

有一个知名的培训机构，采用大量刷题的方式对孩子进行学科知识点的强化训练。每天，孩子们在那里进行一小时的密集做题，老师则基本不说话；孩子们做完题交给老师便离开，老师批改后，第二天再让孩子们订正。这家机构的负责人邀请我对那里的孩子进行学习特质的评测。评测结果显示，在这些孩子中，有85%属于视觉型、15%为听觉型，竟无一例感觉型。这其中的原因不难理解，大量刷题的方式对视觉型孩子的成绩提高确实有裨益，这也使得家长坚信这家机构的训练课程能够帮助孩子提高学业成绩。感觉型的孩子则难以适应这样的学习方式。

相较于拥有其他特质的孩子，视觉型的孩子通常在学校中的表现属于"平安无事"类型。他们爱好看书，听课专注，喜欢记笔记、在书上画线或作标记，这些行为往往被老师视为是认真学习的表现。只要不存在写字障碍（第二章有解释），视觉型的孩子写字通常笔画清楚、字迹漂亮，令老师看了很舒服。此外，视觉型的孩子对语言刺激不敏感。因此，当老师批评他们或其他同学时，他们不容易被老师的刺激性言辞引发负面情绪。同样，在家庭教育中，视觉型孩子的家长找我做咨询的个案比例也相对较低。

还在读幼儿园大班的小驰，被妈妈带来进行评测。妈妈担心小驰将来上小学会跟不上进度，就给他购买了许多带有图案的识字卡片，每天教他认字。小驰妈妈表示，自己教了两遍后，指着字让小驰读，可他却读不出来。她问我："孩子这样是不是记忆力很差？"

我看着小驰的评测结果：视觉优势53.33%，听觉优势26.67%，感觉优势20.00%。我反问小驰妈妈："如果你读字，让孩子去找这个字的卡片，他一定能很快找到，对吗？"

小驰妈妈连连点头："是的是的，这样他确实很快。"

小驰的表现非常符合视觉型孩子的特质。视觉型的孩子从视觉系统获取和加工信息的能力远超听觉和感觉系统，因此他们更依赖于视觉信息输入，对眼睛看到的内容敏感，而听觉系统处理信息的效率则相对较低。这意味着小驰对图像的记忆力很强。然而，小驰妈妈教的方法较为单一，只调动了孩子的听觉系统，她要求小驰像听觉型的孩子一样在听完读音后能立即复述。这对于小驰而言是个挑战。再加上小驰妈妈着急，小驰一紧张就更加记不住读音了。

听完我的分析，小驰妈妈清除了对小驰记忆力的担忧。我告诉她，"看"是视觉型孩子最高效的学习方式，只要是将视觉作为"中介"的学习方式，对小驰都非常有效。同时，我也告诉小驰妈妈她自己要先做到放松。

没过多久，小驰妈妈发来短信，告诉我她采用了我建议的"让孩子当小老师"的方式后，无论是读音还是认字，小驰果然记得又快又准。

二、听觉型

一天，琳琳妈妈带着琳琳来到我的工作室。

"雷老师，您帮我看看这个孩子是不是智商有问题？"琳琳妈妈一坐下来就急切地问道。

我感受到了琳琳妈妈内心的担忧和不甘，便安慰道："先别急，慢慢告诉我具体发生了什么事情。"我很清楚，如果琳琳妈妈真的怀疑孩子智商有问题，她应该会直接带孩子去医院。既然她选择来到我这里，说明她内心认为孩子的问题并非智商导致的，而是希望能在我这里找到答案。

琳琳妈妈叹了口气，开始叙述："孩子从一年级开始默写就有困难，成绩勉勉强强能及格，现在到了二年级，词汇量增多，她默写就更加困难了。这次默写，她竟然只得了18分，是全班最差的。"

那天，因为琳琳的默写成绩不佳，老师给琳琳妈妈打了个电话，说："你们家长要负起责任来呀！孩子默写只得了18分，全班倒数第一，你们在家怎么不管啊？"

怎么可能不管呢？琳琳妈妈感到很委屈，从上一年级开始，她就一直在管琳琳的学习，可以说没有一天是省心的。琳琳妈妈觉得老师在指责她是个不负责任的妈妈，觉得自己在孩子的学习上花费了那么多的时间和精力都付之东流了，这让她内心很受伤。当天晚上回到家，琳琳妈妈带着情绪把琳琳训了一顿："几个词语抄了10多遍还默不出来，你怎么这么不认真？每次默写成绩都这么差，害得我三天两头挨老师批评，你脑子里整天在想什么？"

在想什么？我猜琳琳当时一定很困惑，自己辛辛苦苦抄了10多遍，为什么这些字就是躲着不出来呢？这个问题对二年级的孩子来说太深奥了，她无法弄懂，只能惊恐又无助地看着愤怒的妈妈。

那一晚，琳琳妈妈又一遍遍让琳琳默写，凡是默写错的词语就要求她抄写10遍，再错就抄写20遍、30遍。就这样花了将近3个小时，但第二天的默写琳琳还是只得了36分。

看到这个成绩时，琳琳妈妈几近崩溃，禁不住怒火攻心打了琳琳一巴掌。就这样，走投无路的琳琳妈妈带着琳琳来到我的工作室。

我对琳琳进行了学习特质的评测，结果显示：视觉优势 22%，听觉优势 58%，感觉优势 20%。这表明琳琳是一个典型的听觉优势学习类型，即她通过听觉系统获取和加工信息的能力远胜于视觉和感觉系统。

听觉强的孩子通常对声音非常敏感，能够快速记住听到的内容。因此，我问琳琳妈妈："琳琳的听觉记忆力强，背书一定很利落吧？"

"是呀！是呀！她背书很快，所以我想她的脑子应该没有问题。"琳琳妈妈连连点头，表示肯定。

我向琳琳妈妈详细解释了大脑神经系统的优势学习理论，并描述了听觉型特质常有的表现形式。当提到听觉型孩子对发音分辨率高、对听到的内容非常敏感、难以忍受他人的发音错误时，琳琳妈妈恍然大悟："就是呀，她老说我的发音不对，要纠正我，我就让她管好自己的默写，少管别人。"由于琳琳妈妈对琳琳的默写问题感到焦虑，琳琳的这一指正让妈妈更加恼火，认为她有错不改，还喜欢找大人的茬儿。

随后我进一步给琳琳妈妈分析，琳琳的听觉系统优势得分占比较高，而视觉和感觉系统优势得分占比相对较低，这使得她更倾向于依赖听觉信息输入。因此，单纯地通过抄写来提高她的默写成绩收效甚微。也就是说，她需要借助语言中介来解决默写问题。

针对琳琳的情况，我提出了改善策略：采用以言语为核心、与其他系统联动的学习方式替代纯视觉方式。例如，针对默写问题，让琳琳将要默写的字的笔画读出来，边读边在空中比划书写动作，这样进行两三遍，然后用笔书面抄写一两遍，最后进行默写。这种边听边写、边读边写的方法，既能发挥她的听觉优势，又能提高她的默写能力。

琳琳妈妈听完我的解释后，既高兴又内疚。高兴的是，孩子默写不好并不是因为智力问题；内疚的是，自己之前错怪了孩子，更不应该强迫孩子按照自己的方式来学习。回想起过去，琳琳曾多次兴致勃勃地要背课文给妈妈听，遇到不会写的字也会大声读出笔画，可是妈妈觉得自己听了大脑不能快速反应，就对孩子的"读"很不耐烦："读什么读呀，多抄几遍不就好了吗？"在妈妈看来，看两遍就能记住的字，孩子多抄几遍也能记住了。

显然，琳琳妈妈更倾向于视觉型学习，这与琳琳的学习特质大相径庭，因此她难以理解孩子的感受和行为表现。很多时候，家长在要求孩子按照自己的方法去做而不见成效时，往往会归咎于孩子"不认真、不努力"。琳琳妈妈也不例外，她责骂琳琳不努力、不认真，甚至动手打了琳琳。这让琳琳感到非常委屈，因为她觉得自己已经很努力了。我深深理解琳琳的感受，因为在我的童年也有过被父母误解的经历。

琳琳妈妈很有智慧，她不只是简单地执行我的建议，还将浓浓的爱融入实施过程中。琳琳妈妈开始每天耐心地倾听琳琳读字、读课文，并让全家人在琳琳每次读完后给予热烈的掌声和赋能的语言。这种温暖而有力量的鼓励让琳琳感受到了家人的关爱和认可，也推动了她的快速进步。

五个月后，琳琳妈妈兴奋地向我报喜：琳琳的默写成绩有了显著的提高，连续三个月稳定在满分，语文老师对她的进步也大力称赞。现在的琳琳，对语文学习充满自信，和妈妈的关系也更加融洽。

需要澄清的是，并非所有听觉型孩子的默写都需要采用读笔画的方式。琳琳之所以这样做，主要是因为她在学习过程中受到了情绪上的干扰，尚未形成适合自己的有效学习方式。其实，琳琳的默写成绩并非一开始就如此糟糕，只是在面对困难和挑战时，她没有得到老师和家长的理解与支持，反而承受了老师和家长的批评与指责。对于一个情绪敏感且依赖听觉的孩子来说，这些负面感受很容易影响她的学习效果，从而导致她的默写成绩持续下滑。

所以，当听觉型的孩子学习遇到困难时，采用适合听觉型的方式可以帮助他们快速走出困境。事实上，经过仅仅一个多月的读笔画加空中书写练习，琳琳的默写成绩就有了提升。随着成绩的进步，她的情绪也逐渐好转，因而就不再需要这种特殊的学习方式了。

琳琳的默写故事给我们带来的启示是：在运用优势学习法时，我们需要根据孩子的具体情况进行个性化指导。同时，我们要关注孩子的情绪变化，帮助他们建立积极的学习态度和自信心。

三、感觉型

二年级的小博刚踏入"雷氏三觉"学堂时，一个拼音都不会，英语字母也认不全。尽管老师在课堂上已经讲过了乘法，但小博对于乘法口诀表，除了最简单的一字口诀以外，其他的几乎都记不住。小博妈妈回忆，孩子在一年级时就非常抵触默写、朗读和背诵，而这些基础学习活动恰恰是小学阶段大多数课程都不可或缺的环节。因此，小博的学习问题让老师和家长都感到十分棘手，而他的语数英成绩始终排在班级末尾。

更让老师和家长不能接受的是，小博在听课和做作业时，身体总是会不由自主地晃动，这严重干扰了老师尤其是视觉型老师的讲课状态。因此，老师和家长都认为他是个注意力不集中的孩子。老师还直言不讳地告诉家长，这个孩子难以跟上同龄孩子的学习进度。面对老师这样的"判决书"，家长的焦虑可想而知，他们不仅为孩子安排了各种补习班，还时常以体罚来督促他学习，但效果微乎其微，反而让孩子的性格变得更加倔强和沉默。

经过对小博的评测，我们得到的数据显示：视觉优势19%，听觉优势22%，感觉优势59%。这显然属于典型的感觉优势学习特质。这意味着小博从感觉系统获取和加工信息的能力远优于视觉和听觉系统。

小博的动手操作能力极强，对乐高、机器人等这类玩具情有独钟。他并不满足于课本上所提供的标准图形，而是热衷于创造出各种富有创意的形状和结构。这些特点正是感觉型孩子的优势所在。由于小博的视觉和听觉系统优势得分占比较低，所以他对看到的和听到的教学内容并不敏感，而是更依赖于感觉信息的输入。

在传统的课堂教学中，老师主要通过言语（调动学生听觉功能）和板书（调动学生视觉功能）来传递教学内容。对于感觉型的小博来说，这种教学方式难以引起他的兴趣和注意力。加之老师无法做到持续对小博微笑，使得他在现行的公办体制学校中面临着巨大的挑战。

我告诉小博妈妈，这孩子其实是个天才。如果用常规的方法去要求他，会压抑和摧毁他的天赋，抑制他的成长。也就是说，他需要的是一种能够更好地调动感觉系统功能的学习方式。

　　我详细地向小博解释了感觉型的人具有的天赋优势，并告诉他，之前在学习上遇到困难，并不是因为他的学习能力比别人差，而是因为他的学习方式和他的优势系统不匹配，加之老师和家长没有充分了解他的特质，才让他承受了这么多的困扰。听到这里，一直低垂着头的小博突然抬起头，开始向我敞开心扉，诉说自己以往在学习上的恐惧经历。原来，在幼儿园大班时，他曾因未能正确读出拼音而遭到老师的批评和同伴的嘲笑。从那以后，他对当众朗读极度恐惧，哪怕是一个词、一个音节都会让他紧张。每当遇到需要朗读的作业时，他就紧闭嘴巴，一言不发。正是这种心理阴影消耗了他大量的心力，使他难以跟上同伴的学习进度。

　　小博说着说着，眼泪像断了线的珍珠，一颗一颗无声地滚落下来。我情不自禁将他搂在怀里，坚定地告诉他："你是个拥有无限潜力的天才，这些困难只是暂时的，你有能力去克服困难，就像爬山一样，虽然过程很辛苦，但最后你一定可以到达山顶，我们都会帮助你，你的爸爸妈妈也会一直陪伴在你身边。"

　　"嗯！"小博用力点了点头，眼睛开始亮起来。

　　由于肢体动作和触摸是感觉型的孩子获取信息的两大主要渠道，我们为小博精心制定了一系列基于"动手动脚动身体"原则的学习改善策略。例如，我们把他难以记忆的词汇制作成骨牌，让他通过搭建骨牌来记忆；用一套小立方块进行排列组合，调动他的触觉来练习乘法口诀。这样的训练每天仅进行5分钟，两周后，小博便成功掌握了乘法口诀。数学老师还在课堂上当众表扬了小博的进步，并向小博妈妈表示惊讶于孩子有如此大的提升。

　　一直以来，小博妈妈只收到过老师的批评，这次听到老师的表扬，她欣喜若狂，脸上露出了久违的笑容。老师的肯定和妈妈的笑容给了小博极大的信心，他的独立学习和善于思考的感觉型特质得到了充分发挥，学习状况也不断得到改善。半年后，小博的数学成绩达到了A级，英语进入中等水平，语文的背诵和默写基础分也有了大幅提高。

当然，并不是所有感觉型的孩子在学校学习中都会感到困难。和小博具有相似特质的榕榕，学习成绩在班里就是名列前茅的。那么，榕榕为何能取得如此优异的学习成绩呢？这可以用搜索训练卡来揭示她的学习过程。

【搜索卡实例】

搜索训练卡是一种在规定时间内找出图中特定物品的游戏。对于视觉敏锐的孩子来说，他们通常能迅速准确地找出所有物品；而对于视觉系统不敏感的孩子来说，他们可能需要花费更多的搜索时间来找出所有物品，尤其是当物品处于倒立或斜放的状态时，他们往往会感到难以分辨。

　　榕榕却有一套自己的方法。她会先从正面仔细观察图片，圈出几项明显的物品。当通过正面观察无法找出新的物品时，她会按照一个固定的方向（如顺时针）逐渐旋转图片的角度，继续寻找遗漏的物品，直到找到所有物品为止。这种学习智慧正是源自她的身体感知力。当通过正面观察无法看清时，她会凭借身体的智慧提示调整观察角度。一旦她发现通过改变视角有助于分辨图像，她自然就懂得持续旋转图片，直至达成目标。

　　搜索训练卡不仅锻炼了她的观察能力，还培养了她灵活的思维方式和解决问题的能力。通过不断地旋转图片、调整视角，榕榕学会了从不同角度去看待问题。这种能力使她在学习中迅速掌握了新知识，从而取得了优异的成绩。

　　然而，能够发展出这种学习方法，有一个至关重要的前提条件，就是孩子在学习过程中要保持情绪的专注与稳定，不被外界因素所干扰。倘若家长看到自己的孩子在做这个搜索卡片的训练时进度缓慢，甚至发现孩子在旋转图片，即与"别人家孩子"的方法不同时，便去责备孩子："别人都已经找到那么多，你怎么还找不到？""你是不是在玩？""你用心找了吗？"诸如此类的话语，会让孩子内心产生委屈，甚至萌生"我不如别人聪明"等自卑情绪。这种负面情绪会让孩子心神不宁，导致其无法接收并应用身体所传递的智慧提示。

　　幸运的是，榕榕的家长给予了她充分的爱和尊重。他们没有以自己的喜好来要求和强迫榕榕，而是尊重她的个体特质，包容和接纳她的学习状态。这使得榕榕能够自由地探索，从而发现最适合自己的学习方式，并取得优异的成绩。

　　相比之下，小博在成长过程中遭遇了外界不少的干扰，这些干扰让他偏离了自身特质优势的发展轨迹，从而成为学习困难者。这一对比再次证明，只要家长能够尊重孩子的个性特质，并给予适当的支持，即使孩子具有特殊的学习需求或特质，也能够取得出色的学习成果。

　　有些教育专家认为，在中国的教育环境下，感觉型的孩子往往难以取得理想的学习成绩，进而难以在学业上出类拔萃。对此观点，我并不认同。事实上，我接触过的许多感觉型的孩子，他们的学习成绩都非常好，榕榕便是其中的佼佼者。诚然，体制内学校的教学方式对感觉型的孩子来说确实是一项挑战，因为他们往往需要在老师身上或学习内容中寻找某种"感觉"。

这并不意味着感觉型的孩子就无法在学业上取得好成绩，关键在于如何找到最适合他们的学习方式。

需要从老师那里寻找"感觉"的孩子，往往很在意老师对他们的态度。当老师用真诚的微笑来传达对孩子的喜欢或欣赏时，感觉型的孩子能够迅速捕捉到这种积极的情感信号，进而与老师建立起良好的情感连接。一旦孩子遇到态度严厉的老师，他们可能会感到极度不适，这种情绪甚至会干扰他们的学习状态和效果。因此，对于感觉型的孩子来说，教师的态度和情感表达对他们的学习影响深远。

感觉型孩子的这一特质确实对老师提出了不小的挑战，毕竟老师很难做到每天甚至每堂课都对感觉型的孩子保持亲切的微笑。很多时候，老师并不清楚哪些孩子是感觉型的，这使得老师难以有针对性地满足这些孩子的特殊需求。在现实生活中，那些最终选择离开体制内学校而转入国际学校的孩子中，感觉型的孩子占据了相当大的比例。

然而，大多数感觉型孩子的家庭并不具备将孩子送往国际学校的条件。对于这些孩子而言，如果无法从老师身上获得学习的感觉，难道他们就只能无奈地接受，进而沦为学习困难户吗？答案显然是否定的。感觉型的孩子除了可以从老师那里寻找学习感觉，还可以从学习内容本身发掘这种感觉。因此，我强烈建议感觉型孩子的家长，可以尝试让孩子提前对即将学习的知识点产生感觉。

这里的"提前产生感觉"并非指提前学习语文、数学等具体的学科知识点，而是家长通过日常丰富多样的生活，让孩子对课本上的内容产生直观的感受和体验。

例如，针对即将学习的数学概念，家长可以引导孩子参与日常生活中的数学活动。在购物时，家长不妨让孩子负责计算物品的价格，这有助于培养他们的数感；让他们亲自动手操作测量物体的重量、面积、体积，由此感受这些概念的实际应用。在学习分数概念之前，家长可以组织一次有趣的切蛋糕活动，让孩子按照人数平均分配蛋糕，如"我们六个人，每人分到蛋糕的六分之一"。在这个过程中，家长无须强调分数的具体概念，只需让孩子在实践中自然而然地理解分数的含义。这样，当老师在课堂上正式讲授分数时，孩子便能够迅速联想到切蛋糕的场景，大脑会立马被激活，从而更加投入地参与学习。

对于语文课本中的内容，家长同样可以运用丰富多样的形式，帮助孩子提前进行感知与理解。通过网络资源，家长可以收集到与课文相关的故事、视频等资料，这类资料能极大地调动孩子的身体感知力。例如，古诗词作为语文学习的重要组成部分，往往是许多孩子的学习难点。家长可以通过讲述诗人的生平经历、创作背景等有趣的故事，让古诗词中的人物和情境变得栩栩如生，从而激发孩子的学习兴趣。当孩子在课堂上正式学这些古诗词时，他们就能够回想起家长讲述的生动故事，使大脑保持活跃状态，感受到诗词的美，从而更深刻地理解其深层含义和背后的文化意蕴。

"提前产生感觉"这个策略，对于将要入学的感觉型孩子来说是至关重要的。他们在初入新环境时，需要一定的时间先适应并寻找对这个新环境的感觉。倘若完全是"零起点"入学，他们的感觉将完全依赖于老师。一旦遇到严肃或严厉的老师，孩子就会对上小学这件事难以有好的感受，从而影响学习的情绪和效果。于是，家长就认为，自己的孩子"零起点"入学吃了很大的亏。其实，"零起点"不等于零作为。对于感觉型的孩子来说，家长只要先帮助孩子对学习产生积极的感觉，孩子入学后就不容易对学习产生心理障碍了。

总之，通过丰富多彩的方式，家长不仅能帮助感觉型的孩子提前对学习内容产生感觉，适应学校生活，还能为他们的学习之路增添更多的色彩和动力。

值得一提的是，这种提前让孩子对学习内容产生感觉的方法并不需要长期持续。在孩子进入小学的前2~3年，运用此方法帮助他们建立起对学习的良好感觉后，他们便能逐渐自主地维持这种积极的学习状态。以榕榕为例，她只在一年级到三年级采用了这种方式，如今已经上五年级了，她依然对学习保持着浓厚的兴趣和良好的感觉。这充分证明了这种方法的有效性和可持续性。

最后，我想着重强调，每个孩子都拥有其独特的学习天赋和不可估量的学习潜能。如小驰、琳琳这样的孩子，他们至少具有视觉或听觉一项特别突出的优势，因此在现行的教学体系中能够较好地适应教学节奏，应对学习挑战的。然而，对于那些在听觉和视觉方面都较弱，而唯有感觉能力出众的孩子来说，他们面临的学习挑战则较大，因此更需要得到老师和家长的理解和关爱。

只要我们以足够的尊重和支持对待每一个孩子，努力找到最适合他们的学习方式，那么他们都能够充分展现出自己的学习潜力，取得令人满意的成果。

本节要点

至少具有视觉或听觉一项特别突出的优势的孩子，在现行的教学体系中还是能够较好地适应教学节奏，应对学习挑战的。

对于那些在听觉和视觉方面都较弱，而唯有感觉能力出众的孩子来说，他们面临的学习挑战则较大，因此更需要得到老师和家长的理解和关爱。

家庭思考与实践

请根据孩子的三觉优势类型，尝试采用与此类型相匹配的一种方式，帮助孩子提高学习效率。

第五节 顺天赋、避误区：让孩子自然地向天赋方向发展

一、均衡性型

那天，当三年级的女孩欣欣踏进我的工作室时，我便猜到她的学习成绩一定很好。多年来我见过无数孩子，只有那些学业出色的孩子，脸上才会透出如此自信的神采。

我们对欣欣的评测结果是：视觉优势占 35%，听觉优势占 33%；感觉优势占 32%。这属于典型的"三觉"均衡型。

"三觉"均衡型指的是孩子的听觉系统、视觉系统、感觉系统都极为活跃的一种特殊混合型特质。由于这三项系统能力分布均衡，拥有这种特质的孩子在学校中展现出独特的优势（本章第三节已有较为详细的阐述）。简而言之，这类孩子能够灵活地在视觉、听觉、感觉这三个系统之间任意切换，即能适应任何一种教学方式，与拥有不同特质的人都能进行有效沟通。因此，他们的学习兴趣广泛，无论是在琴棋书画方面还是在其他课外辅导班，都容易得到老师的赞誉。

这样的孩子自然深受老师和同学的喜爱。他们的自信也源于这种被认可和被接纳。当我向欣欣妈妈描述这些特征时，她满心欢喜地表示赞同："是呀，是呀。别人周末都在补习语数外学科，我们家欣欣却热衷于围棋、钢琴、舞蹈、画画等课程，虽然我接送辛苦，但她乐在其中，愿意坚持。"欣欣妈妈自豪地夸奖着女儿，"我们家欣欣当初完完全全是'零起点'进小学的，没想到她学习很自觉，适应能力也强，成绩一直名列前茅，而且人缘相当好，老师和同学都很喜欢她。我经常告诉那些焦虑的同事，叫他们不要着急，孩子'零起点'上小学完全没问题。"

欣欣妈妈所描述的欣欣的特点与评测结果完全吻合。

"欣欣妈妈，您家孩子属于'三觉'均衡型，'零起点'入学完全没有问题，

因为她能够很快适应并跟上进度，甚至超越其他同学。但是，有些学习特质的孩子如果'零起点'入学，结果可能就和欣欣不同了。"我提醒欣欣妈妈，希望她能正确认识"零起点"入学的问题，以免对拥有其他特质孩子的家庭造成误导。

我们的舆论宣传往往是"一刀切"，简单宣传"孩子'零起点'进小学没有问题"，这其实是有失偏颇的。有些孩子确实能够做到"零起点"入学后逐渐适应并赶上进度，也有些孩子因为基础薄弱而倍感压力，结果越来越跟不上班级教学的进度。

在普教系统工作多年的我深知，即使是学校领导或教育局的领导，也不敢轻易让自己的孩子或第三代完全"零起点"入学。作为家长，更是需要谨慎对待这个问题。

对于感觉型的孩子，只要我们先帮助他们建立起对学习积极的情感，他们入学后就不容易产生心理障碍，从而可以更好地融入新的学习环境中。而对于拥有其他特质的孩子，尤其是视听型、听视型以及"三觉"均衡型的孩子，他们天生具备利用听觉和视觉进行高效学习的能力。因此，"零起点"入学通常对他们并无大碍。他们可以很快适应教学进度，甚至有可能超越班级的平均水平。以欣欣为例，她作为"三觉"均衡型的孩子，展现出了出色的学习能力和适应能力。这类孩子只要不存在感统失常的问题，他们的学习就不需要家长过多插手管理，而是能够自主、有效地管理自己的学业。

因此，家长在决定是否让孩子"零起点"入学时，需要充分考虑孩子的个性特质和学习方式，以确保孩子能够在适应新环境的同时，充分发挥自己的潜能。

二、视听型与听视型

视听型的孩子和听视型的孩子，特质十分接近，主要表现为听觉和视觉系统都很活跃。他们既具有听觉型孩子的特点，也具备视觉型孩子的优势，唯一的区别在于听觉和视觉哪一项更为突出。

这里我以雷氏三觉学堂的黑马班为例来进一步说明这个问题。黑马班在招收学生时有一个独特的原则：不看孩子当下的成绩如何，而是通过一系列精心设计的运动项目，全面评估孩子的感知觉发展能力是否存在障碍。我们采用0~5的评分机制，只有得分不低于3.5分的孩子才能报名参加黑马班。

然而，对于视听型的孩子和听视型的孩子，这一标准放宽至2.5分。这并不是说这两种特质的孩子更为聪明，而是由于学校的教学方法主要依赖于调动孩子的听觉和视觉系统。对于视听型的孩子和听视型的孩子来说，他们在学习过程中，往往能够同时利用听觉和视觉两大感官，就像是用听觉吸收知识，同时用视觉进行复习和巩固，从而大大提高了学习效率。因此，在每个学期学校的期末考试中，黑马班里通常是视听型的孩子和听视型的孩子最先达到，甚至超越预定的成绩目标。

我曾接待过一位三年级的男孩隽隽和他的妈妈。隽隽自一年级起，学习成绩就很好，但妈妈依然心存忧虑。她认为孩子"零起点"入学，在学习方面肯定会存在某些潜在的不利因素，目前孩子之所以学习成绩好，是因为小学三年级以下的课程相对简单。随着年级的升高，课程的难度和深度也将增加，妈妈担心孩子可能会跟不上学习进度，因此为他报了多个学科的周末补习班。

隽隽对这些补习班非常反感，并多次向妈妈表示自己不需要补那么多课。面对孩子的抵触情绪，隽隽妈妈束手无策，于是决定领着隽隽来到我的工作室，希望我能为他们的争端做出裁决。在此之前，隽隽妈妈和隽隽已经达成了一个约定：最终是否需要在周末参加学科补习班，要听我的裁决。

经过评测，隽隽的数据显示：视觉优势占41.22%，听觉优势占37.34%，感觉优势占21.44%。这明确表明他是视听型特质。

我向隽隽妈妈详细解释了视听型特质的孩子在学习学科知识方面的天赋优势。这类孩子成绩优秀并不仅仅是因为小学课程简单，更主要的是因为他们在学习上具有得天独厚的优势条件。也就是说，"零起点"入学根本不会对他们造成影响。因为学习并非只有坐在课堂上才有效，视听型的孩子对从周围听到的、看到的信息都非常敏感。举个例子，即使孩子入学前没有接受过专门的识字教育，但他们在日常生活中，如跟家长逛商场、等车时，都能不自觉地留意并记住周围人们的话语，以及环境中出现的文字标记。因此，有些父母会惊讶地发现，孩子明明没有接受过专门的教导，却能够认识并记住很多字。

所以，视听型孩子的学习方式和能力，使得他们能够轻松应对各种学习任务，这也是他们成绩优异的重要原因之一。

"是啊，隽隽上学前就认识很多字，当时我和他爸爸都觉得很奇怪，还问他是谁教的，他说没有人教，是他自己学会的，我们都以为他吹牛呢。"隽隽妈妈不好意思地笑了，"现在听您这么一说，想想我家孩子小时候确实挺聪明。"

我很坚定地告诉隽隽妈妈："不是他小时候聪明，他现在仍然很聪明，所以您不用担心'零起点'入学的问题，'零起点'不等于孩子的脑袋里是空的。"

随后的裁判变得水到渠成：以孩子的感受为准则。孩子觉得哪些课没有必要上，就尊重他的选择，不强制他参加。听到我这样的"裁决"后，隽隽显得异常开心。他兴奋地表达了自己的愿望，想要学游泳、跆拳道、书法以及国画。隽隽妈妈也是满脸的喜悦，之前的担忧都烟消云散了。

其实，孩子的内心深处充满了对学习的渴望，希望通过学习来不断提升自己。积极心理学早已证实，每个孩子都具有让自己变得优秀的潜能。当孩子的内心感受到被看到、被理解时，他们一定会努力不让那些懂他们的人失望。这是我几十年来的深切感受。现实情况往往是父母缺乏对孩子的了解，容易用自己的局限性思维和眼光去限制孩子的发展，这不仅阻碍了孩子走向更美好的未来，也让双方都陷入了无尽的苦恼之中。

三、视感型与感视型

视感型的孩子和感视型的孩子的特质都表现为视觉系统和感觉系统很活跃。尽管这两种类型都具备视觉和感觉的优势，但其中视觉或感觉哪一项更为突出，是区分它们的关键。

在我众多的咨询经历中，飞飞的故事让我至今仍感到心痛不已。

飞飞妈妈在预约咨询时说："雷老师，我知道别的家长找您都是为了提高孩子的学习能力和成绩，但我不是。我家飞飞成绩很好，语文成绩在年级排名前三，数学成绩也在班级前六。我找您是因为孩子心理出了问题，并出现了自残行为！"

到了约定的咨询时间，飞飞妈妈带着五年级的飞飞来到了我的工作室。

飞飞个子高挑，短发，鼻梁上架着一副眼镜，是那种标准的才女模样，只是脸上表现出和她年龄不相称的忧郁表情。

经过评测，飞飞的学习特质显示：视觉优势占45%，听觉优势占22%，感觉优势占33%。她属于视感型，即视觉系统和感觉系统都相当活跃，且视觉优势更为显著。相对而言，她的听觉系统显得稍弱一些。

飞飞坐在我的对面，通过她轻柔的叙述，我逐渐了解了发生在飞飞与她妈妈之间的故事。

飞飞的学习效率极高，学校的作业通常能在5点半前完成，偶尔需要延迟到7点。这样的作业完成情况已经让大多数家长羡慕不已。此外，飞飞爱好文学和写作，喜欢画画，平时做完作业就看课外书、写随笔、画画等。这些爱好与她的视感型特质完全契合。

"我的梦想是成为作家，而且希望在我的书中附上插图，所有的插图都是我亲自画的。"飞飞谈到这些时，眼里闪烁着兴奋的光芒。视感型的人确实在作家、画家、设计师等职业领域具有天然的优势，我相信飞飞未来定会是其中的佼佼者。随后她向我展示了一篇她刚完成的作文，其深度和成熟度完全超出了五年级孩子的水平，更像是一位高中生的佳作。

然而一年前，飞飞妈妈不顾飞飞的反对，强行给她报了一个奥数班，以备小升初之需。飞飞妈妈还定下规矩：飞飞每天完成学校作业后，飞飞必须做课外的奥数练习，只有将这些都完成了，她才可以进行课外阅读。

飞飞对奥数毫无兴趣，但不敢公开违背妈妈的"旨意"。有一次，她完成学校作业后偷偷在自己房间里看课外书。正看得起劲时，妈妈猛然推门进来。飞飞来不及把课外书藏好，被妈妈发现了。妈妈看到飞飞没做奥数题就看课外书，很生气，惩罚她一个月内都不准看课外书，即使奥数作业做完了也不能看。飞飞告诉我："我知道妈妈是为我好，可是我实在不喜欢做奥数题，心里难受得无法忍受时，就把桌子上的一面小镜子扔在地上打碎了，然后用镜片把自己的手臂一道一道地划破。"

听到这里，我都能感受到镜片一道道划过手臂的那种疼痛，心中不禁一阵痛惜。我轻声问道："划破手臂会痛吗？"飞飞却显得异常平静："手痛的时候心就不那么痛了，手臂的伤我可以忍受，但心里的难受我无法承受。"

我深知，"妈妈是为我好"这句话如同无形的枷锁，沉重地压在孩子稚嫩的心灵上，有多少孩子的内心都被这句话压抑得不敢表达自己真实的想法和感受啊！飞飞正是深受其害。我郑重地向她承诺，我会尽最大的努力劝说她的妈妈给她停止奥数课程，让她能够自由地追寻自己的梦想和热爱。

我对飞飞说："下次如果再遇到让你心里难受的事情，别再划伤自己了。你可以尝试把心里想说的话写下来、画出来，并把它们都保存好，将来出书时可以用。从你现在的写作才华来看，我相信你不用等到大学毕业就能出书了。到时候出书时，送我一本好吗？"我故意向飞飞提出了这个小小的请求，飞飞的脸上也露出了很美的笑容。

在与飞飞妈妈单独沟通时，我毫不客气地对她说："你是想毁掉一个天才孩子吗？"飞飞妈妈解释道，她希望飞飞能进入一所优质的民办中学，而听说没有奥数证书很难进入这样的学校，因此才不顾一切地逼迫孩子学习奥数。

我坦诚地向飞飞妈妈说："我在教育系统工作多年，深知学校的录取标准并非仅仅依赖于奥数证书。实际上，学生的综合素质和独特能力才是更为关键的考量要素。你女儿的成绩如此优异，如果需要用证书去证明她的能力，我建议你拿她的作文去证明，她的作文所展现的才华，绝对比奥数获奖证书更稀有、更独特。"我进一步详细阐述了视感型孩子未来发展的优势领域，并恳请她相信自己的女儿，给予她足够的空间，让孩子按照自己的兴趣和天赋去自由发展。飞飞妈妈连连点头表示接受，并承诺会认真考虑我的建议。

实际上，孩子天生就能敏锐地感知到自己未来发展的优势领域。他们的感知能力远远超过我们成年人。在不受外界干扰的情况下，每个人都会自然地朝着自己的天赋方向发展。遗憾的是，许多家长往往按照自己的意愿去规划孩子的未来，结果将一个独特的原创个体塑造成了毫无个性的复制品。飞飞的心理防御机制太薄弱，因此在妈妈的压力下出现了强烈的心理反应。这使得妈妈感到害怕，故而寻求我的帮助。大多数孩子可能不会像飞飞这样反应强烈，他们可能会服从父母的要求，学习各种课程，甚至在选择大学专业时也会按照父母的意愿进行。假设飞飞妈妈认为学金融能赚大钱，飞飞也听话地选择了这条路，那么金融界或许会多一个称职的银行家或经济学家，但文坛会失去一个潜在的天才作家。这无疑是对孩子天赋的极大浪费。

四、感听型与听感型

这两种特质非常相似，都是感觉系统和听觉系统高度活跃，兼具感觉型和听觉型的特征，只是其中一种优势相对更为明显。

一天，朋友带着她三年级的女儿溜溜来找我。溜溜曾参加过由我组织的夏令营，她聪明伶俐，善于表达，就读于一所国际学校。我有些好奇，这样一个优秀的孩子，在学习上会遇到什么难题呢？

"雷老师，您了解我们家溜溜，学习上其他方面都很好，唯独英语的默写成绩不太理想。我也试过一些方法，但总不见效。"溜溜妈妈略带忧虑地说出了她的诉求。

随后我对溜溜进行了学习特质评测，结果显示：视觉优势 21%，听觉优势 35%，感觉优势 44%。这明确指向了感听型特质。于是，我给出了建议："感听型的孩子，要想提高英语默写成绩，可以尝试购买那种具有一定厚度的英语字母牌（太薄的字母牌缺乏手感），让孩子在拼写时逐个找出来并拼好。重复这样的操作2~3遍后，再让孩子用笔抄写一遍，默写应该就没问题了。"

朋友听后恍然大悟，感叹道："原来如此！我之前还冤枉她了。"原来，溜溜曾在同学家中见到过那样的英语字母牌，回家后兴冲冲地向妈妈提议："妈妈，你也给我买一副这样的牌吧。你买了这个牌，我的英语默写成绩肯定就上去了。"可惜当时妈妈并未相信，反而责备溜溜："明明是你自己不够努力，怎么还能找借口呢？"

现在，溜溜妈妈明白是自己误解了孩子。溜溜所在的国际学校，学习氛围宽松，加上溜溜妈妈对孩子的教育也持宽松态度，使得溜溜能够无拘无束地表达出自己的需求。其实，每个孩子都非常清楚哪种学习方式最适合自己，而且会通过各种不同的方式和途径来表达自己的需求，只是这些需求常常被家长们忽视了。

如果家长和老师不了解孩子的学习特质，当看到孩子的学习出现状况时，往往会草率地归咎于孩子不认真、不努力或缺乏上进心。他们可能会无意中强迫孩子使用其不擅长的方式去学习，这不仅对他们的学习效果没有作用，往往还会导致家长错误地认为孩子笨或学习能力有限。更糟糕的是，这会让孩子产生自我怀疑，丧失对自身能力的信心。就像前文提到的听觉型孩子琳琳，她的妈妈粗暴地打断她的朗读，强迫她用抄写的方式去记忆，这种做法严重挫伤了琳琳的学习自信心，还掩盖并压抑了她本身在听觉学习上的强项和天赋。长此以往，这种恶性循环很可能会使琳琳真正陷入学习困境。更遗憾的是，孩子还可能因此错过改善学习系统的黄金时期。

因此，当发现孩子学习上有困难时，家长不要急于归咎为孩子"学不好""不用功""太笨"，而是应该通过科学的评测和数据分析，了解他们的视觉系统、听觉系统、感觉系统的优势分布，从而采取因材施教的方法，帮助他们克服学习上的障碍。"条条大路通罗马"，每个孩子都有其独特的优势和学习路径，也都有达成他们学习成就的罗马之道。

本节要点

当发现孩子学习上有困难时，家长不要急于归咎为孩子"学不好""不用功""太笨"，而是应该通过科学的评测和数据分析，了解他们的视觉系统、听觉系统、感觉系统的优势分布。

如飞飞那样学习顺利的孩子，家长一定要让其按照自己的天赋优势去发展，才能使他们展现出个性特色。

家庭思考与实践

现在，我们已经了解到不同的三觉优势对应着不同的高效学习方法。请回想一下，在日常生活中，您是否曾因为不了解孩子的三觉优势而误解了他们的行为？

第六节　多感官联合学习：塑造更聪明的大脑

在探讨如何提升孩子的学习能力时，我们不仅要关注他们学到了什么，更要关注他们是如何学的。评测的意义远不止于了解孩子的"三觉"（视觉、听觉、感觉）学习特质，更重要的是通过评测找到适合孩子的高效学习策略和路径，让他们的学习天赋和潜能得到最大限度的释放。

早在20世纪20年代，美国教育心理学家Grace Fernald就将多感官联合的理念融入教学之中，显著提升了儿童的学习效果。Fernald教学法强调在学习过程中同时调动学生的多种感官——视觉（观察老师在黑板上书写）、听觉（朗读所学的文字）、动觉和触觉（用手指在纸上跟着描写）。这种多感官联合学习的方式，使得儿童能够充分利用各自擅长学习的大脑系统，进而带动其他系统的发展，促进不同脑区之间的连接和整合，从而全面提升大脑的整体学习能力。同时期的美国神经学家Samuel Orton和心理学家、教育家Anna Gillingham共同创立的Orton-Gillingham阅读法，也秉承了这一理念，通过同时调动视觉、听觉、感觉系统的多感官统联合训练来实现教学目的。[1] 这两种方法虽然各有特色，但都强调利用多感官联合来提高学习效果。

近年来，科学家通过严谨的实证研究，进一步验证了多感官联合学习的有效性。《科学美国人》专栏文集中提到，科学家曾在三、四年级小学生中做了一项实验：教学者在讲授新概念时，特意让其中一部分学生在听课的同时使用一些辅助记忆的手势，并鼓励这些学生在独自解题时继续使用这些手势。几星

---

[1] Institute for Multi-sensory Education, https://www.orton-gillingham.com/about-us/orton-gillingham/,存档于2016年5月22日.

期之后，科学家发现，这些采用了手势辅助学习和答题的学生，对于新概念的记忆和理解效果，明显优于其他学生。[1] 这一重要发现再次证明了多感官联合学习在提升记忆能力方面的显著作用。

我们在日常生活中都有这样的体会：一段对话场景，如果只是用语言来描述，与将其制作成电影来展现相比较，后者往往能让我们更深入地理解和记忆。这是因为电影这一形式同时激活了我们的听觉系统、视觉系统和感觉系统，实现了多感官的参与。这种多感官的参与促进了大脑不同区域间的积极互动，形成了更为丰富的连接和整合，从而极大地提高了我们的学习效率。

然而，如果在学习中过于偏重某一感官系统，而未能充分调动其他感官系统的能力，那么大脑就没有充分发挥其整体潜在的学习能力。因此，神经学习科学领域普遍认为，"发展多模式的学习策略是神经学习的重要方式之一"[2]。这种策略的核心在于利用优势系统来带动弱势系统，进行多种感官系统的联合训练，从而提高大脑的整合加工能力。通过不同脑区的相互作用，形成更多的连接，不仅能显著提高许多学生的记忆能力，还能增强他们的理解能力和学习效率，从而全面提升学习能力。

这就像当孩子最熟悉的路径被堵塞后，他们仍然能够利用他路径到达目的地。换句话说，多感官联合训练就是帮助孩子开辟多条通往学习目标的路径，让他们在学习的道路上更加游刃有余。

有一次，一位父亲向我述说他孩子的应用题解析能力太差。他举了一个具体的例子：数学课上，老师讲解行程中的相遇问题，孩子在课堂上没有听懂，

[1] ANTHES EMILY. 60秒学脑科学常识——《科学美国人》专栏文集. 蒋苹、王兴，译. 北京：人民邮电出版社，2012：83.

[2] 艾德 B，艾德 F. 贴错标签的孩子：怎样正确理解孩子独特的学习方式[M]. 王立新，等译. 北京：当代中国出版社，2008：32.

导致回家后无法完成老师布置的相关题目。于是，父亲耐心地为孩子讲解了一遍，可孩子依然很困惑。接着，父亲尝试用图示法来解释，但孩子仍然不得要领。这时候，父亲感到十分挫败，不禁大为光火："我画的图那么清晰，你也不是笨孩子，怎么就是听不明白呢？"

在责怪的同时，父亲决定换一种方式，他让自己和孩子分别扮演题目中的甲、乙两部汽车，模拟汽车相遇过程，这一举措立刻产生了显著效果，孩子迅速理解了问题的核心。

事后，父亲误以为孩子是因为看到他的生气而认真学习并学懂的，实际上，孩子是强感觉特质（视觉优势18.97%，听觉优势20.69%，感觉优势60.34%），在视觉和听觉上不太敏感。正是父亲通过加入动作模拟的讲解方式，同时调动了孩子的听觉系统和感觉系统，形成有效连接，才使得孩子能够迅速理解。这种方法，就是利用了孩子的感觉优势系统去实现的多感官联合学习。

回顾之前父亲使用图示法效果不佳的原因，主要是该方法只调动了孩子的视觉系统和听觉系统，而这两项恰好是孩子不太活跃的系统。缺少了孩子擅长的感觉系统的参与，学习效率自然就不高。相反，如果换成一个视觉型或听觉型的孩子，图解法将会是一种高效的学习方式。

我们可以从中看到，多感官联合学习法是一种高效的学习策略，强调充分利用孩子的优势学习系统，通过多感官联合训练来激活并带动其他较弱的学习系统。

之所以强调从孩子的优势学习系统入手，原因有二：第一，当训练涉及孩子擅长的通道时，他们更易于接受和配合，而乐于配合和愉悦的情绪是确保训练效果的关键元素；第二，利用孩子擅长的学习系统引导并整合其他较弱的系统，不仅能够有效强化原本弱势的系统，更是全面提升视觉、听觉、感觉三者的整体整合能力的有效训练战术。这既符合神经学习的科学理论，也是我在多年教学实践中不断探索和研究得出的经验。

因此，高效学习策略的核心，是融合优势系统在内的两种或更多种感官系统共同参与学习。在这方面，家长相对于老师更具操作灵活性。老师需要平衡全班学生的需求，而学生之间的学习特质各异，一种教学方式难以适用于所有孩子。

以《闹花灯》为例（上海小学一年级第二学期语文课本中的课文），家长可以针对不同学习特质的孩子采取不同的策略。

对于视觉型的孩子，家长可以提前与孩子一同欣赏元宵节丰富多彩的花灯图片，这样等到老师在课堂上讲授这篇课文时，孩子脑海中就能浮现出相应的画面，大脑自动将视觉系统和听觉系统作连接和整合，孩子就能很好地理解老师讲授的内容。

对于感觉型的孩子，家长可以带领孩子亲自体验逛花灯的场景，让孩子触摸花灯，或者在家中一起动手制作花灯。当孩子在课堂上学到这篇课文时，书本上将不再是一个个没有温度的文字，而是一幅幅"活"的、有温度的故事场景。这样，孩子的视觉、听觉和感觉系统都会得到充分的调动和联合，使孩子对课程产生浓厚的兴趣。

通过家长这样的提前准备和引导，孩子在完成课文背诵、默写等教学要求时，将会轻松自如。

体验式活动因其能够同时调动孩子的听觉、视觉和感觉三大学习系统共同参与而备受欢迎。这些活动不仅使学习过程更加生动有趣，还能有效提升孩子的学习效率。以学习植树为例，通过绘制一张图，将小玩具作为道具树，让孩子们在动手植"树"的同时聆听讲解。这种教学方式适用于各种学习特质的孩子，特别是对感觉型的孩子来说尤为重要。这种活动不仅能帮助孩子们更好地理解知识，还能让他们在快乐中学习和成长。

帮助孩子培养一种有效的学习方式，实际是在训练他们的大脑，以建立新的神经连接回路。基于三十多年的研究工作和实战经验，我确信，只要每天投入5分钟的持续训练，并坚持3个月以上，孩子的相关能力就能得到显著的改善。这是因为大脑是一个极其高级、复杂且庞大的网络系统，其内部的微小"自变量"变化往往能够引起外在"因变量"的巨大转变，即显著的学习成效和反应。

对于听觉系统占优势的孩子，最有效的训练策略是结合言语中介，即采用视听联合（同时利用视觉系统和听觉系统）和听感联合（同时利用听觉系统和感觉系统）的方法。在训练过程中，我们巧妙地将训练内容与言语相结合，让孩子在聆听的同时，通过看或动手做相关的内容，以加深理解和记忆。

对于视觉系统占优势的孩子，最有效的训练策略是注重与视觉的关联，即采用视听联合（同时利用视觉系统和听觉系统）和视感联合（同时利用视觉系统和感觉系统）的方法。例如，可以引导孩子将学习内容转化为一幅幅生动的画面，让孩子在看的同时，通过听到或动手做相关的内容，以促进理解和记忆。

对于感觉系统占优势的孩子，训练策略应特别注重与动作的关联。听感联合（同时利用听觉系统和感觉系统）和视感联合（同时利用视觉系统和感觉系统）的游戏将是理想的训练方法。这些活动让孩子在亲身体验中，通过听觉或视觉的反馈来增强理解和记忆。

最后，视、听、感三者联合的训练方式对于所有特质的孩子都是适用的。这种综合性的训练策略能够全面地利用孩子的各种感官系统，帮助他们更有效地学习和记忆。

各类训练方法的具体例子和详细指导可参见附录二。

畅畅是一个四年级男孩，评测数据：视觉优势20.00%，听觉优势60.00%，感觉优势20.00%，属于强听型的学习特质，视觉系统和感觉系统相对较弱。

畅畅妈妈提到，畅畅对声音和音乐有着非凡的敏感度。在畅畅还只有四岁多的时候，就能准确地向妈妈描述音乐的情感，比如说某个调子是悲伤的，另一个调子是快乐的。更令妈妈惊讶的是，畅畅甚至能从音乐中感受到季节的变换，他说："妈妈，这是冬季的调子。"妈妈很惊奇："你能听出来？"他自信地回答："是呀！我能从音乐中感受到温度。"

在学业方面，畅畅的英语和数学成绩优异，但语文，尤其是作文方面，显得有些薄弱。妈妈认为这主要是由于畅畅对于阅读的兴趣不高，即使看书也是快速浏览，而非逐字逐句地品味。

针对这种情况，我建议畅畅尝试多感官联合训练，以平衡和强化整体的学习神经系统。

我用一个生动的图示向畅畅和他的妈妈详细解释了多感官联合训练的概念及其重要性。我告诉畅畅："畅畅，你的听觉系统非常活跃，就像一位早起的'小能手'，而你的视觉系统和感觉系统像是还在享受美梦的'小懒猫'。多感官联合训练，就像是一场有趣的晨间唤醒行动，目标是轻轻唤醒这些赖床的'小懒猫'，让他们和'小能手'一起，手拉手、肩并肩、共同为你的学习加油助力。记住，当所有感官都参与学习中时，你就能变得更聪明、更出色。你愿意接受这个挑战，唤醒你所有的'小伙伴'吗？"

畅畅的眼睛里闪烁着兴奋的光芒，迫不及待地回答："当然愿意！"让自己变得更好，是一个人与生俱来的愿望。这种愿望在孩子身上表现得尤为强烈。

我随即为畅畅精心推荐了视听联合和听感联合的训练方法，其中一个特别实用且效果显著的策略是让他每天挑选一段书中的故事读给妈妈听。

为什么选择这种方式呢？如果我们只是简单地告诉孩子，他需要提高视觉敏感度，因此每天需要读故事进行训练，孩子可能会觉得这是一种额外的负担，甚至可能产生抵触情绪。事实上，一些家长反馈说孩子不愿意读书，往往是因为他们觉得这是一种惩罚。

然而，当我们将读故事变为一种亲子互动，让孩子读给妈妈听，情况就完全不同了。妈妈作为倾听者，给予孩子积极的反馈和鼓励，读故事的过程就不再是一项枯燥的任务，而是一段充满乐趣的亲子时光。孩子不仅通过阅读进行视觉和听觉的联合训练，还能感受来自家人的支持和鼓励，从而更加乐于参与这样的训练。

我们都知道，在心情愉悦状态下的训练更加有效。

除了日常的家庭训练，畅畅还参加了我们设计的创意作文课。这门课程采用了体验式教学法，注重通过调动视觉、听觉和感觉三大学习系统，引导孩子深入探索和感受作文主题。在课程中，畅畅学会了倾听生活中的声音，观察丰富多样的景象，学会了触摸生活的细微感受，并从这些真实体验中提炼出真挚的内心情感，以丰富和深化自己的作文内容。

经过三个月的系统学习，畅畅的作文水平有了显著的进步。在期末考试中，他获得了A+的好成绩，让妈妈惊喜不已。妈妈表示，这是畅畅从未取得过的高分。这次成功，不仅让畅畅对自己的作文学习充满了信心，也为他今后的学习道路奠定了坚实的基础。

四年级的惟惟，是一个有着鲜明感觉型特质的男孩（视觉优势23.00%，听觉优势25.00%，感觉优势52.00%），面临着默写方面的学习挑战。为了帮助他克服这一困难，我为他量身定制了一套记忆策略。

我建议他将每个汉字与具体的动作和场景相结合，以增强记忆效果。例如，在记忆"依"字时，我们想象有一个人轻轻地靠在衣物上；同样地，在记忆"奋"字时，我们想象一个辛勤的大人在田间劳作，汗水浸湿了衣衫。

当惟惟需要订正默写"贴"这个字时，我指导他仔细观察这个字的结构。我指着左边说这是个"贝"字，惟惟立刻联想到"贝壳"。接着，我提示他观察右边的部分像什么，他兴奋地喊道："像坦克！哦，我记住了，这个字是把贝壳贴在坦克上。"

我微笑着肯定了他的想象力，并进一步鼓励他："以后当你遇到难以记住的汉字时，试着用类似的方法，自己创造出一个场景来帮助记忆。就像这个"贴"字，你可以想象自己正拿着贝壳往坦克上贴，就能牢牢记住了，我相信你有能力做到。"惟惟使劲点头，然后拿着本子走到一旁，开始用"场景记忆法"自主记忆其他生字。

场景记忆法主要调动的是感觉系统中的动觉和视觉系统，通过构建与知识点紧密相关的场景和画面来帮助记忆。正如我们知道的，感觉系统不是单一系统，它包含动觉和触觉。因此，将触觉元素融入记忆过程中，是一种极其有效的记忆方法。

我建议惟惟妈妈在家中准备一个盒子，里面装满大米或绿豆等颗粒物质。让惟惟根据自己的喜好，挑选一种让他触感更舒适的材料。随后，他可以一边读出汉字的笔画，一边用手指跟随笔画的顺序在盒子里模拟书写。这是一种触觉和听觉联动的记忆方法，通过手指与颗粒物质之间的触感互动和朗读时产生的听觉刺激，共同增强记忆效果。

在拥有了多种记忆汉字的方法后，惟惟能够根据自己的需求，灵活选择当下最适合自己的记忆汉字的方法。经过这样的训练，惟惟的默写能力得到了显著提升，他在学校的默写再也没有困难了。

根据孩子们的实际使用反馈，他们通常在盒子里用手指模拟书写2~3遍后，便能有效记住该字的写法。当然，对于个别孩子，可能需要额外的练习次数才能达到同样的效果。普遍而言，这种结合了触觉和听觉的"触感-声音记忆法"已被实践证明是一种有效且有趣的记忆汉字的方法，能够帮助孩子们更加牢固地掌握字的写法。

除了上述的记忆策略，还有一个值得提及的记忆瑰宝——音乐。研究发现，记忆歌词与曲调在大脑中的处理区域与常规语言储存脑区不在同一套系统区域，这揭示了"音乐在大脑中有一套独特的加工和储存系统"。[1]以许多学生觉得难以记忆的化学反应为例，在配上了周杰伦的《青花瓷》曲调后，顿时变得朗朗上口，这便是音乐记忆法效力的生动体现。

因此，对于按常规记忆方法有困难的孩子们来说，音乐记忆法无疑是一个有效的辅助工具。

---

[1] 艾德 B，艾德 F. 贴错标签的孩子：怎样正确理解孩子独特的学习方式[M]. 王立新，等译. 北京：当代中国出版社，2008：31.

在我对小学生群体进行的调研中，当被问及哪类内容背诵最困难时，几乎所有孩子不约而同地指向了古诗词。为此，我们引导孩子们尝试在音乐或动作的辅助下背诵古诗词，他们可以选择自己喜爱的曲调作为背景音乐，或是根据诗词内容编排动作。这种个性化的记忆方式极大地提升了他们的背诵古诗词的速度和效果。

是不是多感官联合训练需要刻意去设计呢？答案是否定的。实际上，家庭中充满了多感官联合训练的自然机会。举例来说，孩子与爸爸妈妈共同阅读故事书，一起做家务，一起户外运动，这些都是自然而然的多感官联合训练。回想我的童年，不也是和小伙伴们一起读书、在家分担家务的吗？只是现在的孩子们生活内容太单一了，家长常常限制他们参与家务，认为这会浪费学习时间；同时，他们往往认为孩子只有坐在书桌前写字做题才是真正的学习。他们可能没有意识到，孩子若缺乏这些多感官联合训练的机会，不仅可能降低学习效率，还容易让孩子觉得学习是枯燥无味的。因此，家长应积极创造条件，让孩子能参与多样化的活动，使得学习变得更为丰富有趣。

从遗传学的视角审视，遗传基因在童年学习成就上的影响其实并不如我们想象的那般显著。学习基因主要体现在视觉、听觉和感觉优势的分布上，这"三觉"的总分值在小学生这一年龄段（先天智力缺陷除外）的差异并不大。然而，为何在小学、中学阶段，孩子之间的学习成就表现出明显的差异呢？经过数十年的深入研究和观察，我得出一个结论：小学生的学习成就差异与他们的感觉统合能力密切相关（将在第二章中详细阐述），而这种能力的基础是在幼儿期奠定的。对于中学生而言，学习成就的差异更多地与"三觉"的绝对数值相关，这一差异在小学阶段通过多感官联合训练逐渐拉开。不同内容和强度的训练日积月累，塑造了每个人独特的"三觉"学习能力。简而言之，"三觉"的绝对值越高，学习能力越强。

多感官联合训练，旨在通过加强听觉系统、视觉系统和感觉系统的模式加工与整合运用能力，显著提升大脑的智能。这一原理同样适用于成年人。假设一个成年人当前的视觉、听觉和感觉能力总分为100分，通过精心设计的训练，他完全有可能在短短的一两年内将这三项能力的总分提升至10000分。当然，这个具体的数字只是一个形象的比喻，但确实能够带来显著的提升。这种提升将直接反映在思考能力、对周围世界的感知能力、未来规划能力以及自我驱动力上，使他整体表现得更加聪明和敏锐。

对于成年人而言，这种提升已经足够令人振奋，那么对于正处于发育期的孩子来说，他们的潜力和提升速度更是不可估量，提升程度将远远超过成年人。

综上所述，多感官联合学习不仅是一种高效且科学的学习方法，更是训练大脑变得更聪明的理想路径。这种方法能够极大地改善孩子的记忆力和理解能力，进而优化整体学习能力和效率。"三觉"评测的深远意义在于，它为我们揭示了让大脑变得更聪明的具体路径，使之更加清晰可循。每个孩子都是独一无二的，他们的神经系统在持续的学习和成长过程中不断塑造。因此，我们完全可以依据这些学习特质，为他们量身打造个性化的训练计划，帮助他们找到最适合自己的学习道路，从而实现一个令人激动的愿景——让天下没有教不会的孩子。

本节要点

多感官联合训练是帮助孩子开辟多条通往学习目标的路径，让他们在学习的道路上更加游刃有余，让天下没有教不会的孩子。

家庭思考与实践

设计并实施一个能够调动孩子多种感官参与学习的活动。

第二章

解锁天赋之路：孩子成长的障碍与突破

本章导读

　　本章运用"儿童学习成就金字塔"，对孩子在学习上未能取得预期成就的原因进行了细致的归类和分析，旨在揭示每一类问题背后的根本症结，并探讨了造成这些症结的深层次原因。这些分析和归类全面覆盖了当前孩子所面临的各种学习状况（不包含先天智力受损的情况），以便给家长和教育工作者提供有针对性的改善和提高措施。本章通过深入剖析，提出了一系列切实可行、效果显著的改善方案，旨在帮助孩子克服学习困难，实现他们的学习潜能。

第一节　揭秘学习困境：孩子天赋的隐藏障碍

既然每个孩子的大脑都具备潜在的优势学习系统，那么从理论上讲，他们在学习方面应当能够取得一定的成绩，但为何在现实生活中，我们却看到有些孩子在学习上遭遇重重困难？

在一次面向小学家长的讲座中，当我正激情地讲解每个孩子都拥有的学习天赋以及"雷氏三觉"优势学习法的运用时，有一位家长突然站起来提问："老师，我家孩子在学习上遇到很大困难，背诵非常吃力，默写总是不及格，而且对乐高这类需要动手的玩具没有兴趣。我观察不到他在听觉、视觉或感觉中有任何优势，请问是否有些孩子不具备？"

我用力挥了一下手臂，坚定地回答："不可能，你不要怀疑老天的公平性，每个孩子都有自己的优势学习系统，这是上天赋予每个孩子的礼物，如果妈妈没有看到，那一定是有某些因素阻碍了孩子优势的正常发挥。"

为了解答这位家长的疑惑，我邀请她和孩子来到我的工作室进行"三觉优势"评测。评测结果清晰地显示，孩子是视觉优势型学习者。令人不解的是，尽管孩子拥有视觉优势，但在实际学习过程中，这一优势并未得到充分展现。孩子在默写方面表现得尤为困难，经常将字的结构左右颠倒，不仅写汉字如此，写英文字母和数字也频繁出现此类问题。例如：在写"阳"字时，他会将耳朵旁（阝）置于右侧；在英语默写中，不仅字母顺序混乱，还经常混淆"b"和"d"；在数学上，他也会将数字写颠倒，如"34"写成"43"。

要深入探究这一现象的根源，我们需要对孩子进行更进一步的评测。评测结果显示，孩子存在严重的读写困难和注意力不集中等问题。正是这些因素阻碍了他的视觉优势在作业和考试中正常发挥作用。

这究竟是怎么回事呢？接下来，我们将借助"儿童学习成就金字塔"模型，来详细解析这一问题，寻找解决之道。

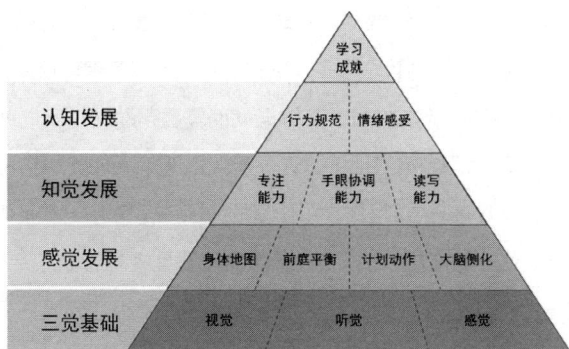

儿童学习成就金字塔

这个金字塔由五层构成，塔底是"三觉基础"——视觉、听觉、感觉；塔尖则是孩子最终能够获得的学习成就。要使"三觉基础"优势顺利转化为学习成就，孩子需要通过一系列的"关卡"。

第一关是"感觉发展"。这是感觉统合中与学习能力密切相关的部分，也是学龄前孩子的主要发展任务。如果这一层面的神经系统发育出现偏差，那么这个偏差将会被带入下一阶段的知觉发展，从而影响孩子的专注力、手眼协调能力等神经系统的发展与完善。

第二关是"知觉发展"。这是在"感觉发展"的基础上发展起来的更高层次的能力。如果孩子在"感觉发展"这一阶段发育很好，那么在"知觉发展"这一层的专注力、手眼协调能力等也会发育很好。如果孩子在"感觉发展"阶段存在问题，这些问题将会被带入知觉层面的发展中，从而给孩子的学习带来困难。

当孩子学习时，注意力集中且做作业细心，作业的准确率自然就高；同时，他们若不存在读写障碍，就不会出现看文字跳行漏字，或默写时"b""d"混淆、左右颠倒的困扰。想象一下，如果一个孩子能够保持这种专注力，避免粗心大意，并且拥有出色的读写能力，那么他的学习成绩还会不优异吗？值得一提的是，这样的孩子往往能够形成良好的行为规范，情绪也比较稳定，这样的综合素质无疑使他们成为备受赞誉的优等生。

"感觉发展"能力和"知觉发展"能力是"三觉基础"优势得以展现并实现学习成就的重要保障，并且与孩子大脑神经系统的发育密切相关。

当一个孩子在学习上未能如愿获得成就而需要帮助时，我们就可以利用"学习成就金字塔"模型，自上而下，逐层深入，以探寻问题的核心原因。

以一位家长反映孩子学习困难为例。家长提到孩子对学习有抵触情绪以及学习习惯不好。这些表现在"学习成就金字塔"模型中对应于"行为规范、情绪感受"这一层面。为了深入了解这些现象背后的原因，我们将从这一层开始，逐层向下探索，以揭示孩子不良学习习惯的成因以及学习抵触情绪的来源。从"知觉发展"层面入手，我们可以向家长收集以下信息。

（1）学校老师对孩子的学习有哪些具体的反馈？

（2）孩子的注意力集中程度如何？是否容易分心？

（3）孩子在学习上是否有粗心大意的毛病？

（4）在进行默写或书写时，孩子是否经常混淆或颠倒字母、数字以及汉字的结构？

（5）孩子是否因为这些问题经常受到老师或家长的批评，从而导致对学习产生抵触情绪？

通过仔细收集并分析这些信息，我们可以评估孩子在"知觉发展"层面是否存在偏差或问题。如果孩子存在上述中的大部分问题，我们就可以推断出，孩子在知觉发展上确实存在一些偏差，这些偏差直接导致了孩子在行为管理和学习情绪上的困难。

孩子在"知觉发展"层面出现的状况，可能源于当前阶段的错误养育方式，也可能是由之前感觉发展阶段的问题累积造成的。为了更准确地判断问题的根源，我们需要进一步向家长收集关于孩子"感觉发展"层面的信息。

（1）家长是否注意到孩子在日常生活中经常丢三落四，或者走路时容易东碰西撞？

（2）孩子的运动协调性如何？在日常活动中是否显得笨拙或不协调？

（3）孩子的平衡能力怎样？能否平稳地完成如单脚站立、走平衡木等动作？

（4）在玩球类运动时，孩子能否准确地接住球，并表现出良好的反应速度？

（5）跳绳时，孩子是否能跳得既轻又快，且身体保持稳定？

（6）孩子是否具备双手协调能力？比如能否左右手同时进行不同的动作？

（7）孩子的精细动作技能如何？在绘画、拼图等活动中是否表现出较高的准确性和流畅性？

（8）在幼儿园时期，老师教的肢体动作和身体运动，孩子是否比其他同龄孩子需要更长的时间来掌握？

（9）在婴儿时期，孩子是否会四点位爬行？爬行时动作是否协调？

如果以上问题中的大部分问题都得到了肯定的回答，那么我们可以推断出，孩子在感觉发展阶段存在较大的偏差。这种偏差是造成孩子在"知觉发展"层面遇到困难，并进一步影响学习行为和情绪的主要原因。

通过这样层层深入的探究，我们能准确地找出问题的根源，并为孩子制订更具针对性的改善措施，帮助他们克服学习上的困难，从而生发出孩子积极的学习态度和习惯。

当情绪因素是引起学习问题的主要因素，或是亲子关系的不和谐引发孩子对学习的不良情绪时，高效的改善策略是进行家庭团体咨询和对话。在这个过程中，帮助孩子和父母看见彼此的正面动机和内心需求。这样的深入对话旨在转变双方对学习和教育的信念和态度，从而迅速缓解孩子对学习的抵触情绪，降低由此产生的能量消耗，为孩子营造一个积极、支持性的学习氛围。

当学习问题来自不良的行为习惯时，家长要意识到，孩子不良的行为习惯往往根源于家庭的养育方式。为了从根本上纠正这些问题，应帮助家长识别并调整不当的养育方法，为他们提供科学的育儿策略，并结合情绪管理的改善，逐步引导孩子形成良好的行为习惯。

无论是针对情绪问题还是行为习惯问题，家庭团体咨询和对话都是重要的解决途径，能够帮助家长更全面地洞察问题的根源，找到最适合的解决方案，并帮助孩子建立积极的学习态度和行为习惯。

如果问题出在"知觉发展"这一层面，就需要有针对性地进行干预。通过专门的脑体协作训练，如专注力训练、手眼协调训练以及读写能力训练等，可以有效改善孩子的知觉发展状况。对于10岁以下的孩子来说，除了读写能力需要更长时间的训练，其他方面的状况通常在持续2个月到半年的时间内都可以得到显著改善。然而，读写障碍由于其特殊性，所需的训练时间会相对较长。

假如"知觉发展"层面的问题是由"感觉发展"层面造成的，那么首要任务是解决"感觉发展"层面的问题。通过实施身体大运动量的训练，如感统训练（每天进行），大部分孩子在半年到一年内可有明显的改善。由于个体差异和问题的严重程度，少部分孩子可能需要1~3年的训练才能有显著的效果。

当"三觉基础"（视觉、听觉和感觉）各层面均无障碍时，这些基础优势将得以全面展现，从而构建出强大的学习能力，使孩子在学习上能够游刃有余并取得显著成就；反之，若这些层面存在问题，孩子在学习上就会遭遇困难和障碍。

在寻找问题根源时，我们应遵循直上而下的顺序，即先审视较高级别的层面，如情绪感受、行为规范等，再逐步深入基础的层面。而在制订解决方案时，则应采取自下而上的策略，先解决底层的问题，如感觉发展或知觉发展问题，进而解决上一层的问题。这种策略通常见效更快，并能够带来更好的改善效果。

值得注意的是，问题的原因越是靠近上层，如情绪感受或行为规范，通常改变所需的时间越短，因为这些层面的问题相对直接和易于调整。若问题的根源位于底层，如"感觉发展"层面，由于这些层面涉及身体更底层的神经系统能力发展，因此需要更长的时间来进行干预和训练。

综上所述，每个孩子都拥有自己的天赋和优势学习系统。只要我们能够找到阻碍这些优势发挥的障碍，并采取相应的措施进行调整和改善，孩子就能在学习上取得显著的进步和成就。

本节要点

通过逐层深入探索学习困难的原因，我们可以找到问题根源，同时提出针对性的改善措施，包括家庭团体咨询、感觉与知觉训练等，全面提升孩子的学习能力。

家庭思考与实践

您是否观察到孩子在学习上存在困难或挑战？您认为这些困难可能源于"学习成就金字塔"中的哪一层面？

第二节 常见学习困难体征与"三觉通路"评量体系

12岁以下的儿童在学习上出现的所有不好的行为，都不是主观意识上的"不认真""不努力""不用心"，而是大脑神经发育过程中某些系统出现的偏差所致，这种偏差阻碍了儿童自然拥有的学习优势，使之无法尽情展现。

基于几十年的观察和实践经验，我将儿童在学习发展中遇到的困难体征归为四类：专注力、手眼协调能力、读写能力以及写字技能。与之对应的症状表现为：注意力分散、粗心大意、写字维持困难以及读写障碍。

孩子在学习发展能力方面常见的四大困难体征描述如下。

一、专注力

这是注意力缺乏的问题，是老师向家长反映的孩子问题中出现频率最高的，包括注意力集中时间短暂，以及未能达到与年龄相匹配的注意力集中时长。

一些权威研究和调查数据显示，中国约有75%的儿童存在注意力不佳的情况。这种注意力不佳的状态，极大地影响了孩子的学习效率，是导致孩子学习负担重的主要因素。但凡做作业时间长的、不能有效听课的孩子，都存在这个问题。

心理学家通过观察和研究，得出的统计数据如下。

（1）5~6岁的孩子，注意力集中时间能维持10~15分钟；

（2）7~10岁的孩子，注意力集中时间能维持15~20分钟；

（3）10~12岁的孩子，注意力集中时间能维持25~30分钟；

（4）12岁以上的孩子，注意力集中时间通常能超过30分钟。

需要注意的是，以上给出的时间范围是基于孩子在执行如听课、写作业等需要主动集中注意力的任务时的表现。实际的注意力集中时间会受到多种因素的影响，包括环境因素等。即使是同一个孩子，在不同的环境下，其注意力集中的时间也可能出现明显的差异。因此，在评估孩子的注意力集中能力时，我们需要综合考虑多种因素，并提供适宜的环境支持。

学习是一项需要费神、费劲的活动，要求孩子主动、持续地聚焦于那些可能并不吸引人的目标。而看电视和玩游戏则截然不同，它们往往不需要孩子付出太多努力去维持注意力，更多依赖被动注意，因此孩子能够轻松地保持长时间的专注。

遗憾的是，有些家长并未充分理解这两者之间的本质区别。当老师向他们反馈孩子在学习上存在注意力问题时，他们会怀疑这一判断，认为既然孩子能够长时间地沉浸在电视或游戏中，就不应该存在注意力问题。他们甚至错误地认为，孩子只是对学习内容不感兴趣而已。实际情况并非如此。

在之前的章节中，我详细描述了大脑神经中的一个关键系统——"注意协调"。这个系统与孩子的前庭平衡、左右脑协调、左右脑侧化等感觉动作发育程度密切相关。它负责控制和调节信息的输入（如孩子吸收了多少信息）、模式的加工（如记忆力）以及动作的支配（如完成作业或应对考试）。当这个"注意协调"系统的神经发育遭遇阻碍或异常时，孩子的注意力就会出现问题，导致他们难以进行自我控制。

值得注意的是，有些注意力问题可能是"假性"的。例如，孩子的听觉异常灵敏，对周围环境的微小响动极为敏感，从而导致他们左顾右盼，这并非其大脑注意系统本身的问题，而是由于受到外部干扰。在这种情况下，一些国外学校采取的策略是，为这些听觉特别敏感的孩子安排靠近教室中央、距离老师最近的位置，而不安排他们坐在靠窗或靠门的位置，以减少外界干扰，帮助他们更好地将注意力集中在老师身上。

因此，我们不能简单地以孩子能否长时间看电视或玩游戏作为判断其注意力状况的标准。家长和老师需要更深入地了解孩子的神经发育和学习过程，以便为他们提供更有针对性的支持和帮助。

专注力是孩子学习和发展的基石。正如蒙台梭利所言："给孩子最好的学习方法就是让孩子聚精会神地去学习。"通过关注孩子的"注意协调"系统发展，以及提供适当的环境和策略，我们可以帮助孩子更好地培养和提高专注力，为他们的学习和成长打下坚实的基础。

二、手眼协调能力

当孩子在手眼协调方面存在问题时，其在学习上的典型表现就是频繁出现粗心错误。这里指的粗心，并非偶然发生的失误，而是指同一类型的错误反复出现。例如，孩子可能会频繁地看错题意、条件、要求或数字，写错单位，抄错数字，写错结果，甚至漏题、漏字或跳行等。如果同一类粗心状况持续出现，那么问题的根源并非孩子不认真，也不仅仅是孩子的注意力出了问题，而是孩子手、眼、脑三者之间的协调同步存在障碍。

特别是当孩子的视觉系统在三觉（视觉、听觉、感觉）优势中属于不活跃的类型，且手眼协调能力严重不足时，孩子表现出的粗心程度将会达到令人不可思议的地步，因而常常让老师和家长对这种反复出现的错误感到困惑和难以理解。面对这种特殊情况，家长和老师需要给予孩子更多的理解和包容，并寻求专业指导和有效解决方法，从而帮助孩子提升和改善手眼协调能力，提高其学习效率和准确性。

三、读写能力

当孩子遇到读写能力的障碍时，他们在学习上的困难显得尤为明显。以下是这些困难在学习过程中的具体表现。

他们的阅读速度极其缓慢，阅读时显得很吃力，常常漏字或跳行，导致他们难以跟上甚至远远落后于同伴的学习进度，进而影响他们对教材内容的理解。

他们的抄写速度也特别慢。抄写时看一个字写一个字，遇到笔画多的字，需要一笔一画地对照着才能写完，这严重影响了书写效率，使得课堂默写成为他们极大的挑战。

他们对稍微复杂一点的指令也难以理解。比如，当老师给出"请把书本打开，翻到第九页，看第二自然段第三行"这样一串指令时，他们就会呆在那里不知该如何下手。

在书写方面，他们容易混淆或颠倒字母、数字的顺序以及汉字的左右结构。例如，孩子知道"加"这个字读作"jiā"，但在书写时容易误写为"口力"；在英语学习中，他们写出的单词字母顺序容易混乱，还常常出现对特定字母或字符的混淆，如混淆"b"和"d"的使用；在数学上，他们也可能将数字如"34"写成"43"。这些混淆和颠倒，不仅影响了书写的准确性，在学习上也给他们带来了额外的挑战。

综合以上描述，如果一个孩子在默写方面经常出现左右颠倒，英文字母和数字也频繁出现此类问题的话，那么他可能正面临着较为严重的读写困难。在这种情况下，家长和老师需要给予他更多的关注和包容，帮助他逐步克服这些困难。

四、写字技能

写字技能发展滞后，特别是与写字相关的肌肉组织系统发育不良的孩子，在写作业时常常面临写字维持困难的问题。这类孩子在写字时，由于需要借助身体其他部位的辅助力量来握笔，因此他们的握笔姿势显得异常用力且手部僵硬，导致字迹往往不够整洁美观。写字问题是小学低年级孩子最容易受到老师批评的焦点问题。尤其是视觉型特质的语文老师，他们对书写不规范的字迹更为敏感，一旦孩子的字迹不符合标准，就会马上指正，甚至要求孩子重写。这种频繁的指正和要求重写，对于写字技能发展滞后的孩子来说，无疑增加了他们的学习压力和负面情绪。

很多年前，网络上曾有一篇文章《开学一个月，毁了我六年教育观》引发了广泛关注和讨论。在这篇文章中，那位母亲情绪激动地指责中国的教育体制对她的孩子造成了严重的伤害。经过深入了解后，我发现问题并非出自教育体制本身，而是她的孩子在写字技能发展中遇到了困难。具体来说，由于孩子的写字肌肉没有得到充分锻炼，导致孩子写出的字不够规范，因此经常受到老师的指正并要求重写。这种频繁的负面反馈让孩子在写字时感到沮丧和挫败，甚至出现了抵触情绪，每次写字都会哭闹不止。这进一步加剧了家长的负面情绪，使得每次在孩子写字时，整个家庭都会笼罩在紧张的氛围中。

当孩子在家长或老师的监督下写字时，由于紧张和压力，他们可能会短暂地倾尽身体的全力来确保字迹工整。然而，这种高度集中的状态通常难以持久，因为这种倾尽全力的方式会极大地消耗孩子的身体和心理能量。一旦外界的监督有所放松，压力减轻，孩子的字便会回归日常状态。这种表现常常使老师和家长误以为孩子缺乏自觉性，认为孩子只有在被监督时才会认真写字，从而将写字能力问题归咎于孩子的主观态度问题。但实际上，家长和老师需要认识到，这可能是孩子在写字技能发展中遇到了困难，而非单纯的态度问题，更不是教育体制之过。

如何"诊断"孩子学习上常见的四大困难体征呢？除了写字肌问题，其余三项体征都是与脑神经系统的发育紧密相关的。大脑作为人体的指挥中心，负责协调并发出指挥所有肢体动作的指令。为了更直观地解释这一点，我们可以借用一个极端的例子：假设一个人的左脑中长有肿瘤，该肿瘤压迫了相关的神经，那么这个人的右手运动能力会受到严重影响，无法像正常人一样自如地运动。

同样的，孩子的脑神经发育遵循类似的原理。当一个孩子在执行某些动作指令时表现出困难或无法顺利完成时，这往往意味着其大脑神经系统的某些部分可能存在发育上的不足或偏差。这些不足或偏差无疑会对孩子的学习能力培养和发展形成显著的障碍。换句话说，肢体完成某些动作或完成学习上的某些任务，是依赖于相同的脑区神经系统来协调和控制的。

下面举例说明：

对于有严重的粗心问题的孩子，其核心往往在于手、眼、脑三者之间的协调不够同步。在幼儿阶段，这种协调能力的欠缺会严重影响孩子执行精细动作的能力。例如，有些幼儿园大班的孩子在涂色时，由于无法精准控制力度和范围，常常会把颜色涂出框外或在框内集中在一小部分区域。当这些孩子进入小学后，由于协调能力没有得到充分的发展，他们在学习上就会表现出粗心大意的问题，如计算错误、漏写题目等。

对于注意力有问题的孩子，他们在跳绳这项运动中通常也会遇到挑战。跳绳时身体要有良好的协调性和整体的平衡能力。一个孩子若能在跳绳时展现出轻松自如的状态，不仅动作流畅、姿势优美，而且能够持续稳定地保持在同一位置（如果地上画有圈的话），那么这个孩子可被视为有较好的跳绳技能。然而，现实中有些孩子到了三年级仍然不会跳绳，或者虽然能跳但姿势僵硬，双脚用力过度而发出"咚咚"的声响，身体也不能保持平衡，在跳绳过程中不断移动位置。这些表现往往反映了孩子在左右脑平衡协调能力方面存在不足。

对于有读写障碍的孩子，球类运动往往会成为他们的一项挑战。因为他们难以迅速判断出球飞来的速度和方向，因此很难准确地用手接到球或用脚踢到球。有一次，一位父亲带着他的孩子来找我，向我抱怨孩子的默写成绩不佳，特别是左右结构的字总是写颠倒。我便向这位父亲解释了读写障碍在日常生活和活动中的具体表现。

听完我的解释后，父亲恍然大悟，愧疚地说："那我之前真是冤枉孩子了。"他回忆起自己每次带孩子去踢球，孩子的脚总是踢不到球。这让他十分生气，甚至责备孩子说："你看看你，读书不认真，玩也玩不好，这么大一个球还看不见吗？"现在，父亲终于明白是自己错怪了孩子。

错怪孩子的又岂止这一位父亲？

正是因为看到有太多的孩子蒙受这样的"冤屈"，我才要为孩子们"平反"。这就是我们建立"三觉通路"评量体系的初衷，希望能够帮助这些孩子走出困境，消除家长对他们的误解，为他们创造一个更加理解和包容的成长环境。

"三觉通路"评量体系，是我与我的团队针对这四类学习困难体征开发的一套学习发展能力评量工具。

我们精心设计了一系列特定的运动项目，这些项目不仅具有一定的趣味性，还具有一些挑战性，包括跳绳、顶沙包走直线、左右手支撑、推小车以及过平衡木等。这些活动的设计，旨在通过仔细观察孩子在执行过程中的肢体动作和反应，来评估他们的神经系统的发展程度。

在评估过程中，我们采取了严谨的评分机制，对孩子在每项活动中的表现进行细致评分，采用1~5分的量化标准，其中5分最佳。经过对这一系列活动的综合考量，我们将得出孩子在专注力、手眼协调、写字技能和读写能力这四个维度的具体分值。这种评估方法使我们能够深入地洞察孩子在学习上的潜力和可能遇到的困难，从而为他们提供更具针对性的支持和帮助。

得分在4~5分的孩子，通常在学习上会较少遇到难以克服的困难，他们能够充分发挥自身的三觉优势，展现出较好的学习能力。然而，对于那些得分低于2分的孩子来说，他们在学习上则会面临极大的困难和挑战，仅凭自身力量往往难以扭转这种困难局面，因此特别需要家长和老师的帮助。

如果家长不了解孩子学习困难背后的真正原因，一定会将责任归咎于孩子的学习态度。对孩子责骂或者体罚，这无形中就制造了诸多的"冤假错案"，也给家长自身带来了痛苦。父母对孩子学习困难的不理解，成为孩子心理上无法承受之重，让他们感到孤独、无助和沮丧，进而严重损害了他们的自信心和学习动力。长期累积的心理负担，将对孩子的心理健康产生深远的负面影响，甚至可能引发孩子厌学情绪和各种行为问题，这实际上是孩子感觉学业负担过重的核心根源。

我强烈呼吁家长和老师要深入了解和包容孩子在学习上遇到的困难。通过科学的评估方法和有效的改善措施，我们完全有能力识别影响孩子学习能力发展的关键因素，从而帮助孩子摆脱学习困境，激发他们的学习潜能。这不仅有助于孩子的学业进步，更能为他们未来成为更好的自己奠定坚实的基础。后续章节将详细探讨这些话题，并提出一系列切实可行的解决方案。

本节要点

孩子学习困难的根源，多为大脑神经发育过程中的偏差，而非主观意愿问题。"三觉通路"评量体系作为科学评估工具，将学习困难体征归为专注力、手眼协调、读写能力和写字技能四大类型。每一类型都有针对性的改善方法，以帮助孩子克服困难，提升学习效率。

家庭思考与实践

请家长观察并记录孩子在学习过程中表现出的具体困难（如注意力分散、写字困难等），并根据"三觉通路"评量体系的思路，分析可能的神经发育偏差。尝试通过改变学习环境、调整学习方法或寻求专业指导等方式，帮助孩子逐步改善和提升相关能力。

第三节　被折断的翅膀：孩子天赋展现的阻碍

在前面的章节中，我们已经探讨了每个孩子大脑中所固有的优势学习系统，以及在理想环境下，孩子如何能够充分发挥和展现这些天赋。然而，现实往往不尽如人意，孩子的成长道路并非一帆风顺，尤其是在他们最关键的学习和发展阶段。

下面将重点讨论那些阻碍孩子天赋展现的常见因素背后的原因，特别是幼儿时期的感觉统合失调对学习能力发展造成的影响。学习能力不仅仅是一个孤立的能力，而是身体感觉器官与大脑间复杂互动的结果。当身体的感觉器官接收信息后，这些信息会通过神经组织传送到大脑的各个功能区，大脑再将这些信息整合并做出反应，最后通过神经组织指挥身体进行动作。

大脑、身体及感觉器官的神经组织系统异常复杂，它们之间的统合能力至关重要。如果这种统合能力不足，大脑、身体及感觉器官的配合就出现混乱，从而导致感觉统合失常的现象发生。这种失常会进一步导致脑功能反应不全，从而使孩子在学习和生活中出现一系列困难。

根据专家的研究，特别是美国的爱尔丝博士在1972年提出的感觉统合失常学，孩子的感觉统合能力在0~6岁打下了大约80%的基础。在这一关键时期，任何可能影响孩子感觉统合能力发展的因素，都可能对其未来的学习和成长产生深远影响。

爱尔丝博士认为，造成婴幼儿感觉统合能力发展不足的主要原因有以下几点：

(1) 胎位不正所产生的固有平衡失常；

(2) 早产或剖腹产，造成触觉学习不足；

(3) 活动空间受限，尤其是爬行不足所引发的前庭平衡失常；

(4) 过早使用学步车，造成前庭平衡及头部支撑力不足；

(5) 父母忙碌，未能给予幼儿足够的感觉刺激；

（6）祖父母过度包办和保护，限制了幼儿的身体操作能力的发展；

（7）照料者有洁癖，导致幼儿缺乏触觉刺激和活动机会；

（8）对孩子要求过高，管教过严，导致拔苗助长的后果。

从上述原因中，我们可以看到，除了胎位不正和早产或剖腹产这两个与先天条件有关，其余都是与后天的养育方式密切相关的。这提示我们，在孩子的成长过程中，家长和照料者的养育方式对孩子的感觉统合能力发展具有至关重要的影响。

感统失调（Sensory Integration Dysfunction）这个词如今已广为人知，因为越来越多的孩子被诊断为感统失调。根据最新的研究调查数据，中国大中城市孩子的感统失调率高达80%，其中30%为重度感统失调。

为什么城市家庭中的孩子更容易感统失调呢？一个显著的原因是现代城市的孩子与大自然的接触日益减少，这种现象被称为"大自然缺失症"。虽然这不是一个医学诊断，但它确实描述了儿童因疏离大自然而表现出的一系列行为问题。

"大自然缺失症"的危害之一是感官迟钝。美国的摩尔教授指出，多媒体提供的体验往往是间接的、替代的、失真的，并且形式单一，这极大地限制了孩子的多感官发展。感官失调和迟钝会引发一系列连锁反应，如注意力下降和容易出现"暴力"行为等。

20世纪70年代末，国家开始实施独生子女政策。在这一政策背景下，独生子女的家庭模式逐渐普及，使得儿童感统失调的程度越发严重。

在以往的多子女家庭中，父母往往因为时间和精力的限制，采取放养的形式来养育孩子，而这种方式恰恰有助于孩子脑神经的感统整合。独生子女政策实施后，每个家庭只有一个孩子，父母自然更加珍惜和溺爱，如因为担心地上脏而总是把孩子抱在怀里，限制了孩子的爬行。爬行不足会导致前庭平衡失常，如果在后续养育过程中继续过度保护，大包大揽，不让孩子自己动手，那么前庭平衡失常的状况很难得到改善。因此，我们常常看到，一些孩子在学习拍球、跳绳等动作或运动时，相较于同龄孩子会显得迟缓，甚至有的孩子到了三年级还不会跳绳。这些发育滞后情况实际上是孩子注意力神经系统功能出现问题的表现，导致他们难以集中注意力、无法控制自己的行为。

我们小时候经常玩刮片、打弹子、跳橡皮筋等游戏，很多玩具都是自己动手制作的，这些都是训练手眼脑协调性的好方法。在以往的多子女家庭中，子女还要分担家务劳动。做家务也是一种很好的训练专注力和手眼协调的活动。然而，现在的孩子在生活上享受的物质很丰富，自己动手制作玩具的机会大大减少，且生活内容相对单一，玩具和游戏也多是电子化的，因此缺乏多元化的感官刺激和足够的动作配合训练。这就容易导致他们手眼脑之间不协调，进而在学习上出现粗心的情况。

独生子女家庭资源的集中，确实使得孩子们从小就享有更多的家庭资源，但这种资源的过度集中有时也可能导致孩子发育不平衡。大脑的快速发育使得孩子们在某些方面表现出色，看上去比父辈更聪明，这无疑增加了家长的期望值。然而，过高的期望和过早的压力，正如爱尔丝博士所指出的那样，会导致孩子面临拔苗助长的挫折。

同时，过度宠爱和包办的生活方式，虽然表面上是为了孩子好，但实际上剥夺了他们自我发展的能力和机会。这种生活方式可能使孩子在心理上感到孤独，因为他们的自主性和独立性没有得到充分的培养，自我价值感低。大脑发育和心理发育程度的不匹配，会给孩子带来沉重的心理负担。

现在的年轻父母自身也多是独生子女，家庭结构是6个大人围着一个孩子转。这种高度的家庭关注度，有时会对孩子的成长产生不利影响。例如，当孩子在专心致志地玩耍时，这正是他们身体自发训练专注力的重要时刻，但家庭成员的过度关注可能会频繁打断这一过程，不断询问孩子是否需要喝水、吃东西等，从而干扰了他们的专注力训练与形成。

老人在带孙辈时，往往更容易出现养育方式的偏差。首先，他们具有强烈的补偿心理，试图弥补自己年轻时对子女的照顾不周，因此想在孙辈身上进行补偿。其次，由于老人自己的童年可能较为清苦，物质上没有得到充分的满足，他们可能会用对孙辈的加倍宠爱来弥补自己童年的遗憾。最后，老人可能会在孙辈身上寻找自我存在的价值，他们总是担心自己会被认为无用，因此往往通过包办孙辈的一切事务来显示自己的存在价值。

这些补偿心理叠加在一起，导致老人过度溺爱孩子。随着孙辈逐渐长大，他们开始尝试独立完成一些动作，如自己脱衣服、自己吃饭等。老人的过度干预往往会打断这个过程，并取而代之。有些孩子已经上小学了，老人还要给他喂饭、为他整理书包，并振振有词地说："不是我喂饭，孩子不会吃那么多；不是我帮他整理书包，他又要忘带东西了。"这种过度溺爱不仅剥夺了孩子许多必要的感官刺激，还导致他们大脑神经发育滞后，进而造成感觉统合失常。

这种养育方式正是现在感统失调孩子越来越多的主要原因之一。

一旦孩子上了小学，感统不协调就会在他们的学习能力发展过程中演变为各种学习障碍，如注意力难以集中、严重粗心、写字力量不足、默写时字的结构左右颠倒等。如果家长和老师不了解这些状况产生的原因，只是一味责怪孩子不认真、不努力或学习态度不端正，并且对孩子提出学习要求时，就会使孩子感到无助、委屈和挫败。因为孩子自己也不清楚为何难以改正这些"缺点"，继而对学习失去信心和兴趣。

当家长和老师发现孩子未能达到他们的学习期望时，就采用补课、增加作业量或处罚等方式，试图帮助孩子提高成绩，这样的做法往往只会加剧问题，形成恶性循环。孩子的心理感受会进一步恶化，感受到的学习负担也会越来越重。因此，了解和识别感统失调是学习困难的一个可能原因，对帮助孩子克服这些学习障碍至关重要。

在我的咨询经历中，我时常接触到以下案例。

二年级的男孩昊昊，由他的妈妈陪同来到我的工作室。昊昊妈妈焦急地描述着孩子在学习上遇到的困境：作业完成速度极慢，每天都要花费大量时间进行订正，常常拖到深夜11点，有时甚至无法完成，只能第二天一大早起来继续做作业。这导致昊昊每天的睡眠时间仅有7小时，各科成绩均不理想。老师频繁向家长反映，昊昊在课堂上注意力不集中、好动、容易走神，且经常不遵守课堂纪律等。老师甚至怀疑昊昊患有多动症，故而劝说其父母带孩子去医院诊断。去还是不去？全家人都感到头疼，顾虑重重，无法做决断，而孩子的行为表现让全家人都倍感焦虑，不知道如何是好。昊昊妈妈说现在一看到老师来电话或者微信留言，心里就一阵恐慌。

尽管昊昊妈妈为昊昊报了周末的语数外辅导班，并请了家教进行一对一辅导，但收效甚微。最后，父母决定带昊昊前往儿童医院进行检查，诊断结果为轻微多动症。

为了更全面地了解昊昊的情况，我对他进行了两项评测。针对学习特质的"三觉基础"评测结果显示，昊昊属于听觉型学习者，即他的听觉神经系统较为活跃。因此，我们制定了以言语为核心、与其他系统联动的学习策略，以替代他之前纯视觉的学习方式。我们又进行了学习能力发展的"三觉通路"评量，发现昊昊在注意力集中、细心程度以及写字维持能力等方面存在较大的问题。

考虑到孩子出现这样的问题通常与出生情况及后天的养育方式有关，我详细向昊昊妈妈询问了昊昊的养育背景。

我："孩子出生时有没有什么特别的情况？"

昊昊妈妈："没有，我们是顺产，出生时医院评定各项指标都很好。"

我："孩子在几个月大的时候会爬吗？"

昊昊妈妈："没有爬过，他当时太胖了，好像爬不动。"

我："在幼儿园阶段，昊昊学习一些基本动作（如拍球、跳绳）的速度和其他小朋友相比如何？"

昊昊妈妈："都比别人晚一些。比如拍球，其他小朋友在中班就学会了，他是一年级才学会；而跳绳，他到现在还不会。"

听完昊昊妈妈的描述，我初步判断问题的根源可能在于养育方式上。进一步了解后得知，昊昊由四位老人轮流照顾。奶奶和外婆抢着要带孩子，他们为了讨得孩子的欢心，相互攀比谁对孙子好，实质是在攀比谁更宠爱孙子。没有最宠，只有更宠。当昊昊进入小学后，由于中午在学校吃饭无人喂，他只能用调羹勉强吃进几口饭，将饭菜洒得到处都是，这让老师很头疼。老人心疼孙子在学校吃不饱，就去央求学校老师，每天中午接孙子回家吃饭。如果回家吃饭的话，老人就可以将喂饭进行到底。这种过度的宠爱导致昊昊在二年级时仍不会用筷子，吃饭基本靠喂。而老人的理由是喂着吃能让孩子吃得更快。

这种养育方式使得昊昊的神经系统缺乏多元化的刺激，从而导致他注意力不集中、粗心大意，每天都有大量的订正作业。每天做着"返工"的活儿，昊昊自然难以保持愉快的心情，作业写到11点也就在所难免了。

我向昊昊妈妈详细解释了孩子出生后的大脑发育是依赖于外界的刺激来进行的。尤其婴儿时期的爬行对孩子的神经发育具有非常重要的意义。如果家长在这个阶段过度限制孩子的活动，如不让孩子爬行、触摸探索等，到幼儿时期又不让孩子学习自己吃饭、穿衣等日常生活技能，而是一味代劳，实际上是剥夺了孩子许多必要的感官刺激。这种缺乏刺激的环境会导致孩子的大脑神经发育滞后，进而造成感统不协调。这就是昊昊在幼儿园学习动作时总是比别人慢的原因。而当他进入小学后，这种感统不协调就会转化为学习上的困扰，如注意力不集中、粗心大意等。

"孩子的这些问题不是进了小学后才突然发生的，而是早已存在的，只是进了小学后你们突然发现了问题。"我强调了这一点，以便昊昊妈妈更加清晰地认识到问题的根源。

昊昊妈妈听后有些懊悔地说："噢，原来是这样。孩子幼儿园时，我们总觉得动作学得慢些也没关系，毕竟我们又不希望他将来成为运动员。现在我明白了，这些都是信号。"

我点了点头，继续补充道："确实，我常常听到一些幼儿园家长说，涂色涂不好没有关系，我们孩子将来又不当画家；球拍不到、绳不会跳没有关系，反正我们将来又不当运动员。家长们不知道，这些都是孩子大脑发育的重要信号，意味着某些神经系统发育滞后，忽视了这些信号，让孩子带着脑神经发育的这些问题进入了小学，才发现他有注意力不集中、读写障碍等学习困难。"

随后，我单独找昊昊聊天。他的眼睛很亮，但说话声音异常轻柔，似乎害怕说错话。我向他解释，通过我们的评测，发现他的大脑在听觉方面有着显著的优势。我详细描述了听觉型学习者的优势特征，并分享了几个成功运用听觉优势取得成就的例子。昊昊听得津津有味，眼里闪烁着兴奋的光芒。

"我猜，你有这么棒的学习优势，老师和班级同学都不知道，对吗？"我故意以轻松的口吻问。

昊昊点了点头，他是听觉优势型的孩子，显然听明白了我话中的含义，即关于学习成绩的暗示。

我用一个生动的比喻来帮助他理解："你现在学习上有困难，是因为你平时运动不够，自己动手做的事情太少，使得大脑中有些管道有点"堵塞"，管道就变窄了，所以你这么好的学习优势大部分被"堵住"了，没能在学习上体现出来，但是我们是有办法疏通管道的。"昊昊的表情明显放松了许多，他似乎看到了希望。

"现在，你想不想让这些优势在学习上都表现出来呢？"我进一步询问。

"当然想！"昊昊毫不迟疑地回答。

"那么，从现在开始，你需要每天进行一些特定的训练。一会儿我会告诉你妈妈具体的训练内容。只要你坚持每天训练30分钟以上，两个月后，"堵塞"的管道就开始疏通了，你会发现在学习上有明显的进步，你能坚持做训练吗？"

"我能坚持！"这一次，昊昊回答的声音明显更加响亮和坚定了。

"你的爸爸妈妈、爷爷奶奶、外公外婆，不知道你有这样的学习优势，所以他们总是习惯性地帮你做很多事情，以为你不会做。从现在开始，你自己的事情要学会自己做，这也是一种训练。如果外公外婆或爷爷奶奶又想帮你做，你就告诉他们你已经长大了，可以自己来做。你愿意尝试吗？"

"我愿意！"昊昊的脸上绽放出灿烂的笑容，好像他也憋了好久，现在终于可以说出扬眉吐气的话了。

与昊昊的整个交流过程都非常通畅，他专注地听着我的话，并且很配合。然后，我请昊昊妈妈再次进入咨询室，因为我知道孩子需要她的支持。

当昊昊妈妈刚跨进咨询室时，出乎意料的一幕上演了！昊昊急切地冲向妈妈，带着激动的情绪说："都是你们，都是你们，我说过我要自己做，你们就是不肯让我动手，现在我的聪明被堵住了出不来！"昊昊说着说着，忍不住呜咽起来。昊昊妈妈显得有些尴尬，尝试辩解："主要是爷爷奶奶、外公外婆他们不让你做，我还是比较愿意让你自己做的。"昊昊并未接受这个解释，仍不依不饶坚持道："你也是这样的！"

我赶紧上前缓和气氛："昊昊，爸爸妈妈、爷爷奶奶、外公外婆都很爱你，只是他们不知道有些爱的方式会影响你的大脑发育。现在，我们知道了问题所在，所以要赶快开始训练和调整，一切都来得及。"

接着，我与昊昊妈妈单独交谈，明确告诉她，昊昊并没有多动症，目前他在学习上遇到的困难完全是由养育方式不当导致的。

昊昊的厌学情绪是由感统不协调造成的注意力不集中，进而导致作业做得慢、错误率高、字写不好，这些问题又让他频繁受到老师和家长的批评，从而产生了心理负担和对学习的负面情绪。因此，我们的改善方案需要从身体最底层开始，通过运动训练来改善感统问题，然后逐层向上，逐步解决其学习上的困难。

昊昊厌学情绪的产生过程（见下图）：感统不协调 ⟶ 注意力不集中 ⟶ 作业做得慢、错误率高、字写不好 ⟶ 受到老师和家长批评 ⟶ 有心理负担而对学习产生强烈的负面情绪。

我建议昊昊妈妈，先将校外的语数外补课暂停两个月，这两个月专注于对昊昊进行脑体协作的感统训练，集中力量以获得突破性的进展。若孩子精力分散，不仅效果不明显，还可能导致家长和孩子失去信心。为此，我为孩子量身定制了一份运动训练计划，涵盖了使用筷子吃饭、夹豆子、跳绳、顶沙包走直线、小推车等家庭训练项目，每天的有效训练时间应超过半小时以上。

我还给昊昊提供了一份时间管理"秘籍"，旨在确保他既有足够的训练时间，又不耽误完成作业，帮助他建立高效的作业习惯。这一切的成功实施，都需要昊昊妈妈的全力配合和情绪管理，要让她相信自己和孩子，避免给孩子增加额外的心理负担。

我坚定地告诉昊昊妈妈，只要她按照计划执行，我保证两个月内就能看到显著的效果（基于脑神经的理论学说，两个月足以建立一条新的神经通道），半年后昊昊的状况将会有极大的改善。

经过我的解释，昊昊妈妈意识到之前是她错怪了孩子，表示将全力以赴配合。我同时建议昊昊妈妈要帮助昊昊减轻来自祖辈的束缚和压力。

此后，我陆续收到了昊昊妈妈发来的好消息：

"昊昊不仅做作业速度提高了，准确率也在提高，而且订正的次数越来越少了。"

"昊昊学习自觉了，能管理好自己的时间，每次做作业半小时左右就做5分钟的脑体协作训练，然后继续做作业。"

"学校老师也觉得昊昊的内驱力出来了，表扬他学习比以前自觉了很多。"

一个学期以后，昊昊获得了学校颁发的"最大进步奖"奖杯。老师写了这样一段评语："老师欣喜地看到，这学期你有了很大的进步，上课积极思考、主动发言，作业认真，关心班级荣誉，继续加油，老师期待你更多的精彩表现！"

现在，昊昊妈妈6点半下班到家，昊昊通常已经完成作业了，还常常得到老师免做作业的奖励，他的成绩也有了显著提升。昊昊妈妈也已经不再焦虑了，每天都能和孩子轻松愉快地聊天，家庭氛围也和谐融洽了。

当我问昊昊现在是否觉得学习有负担时，他摇摇头表示"不觉得有负担"。昊昊妈妈也是喜笑颜开地说："现在我在孩子学习上投入的时间和精力减少了，效果却比以前好得多，感觉也比以前轻松多了。"

昊昊才二年级，感觉统合失常的后遗症对他成长造成的负面影响时间还不算长。我曾遇到过更夸张的案例，是一位朋友的朋友的孩子，一个身高超过170厘米、体格健壮的六年级大男孩。朋友焦急地找到我，希望我能够帮忙找出这个孩子学习困难的原因，因为学校正劝说家长给孩子转学。

我决定先将这个大男孩带回家观察观察。晚上一起吃饭时，我注意到他使用筷子非常吃力，饭粒撒落一地，我猜想他平时不会用筷子。果然，这个六年级的男孩只会用调羹，他的外公给他喂饭直到四年级。更令人惊讶的是，当他的运动鞋鞋带松了，我提醒他时，他竟茫然地看着那松散的鞋带，显然他根本不会系鞋带。

后来，孩子的妈妈来接他，见他流鼻涕，立刻拿出纸巾想要帮他擦拭。这个大男孩已经在我家住过，受到过"教育"了，因此略显尴尬地挡住了妈妈的手，说："我自己来。妈妈却习惯性地回答："不要，你自己擦不干净的。"听了妈妈的话我大吃一惊。

事后，我跟朋友分享了我的观察。我告诉她，在这种过分溺爱的养育方式下长大的孩子，动作协调性这么差，学习困难、成绩不好，一点都不奇怪，其根源就在家长的养育方式上。

从案例中我们能清楚地看到，造成学习困难、负担过重的罪魁祸首是孩子的感统不协调，而这种不协调与家庭的养育方式有着极大的相关性。即使是爱尔丝博士所提及的先天原因造成的感统不协调，只要在后天养育过程中充分放手，家长给予孩子足够的自由空间，给孩子创造更多动手的机会，并结合有针对性的感统训练，也是完全可以改善甚至消除先天因素带来的影响的。

例如，对于由早产或剖腹产导致的触觉学习不足，家长可以通过按摩、使用触觉刷轻轻刷孩子四肢皮肤等方式，来刺激和促进孩子的触觉发展。

对于那些由后天养育方式不当导致的感统失调，使孩子出现注意力缺乏、粗心严重、写字困难等症状，通过系统性的脑体协作强化训练，在半年到一年的时间内这些症状可得到显著改善，甚至"痊愈"。当然，对于读写障碍的孩子，可能需要更长的时间改善。

在这个过程中，家长的理解和包容至关重要。如果家长能够理解孩子在学习上遇到的困难，与孩子共情，并在孩子的训练中给予积极的情绪能量支持，那么孩子的脑体协作能力将会得到显著提升。这将有助于孩子在课堂上集中注意力，思考更加积极，作业完成效率更高，学习自信心也越来越强。

我曾经看到过这样一个故事：在一个宁静的午后，一个男孩在花园中玩耍时，偶然间发现了一只蝴蝶正在蛹中奋力挣扎。他目睹了蝴蝶那看似痛苦的努力，心中充满了同情和怜悯。出于善意，他迅速拿来一把剪刀，小心翼翼地将蛹壳剪开，想要帮助蝴蝶提前摆脱束缚，少受些痛苦。

男孩的初衷是好的，他只是想让蝴蝶更快地获得自由。然而，他不知道的是，蝴蝶在蛹中挣扎的过程，实际上是一个至关重要的成长过程。这个过程是为了挤掉蝴蝶翅膀上的水分，将来飞得更高，这也是蝴蝶生命成长中必须经历的过程。

当蝴蝶从被剪开的蛹中出来时，它的翅膀尚未完全干燥和变硬。尽管它努力地扇动翅膀，但缺少了在蛹中挣扎和挤压水分的环节，蝴蝶的翅膀始终无法获得足够的强度和弹性，反而限制了它的飞行能力，它也会很快死去。

这个故事告诉我们，生命中的每一个阶段都有其存在的意义和价值。有些看似困难和痛苦的经历，实际上是我们成长和进步所必需的。如果我们过早地干涉或跳过这些阶段，可能会错过一些重要的成长机会，甚至导致不可逆转的后果。因此，我们应该尊重生命的自然规律，让每一个生命都按照自己的节奏和方式成长和进步。

尽管国家现在鼓励生育二胎、三胎，但在长达30多年的独生子女政策的影响下，以及职业竞争的压力下，家长对孩子的学业教育给予了前所未有的重视。他们往往倾向于让孩子将大部分时间投入学科内容的学习中，这种过度的关注与投入，无形中也是一种对孩子成长的过度干预。

有一次，在我们的父母训练营中，大家探讨如今培养孩子是更加容易还是更加困难的问题，有一位爸爸分享了他的结论，他认为如今培养孩子变得容易了。理由是他看到太多的家长尽管为孩子付出了大量的努力，但其中有很多做法是错误的，反而阻碍了孩子的学习与发展。他对太太说："我们只需要避免其他父母犯的那些错误，我们的孩子就能胜出，成为分子（佼佼者），我们还省心。"

这位爸爸的观点非常中肯。事实上，那些充满焦虑的父母和祖辈养育者，尽管他们为孩子付出了巨大的努力，但常常事与愿违。很多时候，他们的做法并非孩子成长所需要的支持，反而像是在折断孩子飞翔的翅膀。没有了翅膀，即便是天赋异禀的孩子也难以展翅高飞。这正是"昊昊们"内心难以言表的痛苦所在：你们折断了我的翅膀，我如何能够飞翔？

本节要点

"大自然缺失症"以及独生子女政策所带来的过度保护现象，已成为现代城市中孩子感统失调的主要原因。为此，家长们需审视并调整自己的育儿方法，与家庭成员紧密合作，通过运动训练帮助孩子改善感统失调，确保其各项能力得到全面发展。

家庭思考与实践

根据本节内容，制订一项家庭感统协调训练计划。

参考步骤：

（1）评估阶段：观察并记录您的孩子在专注力、手眼协调、写字技能以及读写能力方面是否存在困难。

（2）计划制订：根据评估结果，结合孩子的兴趣和家庭实际情况，制订一份为期一个月的感统协调训练计划。计划可以包括每天的运动训练（如跳绳、拍球、夹豆子等）、日常生活技能训练（如自己穿衣、系鞋带等）以及注意力提升活动（如定时阅读、拼图游戏等）。

（3）实施与记录：按照计划进行训练，并每天记录孩子的训练情况和进步。注意在训练过程中给予孩子积极的反馈和鼓励，增强他们的自信心。

（4）总结与反馈：一个月后，总结训练成果，观察孩子在学习和生活方面是否有明显改善。如有需要，可以根据实际情况调整训练计划，并继续实施。

第四节　重燃希望之火：帮助孩子克服障碍，展翅高飞

当孩子在成长的道路上不慎被家长拔掉了羽毛、折断了翅膀，我们该如何帮助他们重新展翅高飞呢？为此，我们引入"三觉通路"评量法，这是一种通过观察孩子在运动中的行为表现，来评估他们当前状态的方法。这种方法不仅可用于评估，也可用于改善孩子的状况。

这些训练可以在专业的机构内进行，那里拥有宽敞的训练场地和专业的训练设备，还特别配置了较大的训练器材。同样，我非常鼓励家长在家中为孩子创造训练的机会。有一些适合在家庭环境中进行的训练方法，旨在帮助孩子提升专注力、手眼协调能力（以克服粗心）、读写能力以及写字肌肉的训练。

虽然这些方法被归纳为四大类，但实际上这些活动的分类不是绝对的。每一项运动都能同时对多个系统产生积极影响，只是影响程度有所侧重。例如，改善大脑前庭的发育，不仅有助于提高孩子的注意力，还能在一定程度上减少他们粗心的情况；分类能帮助家长更好地理解和选择适合孩子的训练方法。

如果把训练视为一种治疗手段，就需要确保每日有规律的"服药"剂量和明确的"服药"疗程。在这个类比中，训练内容等同于"药物"，而每日的训练时间相当于每次服"药"剂量，我们称之为训练量。每天15分钟的训练量被视为最小的"有效刺激量"，这是基于神经科学研究得出的结论。因为大脑对持续的、规律性的刺激更为敏感，并且这种刺激有助于促进神经元的连接和突触的形成，从而改善或加强某些功能。为了确保训练能够产生疗效，保证充足的训练量是关键，否则"药效"将难以完全发挥。

与此同时，疗程则代表训练的持续时间。正如任何治疗都需要时间累积才能看到显著成效，训练亦是如此。这是一个从量变到质变的过程，当训练的

"药效"积累到一定程度时，孩子的进步就会变得清晰可见。

大脑在构建新的神经回路时，通常需要一定的时间，这个过程大约需要两个月。因此，我们可以将每天至少15分钟的训练视为最小"剂量"，而将连续两个月的训练作为最短的推荐疗程。只有坚持按照这一疗程进行训练，我们才能真正见证训练给孩子带来的积极改变。

在实施这一治疗手段时，家长需要耐心和坚持，确保孩子能够按照规定的剂量和疗程进行训练。同时，根据孩子的具体情况和身体反馈，适时调整训练内容和强度，以确保训练的有效性和安全性。

家长来咨询时，最关心的问题通常是孩子需要多长时间的训练才能改善学习上的不利状况。如果咨询师无法给出一个确切的时间表，或者让家长觉得改善是遥遥无期的，那么家长可能难以鼓励孩子持续进行训练。因为训练的内容对孩子来说具有一定的挑战性，需要克服一些困难才能完成。这与简单的娱乐活动，如玩游戏，有着本质的区别。

如果家长有着强烈的帮助孩子克服困难的愿望，并且对孩子通过训练可以改善现状深信不疑，他们就能为孩子提供极大的正面能量的支持和帮助。在这种积极的家庭氛围中，孩子将更容易放松并全身心地投入训练，从而取得更好的训练效果。

相反，如果家长对训练效果持半信半疑的态度，孩子也可能因此而缺乏动力，不愿意坚持训练，或者即便是进行训练也可能会敷衍了事，这自然会大大降低训练的效果。

因此，父母的信念和家庭氛围对孩子的训练效果起着至关重要的作用。它们可以是推动孩子进步的助力，也可以是阻碍孩子进步的阻力。在训练过程中，心理因素对训练效果的影响是极其显著的。在提供建议时，除了强调训练的重要性，还应该特别关注家长的信念和态度，帮助他们建立积极的心态，以便更好地支持孩子的训练过程。

为了通过训练有效地改善孩子学习困难的四大体征，我们需要在综合考量孩子的情况后制订个性化的训练改善计划。该计划的制订与以下几项因素密切相关。

一、孩子的年龄

年龄越小的孩子，大脑的可塑性越强，所需的训练量和时长相对较少，且效果显现得更快。另一个重要的时间窗口是青春期，这是改善学习困难的另一个黄金时期。

对于年龄在10周岁以上但尚未进入青春期的孩子，单纯依靠脑体协作的训练，可能见效较慢，家长容易对孩子失去信心，孩子自己也很容易受挫。在这个时期，情绪疏导和结合孩子喜爱的运动是更为合适的方式。家长应耐心等待孩子青春期的到来，并利用这一关键时期帮助孩子改善现状。

二、"三觉通路"评量的分值

"三觉通路"评量是一个重要的评估工具，其最高分为5分。分值越低，说明孩子在某些方面的能力越弱，所需的训练量越大且时间越长。

三、困难的根源

孩子学习困难的根源可能是先天因素（如生产过程的影响）或后天养育方式。而在有些特殊情况下，这两者可能相互交织，共同影响孩子的学习。了解困难的根源对于制订有效的训练计划至关重要。如果问题主要源于后天的养育方式，那么改善所需的训练量和时间可能会相对较少。如果学习困难既受先天因素的影响，又受后天养育方式的影响，那么所需的训练量和时间都会相应增加。

四、学习困难的层面和类型

从儿童学习成就金字塔的角度来看，不同层面和类型的学习困难所需的训练量和时间也会有所不同。具体而言，改善"知觉发展"层面的问题通常比改善"感觉发展"层面的问题见效更快。在四大困难体征中，写字肌的改善往往是最快的，其次是手眼协调能力（改善粗心状况）、专注力和读写能力。因此，在制订计划时，我们需要根据孩子具体的困难和需求来分配训练资源和时间。

除了训练量和训练时间，人的状态因素，特别是家长和孩子的情绪状态，是影响训练效果的重要因素。之前所提及的"每天训练半小时，持续半年，一个问题就能得到完全改善"的预测，是基于一般情绪状态下的假设。

在实际操作中，如果家长每天都显得非常焦虑，孩子则会带着痛苦的情绪参与训练，在这种情况下，孩子改善的时间进程恐怕就会延长。相反，如果家长自信并温暖地陪伴、鼓励孩子，孩子就会情绪稳定、积极投入训练，那么改善的目标会提前实现。

虽然增加训练量可以促使改变更快发生，但如何引导孩子接受增加的训练量，同时确保他们不会感到过度的压力，是家长需要考虑的问题。毕竟，训练过程是艰苦的，而孩子需要外在的动力和激励才能坚持下去。因此，家长自身的情绪状态对孩子的训练效果具有举足轻重的影响。

在一个暑假，小宇妈妈带着即将升入五年级的儿子小宇前来接受"三觉通路"评量。经过评量，我们发现小宇在专注力、手眼协调和写字能力方面都存在明显问题，具体表现为注意力难以集中、粗心大意以及对书面作业的强烈抵触情绪。在综合分析了小宇的情况后，我开出的"处方"是每天训练30分钟、持续半年的一套训练计划。

由于小宇的年龄稍大，他对训练计划产生了一定的抵触情绪（随着年龄的增长，通常对训练计划的配合度有所降低），非常排斥每天要做30分钟的训练。这下把小宇妈妈急坏了。

为了缓解小宇的抵触情绪，我首先与他进行了深入的沟通，倾听并了解他的感受。随后，我提出了一个逐步增加训练量的方案：从每天5分钟开始，然后每天的训练时间比前一天增加1分钟。孩子听到最初的训练时间只有5分钟时，立刻表示可以接受。当我进一步询问他是否觉得每天只增加1分钟的训练量有困难时，他思考了一下，觉得每天只增加1分钟不困难，于是便欣然接受了。

这个从5分钟开始、逐步增加到30分钟的训练量调整方案，不仅让小宇更容易接受，还让他对训练过程产生了积极的期待。最终，小宇和妈妈达成了共识，决定按照这一方案进行训练。

小宇妈妈渴望能为孩子提供实质性的帮助，因此决定参加我开设的"父母训练营"课程。在课程中，她了解到适当增加训练量能够加速改善过程。回家后，她与小宇分享了自己的学习心得："妈妈今天在父母课堂上听到一个和你情况类似孩子的案例，雷老师也建议他每天训练30分钟，但这个孩子非常想改变，于是每天自己增加训练量到一小时，结果仅用了3个月就成功解决了学习上的困难，现在学习起来轻松多了。妈妈希望你也能早点摆脱学习的困境，如果你愿意，我们也可以尝试增加训练时间，当然，如果你不愿意，妈妈完全尊重你的决定，你能做到之前的约定，妈妈已经很满意了。"

小宇被妈妈的真诚和坚持所打动，他表示愿意意增加训练时间。与此同时，看到妈妈愿意坐在教室里学习如何更好地支持自己，对小宇来说也是一种巨大的触动和激励。在"父母训练营"的每一期课程中，我都能看到这样的现象：当孩子们看到父母认真学习的态度时，他们的脸上总是洋溢着难以掩饰的惊喜和骄傲。

小宇妈妈通过分享他人成功案例的方式，激发了小宇的自信心和动力。于是，小宇开始每天增加训练时间到1小时。3个月以后，小宇成功地达到了训练目标。原本每晚做作业到11点的情况不再出现，现在通常6点半左右就能完成，英语和数学都获得了前所未有的好成绩。现在小宇觉得学习不再那么艰难，压力也大大减轻，享受到了学习成就感的乐趣。

这个案例展示了家长在帮助孩子克服学习困难过程中的关键作用。用尊重、理解和坦诚的语言和行为给予孩子支持和鼓励，以及采用科学、合适的训练方法，家长能够帮助孩子重拾学习的信心，使孩子勇敢面对困难，并最终取得成功。这种正面的家庭支持和引导，对于孩子的成长和发展具有深远的影响。

基于我数十年的实践经验，我观察到需要通过训练来改善学习困难的孩子中，大约有80%的孩子在经历半年到一年的针对性训练后，其学习困难状况得到了显著或完全的改善。大约有10%的孩子在较短的时间内，如两个月内，便实现了训练目标，这主要归因于他们家庭支持系统的强大和有效性。然而，剩余10%的孩子可能需要更长时间的持续训练，通常为1~2年，才能有效地改善他们的学习状况。

尽管上述提到的训练量和时间主要是为存在学习困难的孩子所设计的，但这并不意味着那些没有学习困难的孩子不需要运动。实际上，所有的孩子都需要适度的身体活动。运动不仅有助于孩子的身体健康，还有助于孩子增强脑力，提高学习效率。因此，对于那些在"三觉通路"评量中得分较高的，我同样推荐家长鼓励孩子多参与运动，具体的运动项目则由孩子根据自己的兴趣和喜好来选择。

在我接触过的数百个存在学习困难四大体征的案例中，我观察到约1/4的困难源于先天因素，如早产、大脑缺氧、产钳分娩或进行全麻手术等，高达3/4的案例则是由后天的养育方式不当所致。值得强调的是，即使存在先天因素的影响，也不必过于担心，因为自然界赋予了我们诸多修正和补偿的机会。只要我们在后天的养育过程中充分尊重孩子的发育规律，为他们提供恰当的感统刺激，就完全可以有效改善甚至消除先天因素带来的不良影响。

多年前，我观看了一则颇具震撼力的视频新闻。2012年除夕夜的21:30，也就是美国纽约时间的早晨8:30，一名来自中国南京、跟随父母到美国旅行的4岁幼童多多，在美国纽约法拉盛的街头进行了一次非同寻常的晨跑。当天清晨，纽约正遭受着暴雪的肆虐，室外最低气温骤降至−13℃。

多多几乎全身赤裸，仅穿一条嫩黄色的小短裤和运动鞋，在积雪厚达8英寸的大街上奋力奔跑。整个街道上几乎空无一人，只有多多孤独而坚定地在雪地里奔跑。跑步持续了大约5分钟，从视频中可以看到，多多因为寒冷而有些颤抖，他一边追着镜头跑，一边带着哭腔向父亲请求"抱抱，抱抱"，显然他已经有些不想继续了。即便如此，他还是在父亲的鼓励下，勇敢地在雪地上完成了一个俯卧撑，才结束了这次特殊的晨跑，而他的身上也沾满了洁白的雪。

这段视频迅速在社交媒体上引起了广大网民的关注和热议，短短几天内点击量超26万。多多因此被网友戏称为"裸跑弟"，而他的父亲则因这种独特的教育方式被冠以"鹰爸"的称号。对于这种极端的教育方式，网友们意见不一，褒贬参半。大多数人表示不赞成这种极端的方式，认为这可能会对孩子的身心健康造成不良影响。

也有一部分网友对"鹰爸"的教育方式表示理解和支持。他们认为，这种教育方式虽然极端，但对孩子意志力和身体素质是一种锻炼，能够帮助他更好地应对未来的挑战。在一段采访中，"鹰爸"何先生分享了他与儿子多多的故事。何先生坦言，他在40岁时才迎来了这个宝贝的儿子，但多多是个七个月的早产儿，出生时便伴随着多种并发症。医生们曾客观地告诉何先生，由于孩子先天条件严重不足，未来可能会面临脑瘫或痴呆的风险，他们只能尽力而为。经过医院长达两个月的精心治疗和护理，多多终于能够出院回家了。

回到家后，曾经当过教师的"鹰爸"何先生，凭借自己对教育的深刻理解和对儿子的深沉父爱，为多多精心制订了一套名为"鹰式教育"的训练计划。这个计划内容广泛，包括登山、慢跑、爬绳荡桥等户外运动，以及轮滑车、踏板车、自行车的技能学习。此外，多多还学习了武术、跆拳道和街舞，以增强身体素质和意志力。

为了确保训练计划的顺利实施，多多的母亲决定全职在家，严格实施这一训练计划。同时，"鹰爸"何先生会根据孩子的具体情况，每两周对训练计划进行一次细致的调整。

"裸跑弟"的视频在网络上迅速走红后，许多家长向我询问对此事的看法。我认为，多多能够在如此严酷的环境中坚持奔跑，充分显示了他强健的体魄，这无疑是"鹰爸"的"鹰式教育"训练成果的体现。从多多目前健康的身体状态来看，"鹰爸"的教育方式显然有其成效。然而，视频中多多在跑步过程中不断呼唤"抱抱，抱抱"，透露出孩子内心的渴望和不安。因此我很好奇，在多多完成这次特殊晨跑后，他的父亲是否满足了他的心愿，给予了他渴望的拥抱。毕竟，在注重身体素质和意志力培养的同时，更要重视孩子情感上的需求。

经过数年的时间，多多已经从当年被医学界预测的"早产脑瘫儿"的身份蜕变为手握三项世界纪录的"天才少年"。他凭借自己的努力，不仅成为世界上年龄最小的国际帆船比赛选手，还荣获了世界年龄最小飞行员的殊荣。更令人瞩目的是，在2017年2月7日，多多成功报名了南京大学的自考专业，即将参加大学入学考试。

看到多多的新闻，我不禁联想到了另一个孩子——童童。

童童是一个一年级的男孩，经过"三觉优势"评测，结果显示他在视觉方面具有优势。在"三觉通路"评量中，他的各项能力得分并不理想：专注力得分为1.5分，写字肌得分为1.5分，手眼协调得分为2分，读写能力得分为2分。

据童童的家长描述，老师几乎每天都会向他们反映孩子注意力不集中的问题。为了解决这个问题，父母尝试了多种方法，包括严厉的责骂和体罚，但都效果甚微。童童的背诵效率极低，一段文字，即使反复阅读多遍也难以记住。在默写时，他经常出现"b""d"不分、左右颠倒的错误，有时候甚至连读也会读颠倒，比如将"石油"读成"油石"，语数英的学习成绩都位于班级末尾。

童童生活在一个大家庭中，父母和爷爷奶奶对他的教育方式存在较大的差异。父母认为童童的问题主要源于学习态度不佳，因此采取了更为严厉的教育方式。爷爷奶奶则心疼孙子屡屡因学习问题而受到父母的责骂，于是加倍宠爱他，这也让童童的教育问题变得更加复杂。

有一次，爷爷在学校参加家长会，听到我讲的关于孩子学习困难的内容，马上意识到孙子的问题并非学习态度所致，而是脑体协作方面存在障碍。他立即记下了我的工作室地址，极力劝说孩子的父母带着孩子来找我进行专业评测。

聊天后，我得知童童是早产两个月且是通过剖腹产来到这个世界的。在婴儿时期，他未能像其他孩子那样自然地学会爬行。自出生后，他主要由祖辈照料。爷爷奶奶由于怜惜孙子是早产儿，因而对他过度溺爱，大包大揽，导致他很少有机会亲自动手做事。时至今日，他的早饭和晚饭仍由老人喂食。

童童的出生情况原本就需要在后天养育过程中得到更多的动作刺激，以促进大脑神经的健康发展。通过平时"散养"的方式和特定的感统训练，尤其是加强前庭的训练，完全可以弥补出生状况带来的影响，为孩子的大脑神经提供多元、足够强度的刺激。爷爷奶奶的过度溺爱恰恰剥夺了童童进行各种动作训练的机会。因此，在幼儿时期，他学习各种动作时都显得特别吃力，如拍球、跳绳等活动，他都比同龄孩子学得慢。遗憾的是，童童的父母当时并未意识到童童难以学会这些动作背后的深层原因，仅仅认为这些动作技能并不是孩子未来生活所必需的，因此未给予足够的重视。

童童进入小学后，问题逐渐凸显出来：上课难以集中注意力、粗心大意以及强烈地抵触笔头作业等。此时，家长认为这是孩子的学习态度不端正以及教育体制的问题，而未能意识到这实际上是童童大脑注意神经系统发育不良、手眼协调能力不足以及写字肌弱等问题的体现。这些问题导致他的肢体难以按照大脑的指令准确无误地执行动作，即大脑和肢体之间未能建立起良好、通畅的指令执行通道。这种脑体协作的困难是童童学习问题的根源所在。

在与童童交流的短暂十几分钟里，我明显感觉到他身体无力，坐下后不久便显得疲惫不堪，最后甚至需要躺在长沙发上才能继续与我对话。他沮丧地告诉我："我知道要集中注意力，但我就是做不到。"这背后的原因，实际上是神经系统发育的不完善，这使得童童在学习上遇到了极大的困难。

为了克服这些困难，童童需要付出比同龄人更多的勇气和力量来调整和控制自己的行为。在这个过程中，他更需要家长的理解、包容和支持。由于家长未能深入了解孩子学习困难的真正原因，反而常常指责孩子学习态度不端正、不够努力。这无疑给童童带来了额外的心理负担，让他感到委屈和无助。

童童是一个视觉优势型的孩子，他的视觉学习能力较强，而听觉系统相对较弱，不是那种能够通过听觉记忆信息的孩子。结合他脑体协作的困难，背诵对他来说变得异常艰难。对于童童来说，更为有效的背诵方法并非反复朗读，而是通过多次观看视觉材料，比如文字、图片或视频，然后进行背诵。这种视觉学习方式能够最大限度地发挥他的优势，也是他最高效的学习策略。

当我详细解释了视觉优势在学习中的应用后，童童的父母频频点头表示赞同。童童妈妈回忆说："在学龄前，我们并没有刻意教他认字，他却无师自通地认识了很多字，这让我们感到十分欣慰，认为他将来在学校也会是个学习出色的孩子。没想到进入小学后，孩子却面临了诸多学习困难。"父母难以接受孩子在学习上遇到的挫折，因此错误地将责任归咎于孩子本身。现在，他们需要正视并接受孩子的现状。我帮助他们认识到了这一点，为后续如何协助童童克服困难做好了心理铺垫。这个心理建设对于家长来说很重要，只有当他们真正理解和接纳孩子的困难，才能更有效地支持孩子的成长和进步。

最后，针对童童在专注力、写字肌、手眼协调以及读写能力这四个方面的不足，我精心制订了一套个性化的训练改善计划。这份计划包含了一系列能够有效提升这些关键能力的运动项目，以及在日常生活中适合童童亲自动手参与的活动。我还特别设计了必做项目和选做项目，旨在通过多样化的选择激发童童的训练兴趣，提高他的参与度。

关于训练时间，我综合评估童童的实际情况后，建议家长每天至少要保证一个小时的累计训练时间，并持续两个月。我坚信，只要家长和孩子能够不折不扣地执行此训练计划，两个月后一定能看到孩子的明显变化。若持续训练半年至一年，孩子的学习状况将得到全面改善。

我特别强调了训练时间的重要性，正如药物需要达到一定的剂量才能发挥效果一样，训练也需要足够的时间累积才能显现成效。我提醒家长，训练过程需要持之以恒，不能半途而废，否则效果将大打折扣。

在和童童父母沟通的过程中，我始终强调家庭支持系统对训练效果的重要性。我告诉童童的爸爸妈妈，他们需要共同努力，在家中营造一个积极、支持的氛围。这确实是一个挑战，因为改变整个家庭系统的运作方式并非易事，特别是当父母自身也面临压力、能量储备不足时。

三个月后，童童妈妈向我分享了他们的进展。她表示，尽管他们努力与老人沟通，说服他们不要过度包办孩子的事务，但这一过程相当艰难。老人对童童需要额外训练的意义并不理解，他们认为只要孩子吃得下、睡得着，就代表身体没有问题。这使得很难保证每天都能完成一个小时的训练量。

即使面临这样的挑战，童童的父母依然坚持让孩子每天进行训练。童童妈妈告诉我，虽然因为训练量未能达到预设标准，孩子并没有出现预期的巨大变化，但他们已经能看到了童童的一些积极改变。这些变化让他们感到非常满意，至少他们看到了孩子在朝着更好的方向发展。

与童童的情况相似，二年级的男孩小欣同样面临学习上的挑战。小欣的父母采取了不同的方法，他们通过学习来增强自己的教育认识，并积极地参与到孩子的成长过程中。这使得小欣在学习上取得的进步比童童更为显著。

小欣是一个感听型的孩子（视觉优势占22.14%，听觉优势占34.76%，感觉优势占43.10%），他在出生时经历了长达10多个小时的难产，最终转为剖腹产。

经过"三觉通路"评量，小欣的得分显示：专注力1.5分，写字肌1分，手眼协调1.7分，读写能力2分。这些分数显示小欣在多个方面存在学习困难。

小欣在幼儿时期就被专业机构诊断为感统严重失调。为了改善这一状况，自幼儿园大班起，小欣每周两次前往某感统训练机构接受训练。尽管付出了这样的努力，直到小学二年级，训练效果仍然不明显。后来，在朋友的推荐下，小欣妈妈决定带着他来到我的工作室寻求帮助。

在交谈中，小欣妈妈向我表达了小欣的厌学情绪非常严重，他常常表现出不愿意去学校以及抗拒写作业。她也提到，小欣爸爸采用了较为传统的教育方式，主要靠打骂来教育孩子。小欣妈妈原本希望这次能够说服爸爸一同来到我的工作室，共同参与到孩子的教育过程中，但爸爸不愿意来，他对小欣的学习已经失去了信心。

当我邀请小欣进入咨询室进行交流时，他最初表示不想和我聊。我微笑着，以真诚的态度对他说："小欣，我真的很想和你聊聊，我有一些好消息要告诉你，而且有一些事情可能需要你的帮助呢！"他犹豫地看了我一眼，或许是被我的诚恳所打动，最终点了点头，走进了咨询室。我猜想，之前他可能很少有机会遇到一个成年人如此真挚地向他发出邀请。

我拿着小欣的"三觉优势"评测报告，用简单易懂的语言向他详细解释了他的"三觉"特质优势，并用日常生活中的例子来说明他的这些优势是如何发挥作用的。当我讲述这些时，小欣的眼神变得闪闪发亮，他兴奋地举起自己折的纸鹤，自豪地告诉我这些创意都是他自己想出来的。小欣坦诚地表示，其实他是很愿意去学校的，只是不喜欢写作业。

随后，我与小欣共同商讨并制订了每天的训练计划和内容，他欣然接受了这些安排。当我们结束交谈时，小欣仍旧显得意犹未尽。他紧紧握着那份评测报告，脸上带着期待的表情望着我。我明白，他渴望我能够对他多说些肯定和鼓励的话语。这可能是因为之前从没有人告诉他具有这么多学习优势，而现在，当他听到有人对他的认可和肯定时，才对自己有了深刻的认识和信心。

我向小欣妈妈解释了小欣之前感统训练效果不佳的原因。这背后可能是多种因素交织的结果，但其中最为显著的是训练时间和频率明显不足。具体来说，一周仅两次、每次50分钟的训练，要想改善小欣的感统能力是远远不够的。更何况，由于训练并非一对一进行，所以实际的有效训练时间更是被进一步压缩。因此，为了确保训练能够取得实质性的效果，我强烈建议小欣妈妈务必重视孩子的训练时长和训练量。

小欣回家后，迫不及待地与爸爸分享了评测报告，希望能得到爸爸的肯定。尽管爸爸起初不太明白这份报告是怎么回事，但他没有对小欣的分享表示出任何负面的反应。小欣妈妈原原本本向小欣爸爸转述了咨询内容，小欣爸爸说这是他第一次听到这套理论，原来孩子学习困难的背后还有这么多名堂。小欣爸爸对这套教育理念产生了浓厚兴趣，于是与小欣妈妈一起走进了我开设的"父母训练营"课堂。

在课堂上，小欣爸爸展现出了很高的悟性。他迅速理解了我所提倡的教育理念，并开始反思自己过去错误的教育方式。可喜的是，小欣爸爸不仅是一个思考者，更是一个行动者。他开始在家庭中积极实践这些新的教育方法，学会了倾听孩子的声音，学会了接纳和欣赏孩子的独特性。这些积极的改变极大地改善了亲子关系，让小欣感受到了前所未有的支持和鼓励。因此，小欣每天都动力满满，超额完成训练任务。

半年后，小欣在多个方面均取得了显著的进步。他的作业质量得到了学校老师的表扬，学习能力也显著增强。目睹了孩子的这些积极变化，小欣的爸爸妈妈深感欣慰。他们决定参加我开设的高级班学习，进一步提升自己的家庭教育水平。最后，他们还加入了我们的家庭教育咨询师队伍，用自己的亲身经历和宝贵经验，去帮助更多的家长对孩子的成长树立信心。

童童和小欣的情况，属于既受到先天条件的影响，也遭遇了后天养育方式不当的双重挑战。这导致他们在学习和能力发展上遭遇了多方面的困难，特别是专注力、写字肌、手眼协调以及读写能力这四个方面。这类案例并不常见，大部分孩子的问题主要体现在注意力不集中和粗心这两个普遍问题上。

以"裸跑弟"多多为例，他通过后天有针对性的强化训练，成功弥补了先天的不足，并取得了显著的成效。这里，我并非鼓励所有家长都让孩子模仿"裸跑弟"在极端环境下训练，而是想强调后天养育方式在孩子成长过程中的重要性。这一点往往被许多父母所忽视，实际上，它对孩子的全面发展具有至关重要的影响。

值得我们高度关注的是，有些孩子尽管出生时一切正常，但养育者的无知或不当的养育方式，导致他们在神经心理发育过程中偏离了正常轨道，从而产生了一系列心理行为障碍。这些障碍对孩子学习能力的培养构成了极大的挑战。因此，作为养育者，我们不仅要关注孩子的先天条件，更要重视后天的养育方式，确保孩子能够在健康、积极的环境中茁壮成长。

以下分享两个案例。

【案例一】

小仪，三年级女孩。

"三觉基础"评测结果：视听型。

"三觉通路"评量结果：专注力3分，写字肌2分，手眼协调1.7分，读写能力4分。

出生情况：顺产，医院评定各项指标都很好。

案列描述：

小仪性格活泼好动，常常表现出与小男孩相似的特点。她在学习和生活中最为突出的问题是粗心大意，注意力也难以长时间集中。因此，老师反映她有多动症的倾向。小仪爸爸不认为自己的女儿有多动症，但不知道孩子为什么有这些行为表现。在听过我的课程后，小仪爸爸意识到可能是小仪妈妈的教育方式存在问题，因此坚持让小仪妈妈一同前来咨询。据了解，小仪妈妈几乎包办了小仪生活中的所有事情，至今仍然给孩子喂早饭、帮孩子穿衣等。对于小仪的行为，妈妈往往因为看不顺眼而亲自代劳，同时因为小仪的粗心问题而经常打骂她。小仪妈妈也坦承自己耐心不足，容易发脾气。

原因探究：

小仪是顺产出生，且出生过程顺利。根据家长提供的信息，小仪目前所面临的学习和行为问题主要是由后天养育方式不当导致的。作为一个三年级的孩子，在吃饭、穿衣等日常生活技能上仍然要依赖母亲，可以想见，在孩子幼儿时期，妈妈包办一切达到了何等过分的程度。视听型的孩子在学习上本应极具优势，因为这种类型的孩子最适应学校的主流教学方式。然而，小仪的粗心问题成了她学习上的绊脚石。小仪手眼协调能力的不足，则严重影响了她视听型学习优势的发挥。

咨询过程和建议：

在与小仪父母的咨询交流中，我首先详细阐释了视听型的孩子在学习上的潜在优势，并深入剖析了小仪当前粗心问题的根本原因。在对话中，我敏锐地察觉到小仪妈妈的情绪有些异常，显得很焦虑，透露出深深的不安全感。我坦诚地向小仪妈妈表达了我的发现，小仪妈妈不禁泪流满面。原来，小仪妈妈自幼父母离异，由爷爷奶奶抚养大，虽然老人家对她疼爱有加，但她与亲生父母的关系十分疏远。因此，小仪妈妈试图通过无微不至的关怀和包办孩子的一切来补偿自己童年时缺失的爱。

基于小仪妈妈的家庭成长背景和当前的心理状态，我郑重地建议她参加"父母训练营"的培训课程。这不仅能帮助她缓解和处理内心的焦虑情绪，还能让她学习如何更好地与孩子相处，建立健康的亲子关系。我强调，只有妈妈能够放松下来，给予孩子足够的信任和空间，让孩子自行成长和探索，孩子的学习状况才能得到显著的改善。

训练改善方案：

（1）家庭日常事务：鼓励小仪独立完成日常生活中的小事情，如用筷子吃饭，并设定一个目标，逐渐减少在用餐时掉落的米粒数量。

（2）精细动作训练：为小仪安排一些需要精细操作的家务及其他活动，如叠衣服、端饭菜、系鞋带、拼图、穿珠子等，这些活动将有助于提升她的手眼协调能力。

（3）专项训练：参考附录二中的"写字肌"和"手眼协调训练"清单，让小仪根据自己的兴趣和实际情况选择适合的训练项目，确保每天的训练量达到15分钟以上。

（4）激励机制：在墙上贴一张星星榜，每当小仪完成一天的训练后，便在榜上贴一颗星星或增加一个点数，以此记录她的进步，并让她能够直观地感受到自己的努力成果。

咨询结束时，我给予小仪妈妈一个充满理解和鼓励的拥抱，并她说："我看到了你内心的渴望和为孩子付出的努力。请相信自己的力量，小仪的状况一定会很快得到改善的。"

阶段性效果：

经过一个多月的实施，小仪妈妈高兴地反馈，小仪的粗心问题已经有了显著的改善。

后续进展：

三个月后的暑假夏令营集训队中，我有幸再次与小仪和她的父母相遇。看到他们脸上洋溢着笑容，我立即意识到小仪取得了令人欣喜的进步。果不其然，小仪妈妈欣喜地告诉我，小仪现在经常受到老师的表扬，再也没有被批评过。我也注意到，小仪妈妈已经放下了之前的焦虑，整个家庭都洋溢着幸福和自豪的气息。

第二年暑假，夏令营名单上再次出现了小仪的名字。她的父母激动地告诉我，小仪的精神面貌在这一年里有了巨大的转变，学习成绩更是突飞猛进。我看到，小仪进步的不止是学习成绩，在夏令营中，她担任了自己小队的队长，带领小伙伴圆满完成了各项任务，成了老师的得力小助手。小仪的进步不仅仅体现在学习成绩上，她的领导能力和团队协作精神也得到了极大的提升，展现出了更加全面和优秀的能力。

【案例二】

强强，一年级男孩。

"三觉基础"评测结果：感觉型。

"三觉通路"评量结果：专注力1.2分，写字肌1.7分，手眼协调1.7分，读写能力1.5分。

出生情况：顺产，医院评定各项指标正常。

案列描述：

强强作为家族中第三代唯一的男孩，从小就享受着大家庭所有人的过度宠爱。他几乎是在"捧在手里怕摔了，含在口里怕化了，抱在怀里怕碰了"的呵护中长大的。尽管这种无微不至的关怀在一定程度上是出于对孩子的爱，却对强强的大脑神经系统发育和心理发展造成了不利影响。

在"三觉通路"评量中，强强所展现出的极低数值便是这种不利影响的直接体现。这样低的数值通常在先天条件有所不足的孩子中更为常见，而由后天养育偏差导致的问题如此严重则相对较少见。

强强在语文、数学及英语等学科学习上均面临着巨大的困难，因此频繁受到学校老师的批评和处罚。尽管父母为了提高他的学科成绩，不惜花费重金聘请了多位家教名师，并为他报名参加了各种补习班和培训课程，但孩子的学习状况依然没有起色，完成作业对他来说仍然是一项艰巨的任务。

原因探究：

尽管强强是顺产出生，并且出生过程顺利，但他目前所面临的学习困境主要源于后天养育方式的不当。强强是一位典型的感觉型孩子，在学习上，他特别依赖对老师的良好感觉来有效地吸收和掌握知识。然而，在婴幼儿阶段，由于家庭成员的过度保护和限制，以及养育者对其成长需求的认识不足，强强的神经系统发育逐渐偏离了正常轨迹，最终导致了心理行为障碍的学习困难症。

难以避免的是，学校老师未能深入了解强强学习困难的根源，也未能充分关注到他的心理感受和需求。这种缺乏了解和关注的环境，使得强强难以与老师建立起积极的情感连接，从而进一步加剧了他在学校的学习困境和问题表现。

咨询过程和建议：

当强强妈了解到儿子属于感觉型特质时，表现出深深的忧虑和迷茫。她叹息道："这要怎么弄啊？感觉型的孩子似乎只有在感觉良好的时候才能有效学习，可我没有耐心，这该如何是好？"

目前，这个家庭需要正视和解决的核心问题，就是强强在家中表现出"无法无天"的状态，他似乎对任何人都缺乏敬畏感，妈妈难以对他进行有效的管理和引导。此次带他来评测，也是妈妈通过承诺给他购买想要的玩具，才勉强同意来的。这种情况如果不先得到解决，强强的家庭训练计划就会因为他的随心所欲而难以持续，效果自然会大打折扣。

强强在正式进入评测的前一刻，又向妈妈提出新的条件。见此情景，我们的评测老师采取了积极策略，通过与强强的互动游戏，让他与我们产生了积极的情感连接，从而顺利地完成了评测。这个过程说明，在进行家庭训练时，同样需要先建立正向的情感联系，让他感受到被理解和被支持，从而愿意配合和参与训练。

我建议强强的父母，特别是妈妈，首先要花时间与强强建立正向的亲子关系，通过积极的互动和沟通，了解他的需求和感受。同时，强强的父母也需要学习如何设定明确的规则和界限，让强强明白哪些行为是被接受的、哪些行为是不被接受的，并坚持一致性地执行这些规则。

强强本身能量充沛，他表达不愿意参与某项活动时，并不是害怕或逃避，而是直接表达自己的立场。这种态度虽然具有挑战性，但反映出他的主见和聪明，即他能利用家庭成员中每个人的性格特点来达到自己的目的。这些特质如果能被引导到学习方面，将是非常有益的。

为了帮助强强在学业上取得进步，我建议他的爸爸妈妈首先学习正确的家庭教育观念和方法，理清教育思路，明确第一个阶段的教育目标。当他的爸爸妈妈在内心准备好后，可以与强强进行一次认真的对话，让他感受到家庭教育方式即将发生的变化。强强是个聪明的孩子，他能够从这种不寻常的谈话氛围中感知父母的决心和改变，并做出积极的响应。

在此基础上，强强按计划开始每日的脑体协作训练。我建议对原有的家教和校外补课班进行梳理，适当减少一些，以便强强能够集中身体能量专注于做脑体训练，待脑体训练见成效后再考虑恢复其他学习活动。强强才上一年级，低年龄阶段正是他改变和成长的优势期。只要他能够每天坚持训练30分钟以上，我相信半年内他的学习状况将会有显著改善，一年内他的四大"病症"基本能够"痊愈"。

在听完我的建议后，妈妈很肯定地表示："我们一定要来学习，做出积极的改变，上次在学校听了您的讲座后，我就在心里一遍遍跟自己说，我找对了，就是她（我在台上讲课）能帮助我的孩子走出困境……"

阶段性效果：

妈妈非常积极地参与学习，并将强强送到"雷氏三觉"学堂进行更为集中的脑体训练（相较于家庭训练，学堂的训练强度更大）。学堂的老师都非常喜欢强强，他们发现强强不仅聪明伶俐，而且眼神中闪烁着一种特殊的灵气。强强也很快对学堂的老师们产生了深厚的信任感，他在训练中非常配合老师，因此训练效果极佳。

经过两个月的训练，强强妈妈欣喜地反馈，学校老师已经明显注意到了强强的进步。尽管他完成作业的速度仍然慢于同龄人，但他能够积极配合并完成作业，这无疑是一个积极的开始。

通过这些案例，我们现在能理解孩子学业不良的原因了吧？这主要源于神经生理和心理的不良发育。这一观点是基于国际心理学家广泛而深入的研究得出的结论。孩子自身的神经系统和心理发育状况，是影响其学习成绩的核心因素。

若身体底层的神经发育问题未能得到妥善解决，这些问题将不可避免地影响上一层的神经发展。为了改善这种局面，脑体协作训练被证实为一种有效的方法。这种训练能够直接作用于底层的不良发育，帮助孩子打通学习发展的"任督二脉"，从而释放其学习潜力。

因此，对于小学生，我始终主张先解决脑体协调问题，再针对其具体的学科学习能力进行提升。这种顺序的设定基于对神经系统与学习能力的科学理解。如果颠倒这一顺序，不仅家长会陷入无尽的焦虑，孩子也会承受不必要的痛苦。因为只有在神经系统得到实质性的改善后，孩子所取得的进步才能真正成为他们自身能力的一部分，也才能使在学习上取得持续而稳定的提升。

其实，对于底层的神经发育问题，孩子的身体在发育过程中会屡次发出"自动导航"般的修复信号或暗示。

有一次，一位妈妈带着她二年级的儿子来到我的工作室。在来找我咨询之前，他们已经去了一家市级专业的儿童感统评估机构，并得到了详细的评估报告。报告明确指出，孩子存在注意力缺乏的问题，并在"建议"一栏中写了三项改善措施：滑滑梯、荡秋千、乘电动转马。

面对这份报告，孩子的父母显得相当困惑。他们疑惑地询问我："我们的孩子已经二年级了，为什么专业机构给出的建议却是这些似乎更适合学龄前儿童玩的活动呢？"

我耐心地向他们解释："孩子的注意力问题，实际上与他的前庭发育不良有着密切的联系。报告中所提到的滑滑梯、荡秋千和乘电动转马，正是针对前庭神经发育功能的有效改善手段。这些活动是通过身体在有加速度的移动中受到的刺激，来促进前庭神经系统健康发展的。"

在提及具体的训练方法时，我建议家长在做好保护措施的前提下，可以尝试让孩子在滑滑梯时头朝下。当头部低于心脏时，血液会向头部涌去，这样的动作实际上能增加训练的强度，从而使训练效果更为显著。不过，孩子通常能够很好地控制自己，因此家长不必过度担忧。

当我说到这里时，孩子的父母交换了一下眼神，似乎意识到了什么。我察觉到他们的反应，便好奇地询问是否有什么特殊的情况。这时，父亲稍显尴尬地笑了，他告诉我："其实，孩子小时候就很喜欢头朝下滑滑梯，但我们总是严厉地批评他，认为他没有好好玩，还警告他如果继续这样就不让他玩滑梯了。后来，孩子就不这样滑了。"

我常常强调，孩子的每一个动作背后都蕴含着特定的意义。例如，当孩子玩滑滑梯时选择头朝下滑，这并非简单的游戏方式，而是他身体在尝试自我修复，是身体发出的一个关键信号。可惜父母当时未能理解这个信号，反而以错误的方式阻止了孩子的自然修复过程，从而错过了改善的最佳时机。

没有一个人的先天条件是完美无缺的。孩子的身体具有自动导航修复的能力，只要父母能够细心观察、理解并尊重孩子发出的每一个信号，按照他们的自然需求提供必要的条件和支持，许多问题在早期阶段就能够得到修复或解决。这样做不仅能使孩子的身心发育更加健康，情绪更加稳定，更能使他们的天赋和潜能得到更好的发掘和展现。在这样的环境下成长的孩子，在学习和生活中都将更加出色，也将拥有更广阔的发展前景。

本节要点

通过实际案例和"三觉通路"评量法，深入探讨帮助孩子克服学习困难的有效方法。强调了训练的重要性和家长的角色，提出了确保训练量和疗程、关注家长和孩子的情绪状态等关键点。同时，指出后天养育方式在孩子成长过程中的重要性，以及科学训练方法对孩子全面发展的积极影响。通过合理的训练计划和积极的家庭支持，孩子能够克服学习困难，展翅高飞。

家庭思考与实践

请回顾家中孩子的日常活动，思考是否存在过度保护或不恰当干预的情况。尝试为孩子创造一个更为自主、积极的成长环境，并观察这一改变对孩子学习和生活的影响。

第三章

行为管理：塑造孩子的积极能量场

┌─ **本章导读** ─────────────────────────

　　我们从"儿童学习成就金字塔"最底层逐层向上进行学习，现在已经到了"认知发展"这一层，离学习成就只有一步之遥。在这一层中，我们着重对行为规范方面进行阐述：如何改变孩子作业拖拉的状况，如何帮助孩子制订切实可行的成长计划，如何在操作执行过程中使用技巧，以保障目标的达成。

第一节　塑造积极作业态度：从观察实验到方法模型

一、一次作业观察实验纪实

孩子做作业的过程，一直是家长们在网络上吐槽的热点，这也是许多家庭气氛紧张、家长倍感压力的源头。网络上关于此类话题的段子层出不穷。

"10-2=3！因为数完了一只手，忘记另外一只手了。"

"只要一写作业就开始各种事情：橡皮掉了，喝水，肚子不舒服，大小便，腿被蚊子咬了，浑身痒……分分钟想揍他！"

"我家二宝两个多月了，我真的不敢去辅导大宝学习，我会回奶的！"

"每次辅导作业都是一场战争，每次都情绪失控……爸爸说，我来吧。结果呢，十分钟后，他比我还大声。我俩现在只能是换着来，还要互相告诉彼此要耐心要温柔。"

"我一直不明白老婆辅导儿子做作业为什么凶巴巴的，为什么母爱和耐心都没有了呢？直到有一次我辅导儿子做作业才发现，原来凶巴巴还是克制着呢，气得我直接下手了！唉，还是换老婆辅导吧。"

"我已经把我家大宝完全交给辅导老师了，花钱不是问题，要确保一家人活得好好的很重要。"

"我已经在辅导上小学的孩子的作业中沦陷了！如果有一天我不见了，请不要找我，我一定是撑不住了！"

"儿子刚刚睡着了，看着他稚气可爱的小脸，很后悔辅导他做作业时吼他和分分钟想揍他的念头。明晚呢，还会如此吗？"

然而，大多数家长没有意识到，当他们在抱怨辅导作业的艰辛时，孩子的心里只会比家长更加复杂和痛苦。家长尚可以通过网络平台宣泄自己的压力和情绪，但可怜的孩子们还没有掌握完整的语言表达能力，无法像成人那样直接表达这些感受，更缺乏合适的途径去宣泄这些痛苦的情绪。因此，他们往往选择以更加抵触学习的行为作为回应。

多年前，我策划并实施了一次关于孩子作业效率的观察实验。在那个暑假，我热情地邀请了八个孩子来我家，他们都是家长眼中做作业效率特别低的孩子。实验为期一周，旨在通过全方位、无死角的观察，深入了解孩子们在做作业过程中的真实状态。

1.实验规则与过程

为了确保实验的有效性和秩序，我为孩子们制定了清晰的日程安排：每天清晨7点半，孩子们会准时起床，上午的三个小时被严格划定为学习时间，专注于完成作业或进行阅读。这段学习时间被均匀地分为三节作业课，每节课后都有10分钟休息时间。下午则是属于孩子们的自由时间，他们可以根据自己的兴趣和喜好进行各种活动，无论是去附近的大学校园打球、运动（那时我家位于大学家属区），还是选择在家中看电视、下棋、打扑克等，都完全按照他们的意愿进行。

我还制定了一套奖惩机制。每天下午，我都会细致地检查他们上午完成的作业。如果作业质量高，孩子们便能继续享受晚上的自由活动；如果作业完成得不够理想，则晚上取消自主安排，需要完成我额外布置的作业。

在约定好的集合时间，这八个孩子跟着妈妈准时到了我家。我先详细地向孩子们解释了以上这些规则和要求，并征求他们的意见。我明确表示，愿意遵守这些规则的孩子可以留在我家，如果觉得难以适应，就跟妈妈回家。孩子们当即一致地表示赞同："太同意了，在自己家，妈妈不会给这么多时间玩的。"他们全部表示要留下来。

在场的妈妈们听到孩子们的表态后，都忍不住责备孩子们总是想着玩。妈妈们听到的是表象，在我听来，这完全是孩子们在表达他们的信心和决定，即他们愿意为自己的学习负责，有信心每天上午保质保量地完成作业。

2.实验初期观察

第一天的实验正式拉开帷幕。孩子们自觉地坐在各自指定的位置上，开始写作业。我则坐在不远处，一边打毛衣，一边静静地观察着孩子们做作业的状态。

大约过了15分钟，我注意到一个孩子站了起来。我轻声询问："怎么了？"孩子回答："我有点儿渴，想喝水。"

我微微点头，没有多说什么。然而，这个孩子刚坐下不久，又有一个孩子站了起来。

"你有什么事吗？"我再次询问。

"我想上厕所。"孩子如实回答。

我意识到需要补充一条规则，于是说："我补充一个规则，喝水、上厕所等个人需求，只能在课间休息时进行，学习时间不可以离开座位。"

规则补充后，孩子们确实不再随意离开座位了。我又发现，有些孩子开始摆弄手中的笔，或者好奇地观察我们家的摆设，还不时地问："这个东西是做什么用的？"

针对这种情况，我再次强调规则："学习时间内，请保持专注，不能有多余的声音和动作。如果有谁连续三分钟没有动笔写字，请告诉我你刚刚在想什么。如果无法说明，将视为违反规则，会被扣分。"扣分意味着晚上自由活动时间的减少甚至取消，这是孩子们已经知道的规则。

这个条例加上去后，整个房间变得异常安静，只有笔尖在纸上划过的声音。孩子们都全神贯注地投入作业中。

很快，上午的学习时间结束，我询问孩子们第一天的感受以及是否有信心坚持接下来的几天。孩子们异口同声地嚷道："啊呀，作业带得太少了！"

我微笑着回应："我之前不是建议你们多带些作业以防万一吗？"

孩子们纷纷表示："我们已经带了不少，本以为足够了，没想到在这里一上午就完成了这么多。平时在家里，这些作业至少要拖上三天才能完成。"孩子们显然察觉到了在我家做作业与平时在家做作业的效率差异。

　　我抓住这个时机，向他们分析道："你们平时做作业慢，主要是因为分心和小动作太多。在这里，你们的小动作明显减少了，所以效率提高了。"孩子们坦诚地告诉我，他们在自己家里做作业时，分心的现象更为严重，比如会频繁地离开座位找东西吃，或是被其他事物所吸引。而在我家，他们起初的喝水、上厕所的行为，相较于在家，已经算是相当克制了。

3.实验效果与反馈

　　经过几天的适应期，孩子们逐渐适应了这种有序且严谨的学习环境。他们开始专心致志地做作业，效率有了显著的提升。整个实验期间，没有孩子因为违反规则而受到惩罚。每天下午，他们在校园的球场上挥洒汗水，尽情享受篮球、足球、羽毛球带来的乐趣；晚上则聚在一起，下棋、打扑克，享受着属于他们的快乐时光。

　　尽管这项实验已过去多年，但它对当下孩子做作业的现状仍具有深远的启示意义。当前，孩子们在做作业时普遍面临的问题依然是注意力不集中和缺乏良好的作业习惯。对于注意力不集中的问题，已在第二章中进行了深入探讨；针对培养孩子良好的作业习惯乃至学习习惯的问题，制定并实施明确的规则显得尤为重要。正如古人所言，"没有规矩不成方圆"，家长应与孩子共同探讨、共同制定这些规则。当这些规则得到孩子的认同和接受后，他们便愿意遵守，并逐渐养成良好的作业和学习习惯。

　　基于这次实验的经验，至今我们在营队中的作业挑战环节仍然沿用着这些规则和方法。我始终认为，每天保持三小时的高效学习时间已足够，而剩余的时间应该让孩子们去体验丰富多彩的生活，这样，他们的童年才会更加美好和充实。

　　上述实验中的孩子没有严重的专注力等问题，通过营造学习环境和规则约定，就能提升他们做作业的效率，但如果孩子本身对作业有很强的抵触情绪，且专注力不足等问题比较严重，那么需要针对性更强的帮助措施。

二、解决作业拖拉的方法模型

孩子任何的行为表现都可以通过一个公式来简化理解：行为表现＝情绪×能力。基于这一公式，我们可以设计出解决孩子做作业拖拉问题的方法。

关于孩子做作业拖拉背后的根源，我在第二章第五节中已进行了详细的探讨。简而言之，没有孩子天生就抵触做作业这件事。孩子之所以表现出做作业拖拉的行为，往往是因为他们遇到了能力上的具体困难。当这些困难不被理解和有效应对时，孩子就会产生负面情绪，从而影响他们的做作业效率。

因此，当家长在面对孩子做作业磨蹭的情况时，没有必要毫无理由地去指责孩子。因为这些能力上的困难并不是孩子自己造成的，当然，也不是家长故意造成的。家长只要相信孩子的作业问题有方法解决，并且愿意和孩子携手，帮助他们提高做作业的效率。

这里介绍一个针对孩子做作业拖拉问题提出的方法模型：同理心（共情)＋目标分解＋脑体训练。

1.同理心（共情）

举例：当看到孩子做作业磨蹭时，家长会有两种表达方式。

（1）"作业又不多，你快点做不就做完了吗？还在那儿磨磨蹭蹭干什么？时间都被你浪费掉了。"

（2）"我知道你现在完成这些作业是有困难的，我们一步步来，看看怎么解决这些难题。"

显然，第二句是有同理心的表达。当孩子听到第一句话时，会更加抵触作业，因为他们对作业的感受没有被家长理解和接纳。第二句话表达了家长对孩子当前困难的理解和关心，孩子就会有一种被看见的温暖。虽然他还不能马上快乐地去做作业，但至少不会产生更加抵触作业的情绪。

在上一章中，我们讨论了如何根据孩子的三觉优势来选择合适的鼓励和批评方式，这是情绪管理的重要一环。在作业问题上，家长首先要相信孩子是有学习意愿的，他们希望完成好作业。在这个前提下，运用同理心话术对孩子当前的困难表示理解，能够有效改善孩子对待学习的情绪。

诚诚的妈妈以前因为孩子做作业拖拉而多次责骂孩子，但效果不佳。后来她听了我的课，学习了我们的方法，开始尝试用同理心话术与孩子沟通。那天，当她再一次面对诚诚做作业拖拉的时候，她没有发火，而是真诚地向诚诚道歉，说以前错怪了他，并表示理解他现在有能力不够的困难。接着，妈妈鼓励他说："我们不是已经开始做脑体训练了吗？雷老师说过，只要你坚持每天训练，两个月以后就会发现自己做作业的困难变小了，专注力也变得越来越好了，做作业速度也会提高的……"

妈妈这番同理心的表达，让诚诚瞬间就没有了脾气，不声不响地开始动笔写作业了。

同理心话术并非意味着讨好、哄骗或取悦孩子，而是一种家长真诚表达对孩子当前处境理解的方式。当孩子对作业表现出拖拉磨蹭的态度时，运用同理心话术来传达家长对他们此刻面临困难的理解，可以有效缓解孩子的负面情绪，促进他们更积极地面对作业。

2.目标分解

我看到一些家长对孩子的作业标准是要全部满足老师提出的要求，包括字迹工整、默写背诵准确无误、题目解答正确并且格式规范，同时期望孩子能够迅速而准确地完成作业。我并非要否定这些要求的重要性，而是建议家长在提出要求时，要充分考虑孩子的实际情况和当下的能力现状。

如果孩子当前的能力与这些标准之间的差距还很大，那么要求孩子一次性达到这些标准会给孩子带来过大的压力，而且难以实现。在这种情况下，家长可以将这些目标分解成更小的、让孩子能够实现的阶段性目标。通过设定这样一个个小的阶段性目标，孩子可以在每个阶段内集中精力解决一个问题，等这个问题解决后再逐步攻克其他难题。这样的做法有助于孩子逐步建立自信心，同时能够帮助他们更好地理解和掌握所学的知识。那些抱怨陪写作业鸡飞狗跳的家长，往往都是对孩子的作业有更高要求的家长。

关于做作业的顺序，我强烈建议家长尊重孩子的意见，不要过多干预。让孩子根据自己的学习状态和心理需求来决定先做哪些作业。这不仅是对孩子同理心的体现，更是培养孩子学习责任感和自主管理能力的关键步骤。

孩子选择做作业的顺序，往往反映了他们内心的需求和状态。有些孩子可能倾向于一回家就先订正作业，因为他们认为这样可以迅速纠正错误并避免遗忘；有些孩子则可能更愿意先完成新作业，因为他们希望保持对新知识的兴趣和动力。无论孩子选择哪种顺序，家长都应该给予充分的理解和尊重，避免将自己的意愿强加给孩子。

有些家长总催促孩子先把订正的作业做完。这种做法可能会传递给孩子一种错误的信息，即订正作业是一种负担或羞辱。这种潜意识会让孩子对作业产生更加抵触的情绪。相反，我们可以将订正作业视为一个帮助孩子提高能力的机会。家长耐心地和孩子一起复盘，找出错误的原因，并和孩子一起讨论如何避免类似错误再次发生。其实，孩子遇到问题是他们成长的一部分，每一个问题都是帮助他们提高能力的好机会。

当孩子面对作业时，他们往往会评估自己的状态和能量来选择作业的顺序。有些孩子倾向于先易后难，通过先完成简单的作业来建立好的感受和信心，再去挑战难题。这样的顺序选择有助于他们保持积极的学习态度，逐步克服学习中的困难。另一些孩子则喜欢挑战，他们可能会选择先难后易的顺序，因为他们享受解决难题的过程，并从中获得成就感。

如果孩子在作业上遇到巨大的困难，建议不要平均用力，而是引导他们先放弃一部分作业，集中精力攻克作业上的部分难关。同样的策略也适用于学科学习。如果孩子在所有学科上都遇到困难，家长可以帮助孩子确定优先级，先集中精力解决一到两门学科的问题。这样做不仅能提高学习效率，减轻孩子的压力，也避免了所有老师因孩子的学习问题频繁找家长沟通的情况。

3.脑体训练

脑体训练是提升孩子学习能力和做作业效率的重要手段。通过精心设计的训练方法，可以有效增强孩子的专注力、记忆力和思维能力等，从而帮助他们提高做作业效率。

然而，一些家长认为孩子每天忙于作业，直至深夜，哪里还有时间做脑体训练？可是不做训练，做作业的速度又难以提高。这似乎形成了一个困境。

解决这个困境的办法是将目标分解，并与脑体训练活动巧妙地结合起来。以诚诚为例，我们首先让孩子自行决定一段专注做作业的时间，当诚诚觉察自己难以保持专注时，要暂时放下笔，进行五分钟的脑体训练活动。妈妈则记录下孩子刚才专注做作业的时间，比如首次是8分钟。

经过这五分钟的脑体训练活动后，妈妈再给予诚诚正面的激励："刚才你专注了8分钟，表现很不错！现在经过训练，我们尝试挑战一下，看看下次能不能坚持到9分钟，怎么样？如果你做到了，会有积分奖励哦。"

由于只增加了一分钟的挑战时间，孩子往往会觉得这是可以实现的，并乐意接受这个挑战。在接下来的作业时段，当诚诚再次感到注意力难以集中时，他会按照之前的模式，进行短暂的脑体训练。随后，妈妈会查看孩子的用时，并给予积极的反馈："诚诚，你真棒！你这次成功坚持了10分钟！"

通过这种逐步递进的方式，结合脑体训练和心理引导，诚诚不仅提高了做作业的效率，还学会了如何管理时间和增强自我控制能力。这些宝贵的经验将为他未来的学习和生活奠定坚实的基础。

诚诚妈妈告诉我，直到学校老师、朋友都向她反馈，说孩子有了很大进步，她才敢松一口气，开始高兴起来。

让我们重新回到这个解决孩子做作业拖拉的方法模型：同理心（共情）+目标分解+脑体训练。

其中，实施好第一步最为关键。从心理学的角度来看，两周通常是改变对一件事的情绪所需要的一个合理时间周期。也就是说，如果孩子对学习或作业存在抵触情绪，家长可以利用大约两周的时间，通过同理心话术与孩子建立深厚的情感连接，并表达自己对孩子的支持和理解，以帮助孩子转换对学习或作业的抵触情绪。一旦孩子的情绪得到正向的调整，接下来实施的目标分解和脑体训练，就会更加容易取得显著的成效。

作业是孩子学习的一个组成部分，对作业的要求不仅有速度，还有质量。我倡导要帮助孩子养成一次做对的作业习惯。只有平时做作业一次做对，考试时才能一次考对。对于那些做作业既慢又错误多的孩子，我们可以先帮助他们提高速度，减少因为速度慢而产生的挫败感和由此产生的抵触情绪，再逐步提升准确率。

总而言之，这个模型的核心在于首先通过同理心的表达建立与孩子的情感联结，为后续的目标分解和脑体训练奠定良好的情绪基础。三者结合，能有效地帮助孩子提高做作业效率，进而提升学习效果。

三、孩子的作业，映射出家长的认识与情绪管理

每当家长向我咨询如何改善孩子做作业拖拉的习惯时，我首先会关注家长对孩子做作业的目的和意义的认知。如果家长仅将作业视为应付老师、避免责罚的工具，那么这种认知将直接影响改善孩子学习方法的实施效果。因为初心决定行动，家长的观念是孩子学习态度的关键。

在提供改善建议和训练方案时，我根据孩子的具体情况，制定了旨在两个月内显著见效、半年内实现极大改善的目标，并提出每天只需累计半小时的训练时间。我精心设计的方案是让孩子将做作业视为上课，每次集中几十分钟做作业，随后进行五分钟的训练作为"课间休息"，之后再继续下一阶段的作业。我反复向家长解释，这样的安排实际上是通过训练提高了效率，因此作业的总耗时不仅不会增加，反而会减少。

然而，家长们仍会强调，孩子的作业进度已经很慢了，难以挤出这半小时的训练时间。他们始终认定，孩子必须一次性完成所有作业后才能进行训练，可那样做几乎就没有训练时间了。他们未能意识到，孩子长时间连续做作业，效率往往比较低，就如同用钝刀（疲惫的大脑）砍柴（做作业），而训练则是

磨刀的过程，刀磨得越锋利，砍柴的效率自然越高。

在提供训练改善方案时，我向家长承诺，只要孩子能够坚持两个月（60天）的训练，他们做作业的效率就会有明显的提升。两个月的时间不算长吧？有些家长就是等不及，他们期待我能提供一个"速效救心丸"，让孩子一"服用"就立即解决做作业磨蹭的问题。

令人可气又无奈的是，这些家长在数年间不断咨询同一个问题："孩子做作业磨蹭怎么办？"这背后反映的其实是他们自身的认知局限，他们未能理解问题的真正关键所在。

在我看来，孩子出现的那些状况都不是大问题，是他们成长过程中的一部分，这些状况容易被改善，而家长自身的认识和情绪管理才是家庭教育中更为核心和棘手的难题。

《时代周刊》官网上有一篇报道，迄今为止，是最全面的对于家庭作业的研究，来自杜克大学心理学教授哈里斯·库珀的一项分析，其中提到，"作业就像药物或膳食补充剂，如果你吃得太少，就没有任何作用；但如果你吃得太多，就会对你有害。你只有摄入的量刚好，才能是有益的。"并以二年级的学生举例，"他们不应该完全没有功课，也不能每天晚上都做两小时的作业。"

根据哈里斯·库珀教授的观点，二年级孩子如果每天的家庭作业量达到2小时及以上，就属于负担过重。这一标准，我觉得中国家长可以借鉴。

我并不赞同"孩子的问题都是父母的问题"这一观点。孩子的问题往往是多种因素交织影响的结果，而父母的问题只是其中的一部分。尽管父母并非有意制造问题，但在帮助孩子改善现状时，他们的作用至关重要。父母是离孩子最近的人，他们的援手是孩子最容易得到的。这就是为什么我在解决孩子问题的同时，都要建议父母来学习的原因。

孩子所面临的问题，实际上是他们向外发出的求助信号，希望有人能伸出援手帮帮他们。正如一个人生病时，发烧是身体发出的求助信号一样。根据对大脑神经学和积极心理学的研究，每个孩子都拥有自己独特的优势学习系统，他们天生就具备让自己变得优秀的潜能。他们内心都渴望进步，积极向上是他们的天性。然而，由于年龄和经验的限制，他们不知道如何解决问题，这时就需要外界的能量支援。

做作业拖拉的行为，反映的是孩子内心有两股力量在博弈。一方面，他们清楚自己肩负着学习的责任，明白作业是"应该做"的；另一方面，他们面临身体和神经控制系统上的困难，如难以控制自己的专注力，这些困难滋生了"不想做"的消极情绪。当正反两股对立的力量在孩子内心搏斗的时候，他们难以像成年人那样依靠价值观来自我强化"应该做"的力量，这时，父母和老师的作用就显得尤为重要。他们的作用不应该是给"不想做"的反方力量输送"弹药"，而是要为"应该做"的正方力量提供支持和激励，帮助孩子增强完成作业的决心和动力。

网上流传的为孩子作业问题搞得家里鸡飞狗跳的方式，实际上是在同时加剧正反两方的力量，使得这两股力量继续搏斗，做作业拖拉的状况也就难以得到解决。

如何在给孩子提出要求的同时，不增加"不想做"的反方情绪，而只增加"应该做"的正方的力量呢？以下是两位妈妈的实践经验分享。

【分享一】

孩子今天下午有两小时的学习任务，却拖拖拉拉一直没有执行。我几次提醒后，他还是玩这玩那，玩了快两个小时了还没有开始学习，我有种想要发火的冲动，但我忍住了，我画了一个电池给孩子看，告诉他："妈妈现在的能量越来越少，马上就要没耐心了。"

孩子有点儿紧张地问："妈妈还有多少电？"

我说："只剩20%。"

孩子又好奇地问："那妈妈怎么样才能充电？"

我温和地回答："你自己去把作业做好，妈妈在你做作业的时候把电充满。"

过了一会儿，孩子放下了手中的玩具，开始拿起作业，专心地做了将近一个小时。作业完成后，我问他："你对妈妈今天的表现满意吗？"孩子说："我很满意。"我问："为什么？"他说："因为你今天鼓励了我。"其实，我今天仅仅做到了没有发火，却收到了意想不到的效果。明天我要继续做到不发火，不大声说话，多鼓励表扬孩子。

这位妈妈把自己的情绪说给孩子听，而不是把情绪做给孩子看，这是妈妈"好好生气"的一种方法。

【分享二】

今天语文抄写作业有些多，看到孩子有畏难情绪，不想做。

我笑着走近他，轻声问他："妈妈有什么可以帮到你的吗？"

孩子皱了皱眉头说："语文作业太多了，我觉得写到天黑也写不完，妈妈，作业是怪兽吗？"

我笑着回答："哈哈，你的想象力真丰富！那我们就把作业想象成怪兽吧，而你呢，就是勇敢的奥特曼！奥特曼可是专门打怪兽的，所以，加油哦，我相信你一定能打败这些'作业怪兽'的！"

我们哈哈大笑起来，孩子则开始奋笔疾书做作业了。

这位妈妈通过顺着孩子的想象，巧妙地用孩子喜爱的奥特曼给他赋能，展现了既理解孩子情绪又能巧妙引导的智慧。

我们从这两个例子可以发现，孩子真正需要的其实并不多，只要不增加他们的负面感受，就是一种赋能的鼓励了。如果孩子面对的困难挑战过于庞大，仅仅依靠这种鼓励不足以支撑他们前行时，就把任务拆分成一个个小目标，这样，原本看似不可逾越的困难就变成了可以逐一攻克的小堡垒。

当孩子成功攻克了一个难关、达成一个小目标后，得到的反馈方式将决定他们是否有足够的动力去面对下一个挑战。我们想象一下，如果士兵历经千辛万苦取得了一场胜利，而迎接他们的是"这是你应该做的，你早就该完成任务了，还有更多堡垒需要攻克"这样的超理性回应，这时候士兵有动力再去冲锋陷阵吗？

同理，孩子经历了拖拉，最终完成了作业，这本身就是一场内心的胜利，是正方的力量战胜了"不想做"的反方力量的结果。这时候，父母要做的是犒劳他、奖励他，让他们感受到自己的努力和成果被看见和欣赏。例如，父母可以说："妈妈（爸爸）看到你完成了作业，真的很高兴，很欣赏你的勇气，你成功克服了困难。"被看见，被欣赏，这是孩子内心深处的需求。当他们感受到这种赋能时，就有动力去征服更多的"堡垒"，继续打胜仗。

飞机上的安全宣教视频为我们提供了一个生动的例子。在紧急情况下，当氧气面罩掉下来时，乘客被告知首先要给自己戴好面罩，然后去帮助孩子。这也同样适用于家庭教育和亲子关系。家长要先关注好自己的情绪和需求，确保自己处于一个良好的状态，才能有效地帮助孩子。

我们常说，父母要先学习，投资自己就是投资孩子当前的幸福和未来的成功。通过不断地学习和成长，父母可以提升自己的情绪管理能力、沟通技巧和解决问题的能力，从而可以更有效地与孩子相处，帮助他们成长为自信、有责任感和有能力的个体。同时，父母的成长会为孩子树立一个榜样，激发他们自我提升和学习的动力。这样，整个家庭都会进入一个良性循环，孩子和父母共同成长，共同进步。

本节要点

通过解决作业拖拉的行为管理模型"同理心（共情）+目标分解+脑体训练"，深入探讨如何帮助孩子提高作业效率，建立良好的学习习惯。同时，强调家长在情绪管理和认知调整中的重要性，指出家庭教育不仅是解决孩子问题的过程，更是家长自我成长和情绪管理的学习之旅。通过共同制订规则、实施时间管理练习，家长可以引导孩子在有序、高效的环境中健康成长。

家庭思考与实践

结合"行为表现 = 情绪×能力"公式，针对性解决作业拖拉问题。可参考如下步骤：

（1）共情沟通，情绪疏导

细致观察：细心留意孩子作业时的情绪波动与行为表现。

同理心对话：采用同理心话术与孩子交流，如："作业看起来让你有点困扰，我们可以一起找找解决的办法。"给予孩子情感上的理解和支持。

（2）现状评估：与孩子共同分析当前的学习状况和作业难度。

（3）目标设定：将大目标拆解为小步骤，确保每个小目标都是孩子稍加努力就能达成的，如："我们先试试半小时内完成数学的第一页练习。"

（4）脑体训练：在学习间隙安排简短的脑体活动，既放松身心又提升专注力。

（5）持续优化：根据孩子的反馈和表现，适时调整训练内容和强度，确保训练效果最佳。

（6）定期复盘：与孩子定期回顾作业完成情况，分享进步与不足。

第二节　四两拨千斤，道正则术无穷

有了好的计划目标并不是万事大吉，在执行过程中一定会有情况发生，这时候需要一些执行技巧来辅助目标的达成。

一、小步快走法

在学生的语文阅读材料中，我读了一篇关于"只追前一名"的鼓舞人心的故事。

有一个女孩，小时候因体质纤弱，每次体育课跑步都落在最后。这让好胜心极强的她感到非常沮丧，甚至害怕上体育课。这时，女孩的妈妈安慰她："没关系的，你年龄最小，可以跑在最后。不过，你记住，你的下一个目标就是只追前一名。"

小女孩点了点头，记住了妈妈的话。再跑步时，她奋力追赶她前面的同学。随着时间的推移，她从倒数第一名追到倒数第二、第三、第四……一个学期还没结束，她的跑步成绩已到中游水平，而且慢慢地喜欢上了体育课。此时，小女孩的妈妈又把这种"只追前一名"的理念延伸到她的学习中。妈妈告诉她："如果每次考试都超过一名同学的话，你就非常了不起啦！"就这样，女孩的妈妈始终以"只追前一名"的理念引导女孩。在这种理念引导下，女孩最终考入了北京大学，毕业后又获得了哈佛大学的全额奖学金，并担任了哈佛大学研究生院的学生会主席，这是哈佛370年历史上首次由中国籍学生担任此职务。这个女孩叫朱成。

我常常将这个"只追前一名"的故事分享给家长和孩子们。家长们，请务必不要小看这一小步的进步。虽然只是超过一名，看似微不足道，其中最大的意义并非仅仅是往前进步了一名，而是在这个不断赶超的过程中，孩子逐渐积累了信心和能量。当这些能量积累到一定程度，便会引发质变，推动孩子实现跨越式的进步。正如这位名叫朱成的女孩，她在跑步场上每一小步的追赶，最终汇聚成了她人生中的巨大飞跃。

有些家长可能对孩子寄予了很高的期望，告诉他们要力争前三甚至争取第一。这样的目标固然激励人心，但如果直接把这个目标作为赶超的对象，而没有将其分解为更小的、更可实现的步骤，那么孩子可能会感到压力巨大，难以实现，进而产生挫败感。

对于家长制定的目标，孩子往往会表示赞同并答应做到，但在实际操作中难以如愿。家长这时候就容易感到失望和生气，认为孩子言而无信。

有位家长曾向我倾诉孩子多次承诺却未兑现的烦恼。例如，家长希望孩子能在晚上8点前完成作业，在询问孩子能否做到时，孩子满口答应说能做到。孩子之前完成作业的时间通常都在晚上10点之后。我向家长解释，原先孩子完成作业都要到10点多，现在你要求他8点前完成，这个跨度太大了，孩子确实是难以做到的。家长疑惑地问："那为什么孩子要答应呢？"

这是源于孩子对妈妈的爱！孩子深爱着妈妈，他们通过答应妈妈的期望来满足妈妈的需求，这是孩子固有的心理特点。我们不能用成年人的标准和心理去解读孩子的话。当孩子说出"能做到"这一类话时，他们其实是在表达一种纯真的愿望和美好的期许，而不像成年人那样是经过深思熟虑后做出的承诺。因此，这个孩子在答应妈妈"能做到"的那一刻，是在表达自己对妈妈的爱，他内心的愿望是希望看到妈妈因为自己的表现而感到开心。

孩子毕竟年幼，无法准确评估自身能力、神经系统发展的偏差以及周围环境对注意力的影响等因素，他们不知道这些因素可能导致最后无法达成目标。如果我们把目标修改一下，采用"小步快走法"，比如只要比前一天提前15分钟完成就是好的表现，就给予奖励，孩子会更容易控制自己，逐步向目标迈进。当孩子在某个时间段内稳定提前完成作业（如连续三天都在9点45分前完成），我们可以再将目标提前15分钟，直至最终实现在8点前完成作业的目标。这样循序渐进的方式更为合理，也有利于孩子通过一步步的努力去达成目标。

所以，设定合理的目标就是让孩子每次只往前迈进一步。不论孩子当前处于什么位置，只要有了明确且合理的小目标，最终一定能够到达目的地。这就是"小步快走法"的力量——积土而为山，积水而为海。每天进步一点点，日积月累的能量远比偶尔的爆发要强大得多。

二、一分钟技巧

一分钟技巧正是运用了"小步快走"的原理。当孩子做作业慢且容易分心时，我首先会评估他们能够集中注意力的时间。比如，如果他们在前10分钟能够专注，但之后效率明显降低，那么我会将作业时间设定为每次10分钟。在这10分钟内，要求他们全神贯注，没有任何多余的声音和动作。如果能够达到要求，会给予他们积分奖励。

10分钟过后，我会安排5分钟的注意力训练，并告诉他们这是为了帮助他们提高专注力。接着，我会告诉他们，下节作业课，我想设置一项挑战，作业时间增加1分钟，即11分钟，如果在这11分钟里有谁能够继续保持专注，达到要求，积分奖励会翻倍。我询问孩子们是否愿意接受这个挑战，他们通常会欣然接受，因为只是增加了1分钟，他们觉得不难做到。

第二次作业课结束后，再进行5分钟的注意力训练。到了第三节作业课，时间再增加一分钟，即12分钟，要求依旧是没有多余的声音和动作。只要达到要求，就会有奖励。

就这样，通过每次增加1分钟的方式，当天就可以将作业时间增加到15分钟，并让孩子稳定在这个时长内完成作业。到了第二天，继续维持15分钟的作业时间，巩固孩子这一节奏做作业的能力。第三天，如法炮制，开始增加1分钟。通过这样的方式，不用多久，孩子便能够在30分钟内专心地完成作业。

总之，和孩子一起讨论进步的目标，这个目标要适当，既具有挑战性又可实现，只要孩子努力一下就能够达到。这是积小胜为大胜的策略。

三、豁免卡

当我们为孩子设定了明确的目标后，接下来的重要步骤便是"制定规则，严格执行"。在执行规则的过程中，我们必须正视人性的弱点。正如我们成年人也会因心情不佳而难以遵循某些规则一样，孩子同样可能面临这样的挑战。每当这种情况发生时，家长往往会失去对孩子的信任，担忧孩子会重蹈覆辙，再次回到不良习惯的老路上。这种担忧不仅让家长感到焦虑，更给孩子带来了沉重的心理负担，让他们不断自责，甚至对自己产生怀疑。

为了应对这一挑战，我从外交豁免权的概念中获得了灵感，设计了一种名为"豁免卡"的工具。这种豁免卡旨在为孩子提供在特定情况下可以暂时豁免规则的约束，从而减轻他们的心理压力，增强他们的自我管理能力。通过合理使用豁免卡，孩子可以在感受到被理解和接纳的同时，学会更加自律和负责。

在一次咨询时，我当着家长的面与孩子进行了沟通，共同讨论并确定了他做作业的规则。之后，我微笑着看向孩子："我相信你一定会努力遵守这些规则。有时候，如果你实在忍不住想要分心，我这里准备了一些'豁免卡'，每张卡给你额外的3分钟时间，你可以用来发呆、开小差等，不算违规，所以也不会因此受到处罚。请你记住，一天最多只能使用五张哦，你觉得五张够用吗？"孩子点点头，表示够了。

一旁的妈妈忍不住插话了，她看着孩子说："五张哪里够？你每天开小差可不止五次吧？"我马上示意妈妈不要说话。当着孩子的面，我对妈妈说："我相信他，他说五张够了就给五张。"

第二天晚上，妈妈兴奋地告诉我："今天真的很神奇！孩子只用了三张豁免卡就完成了全部的作业，这是一年多的时间里他完成作业速度最快的一天。我注意到，当他有些分心时，先是在那儿抓耳挠腮的，随后他拿起一张豁免卡，稍作停留后用力甩出卡片，之后坐在座位上继续做作业。真奇怪哦！"

妈妈尚未完全理解其中的深意。给孩子豁免卡，让孩子自己掌握使用，这不仅体现了对孩子的包容和接纳，更是赋予了他们自我管理的信任。当孩子手握豁免卡时，他们感受到一种责任，内心会产生一种不愿辜负这份信任的情感，因此会更加珍惜每一次使用豁免卡的机会，努力克服自己做作业的分心和情绪的干扰。

当孩子用力甩出豁免卡时，其实他们是在释放内心的负面情绪和压力，同时在用行动告诉自己：我有能力面对并克服困难。作为妈妈，看到这一幕时，应及时给予孩子正面的反馈："嗯，我看到了，这次你坚持专注了15分钟，比上次多了3分钟，真的很有进步！"这样的鼓励会让孩子投之以桃报之以李，从而更加有动力去坚持，去挑战自己。

豁免卡的核心价值，是传递了一份允许。这一方法也适用于父母自身，父母也要给自己一份允许。

在一次咨询师班的沙龙活动中，有一位学员激动地分享了自己这三个月来的变化。她提到自己现在对孩子发火的频次在逐步降低，这个转变始于她与孩子之间的一项约定。最初，她忍住三天不对孩子发火，然后逐渐增加不发火的时间，直到现在已经能连续八天不发火了，而她的下一个目标是十天。听到她的分享，我既感动又很心疼这位妈妈。我很清楚，这个努力控制的过程是很消耗能量的，她为此付出了很大的努力和坚持；我也知道像她那样在努力控制自己情绪的妈妈们有不少。

于是，我给这位妈妈的建议是可以使用"豁免卡"的机制来帮助自己。例如，在十天的周期内，给自己三张"豁免卡"，并事先与孩子沟通，告诉孩子在这十天内，妈妈发火不会超过三次，这就算是遵守了与孩子的约定。这样做有许多好处，首先，豁免卡给予了妈妈一定的宽容和允许，让她不必苛求自己，从而减轻做不到的心理压力；其次，当孩子看到妈妈再次发火时，能够从观察者的角度去看待这个现象，甚至为妈妈计数这是第几次发火。这样做不仅能帮助孩子理解妈妈的情绪，还能防止被妈妈的情绪所影响，从而产生不必要的负面情绪。

因此，我极力推荐父母们尝试使用豁免卡这一方法。放过孩子，也放过自己，不仅给了孩子们成长的空间，也是给父母们一个放下过多担忧、享受亲子时光的机会。

四、正向反馈引导法

在面对一页的前半部分字迹工整清晰但越往后字迹越潦草的作业纸时，许多家长可能会认为这是孩子从起初的认真态度逐渐变得敷衍，甚至急于结束写字去玩耍的表现。尽管这样的推测有其一定的合理性，但并非是问题的核心所在。实际上，这更可能是由于孩子的肌肉书写能力尚未成熟或疲劳所致，这一点在第二章中已有详细的阐述。

当家长认定字迹潦草是由于孩子不认真造成的，他们会因此而愤怒，进而严厉责备孩子，甚至命令孩子重写。在面对孩子不情愿重写的情况，有时情绪激动，有些家长可能会冲动地撕毁孩子的作业本。这些做法不仅无法改善孩子的书写问题，反而可能加剧孩子对于写字的抵触情绪，还严重损害亲子关系。尤其是动手撕毁孩子的作业本，这种做法极其不明智，甚至是下下之策，极不可取。

为了有效地鼓励孩子改善字迹，家长可以换种方法，采取正向反馈引导法。在孩子写得好的字上圈圈点点，表达由衷的欣赏："这些字写得真好看，每个笔画都那么流畅，越看越喜欢看，我很想知道，你是怎么做到的呢？"孩子通常很敏感，他们会明白你没有圈出的字意味着还有提升的空间，从而乐意去改进。

有些家长可能会问，我也尝试了这样的方法，但为什么没有看到预期的效果呢？

要达到这样的效果，关键在于家长对孩子做得好的地方是发自内心的欣赏。这种真诚的欣赏会散发出正面积极的能量，让孩子感受到自己的努力和成就被认可，从而激发他们内心深处的动力和热情。若仅仅是为了敷衍或完成任务而随意称赞几句，孩子凭借其敏锐的感知和区辨能力，很容易察觉出这种虚伪，自然无法产生良好的效果。

有一位学校老师，听了我介绍的这个方法后，决定在班级里进行尝试。她特别关注了班级里数学成绩垫底的一个小男生。在一次数学测验后，老师拿起他的试卷对他说："你这次表现很有进步，你看，第二题做得非常好。"虽然整张试卷有八道题，这个孩子仅做对了第二题，但老师仍然选择从积极的角度对他进行鼓励。

后来这个小男孩做对的数学题越来越多，半年以后，一份数学试卷已经可以做对80%的题目。

如果老师当时指着数学卷对孩子说："你看看，错了这么多题，必须全部订正一遍！"我们可以预见，这样的批评和指责一定会打击他的自信心，加剧他的挫败感。这样的场景对于许多家庭来说，并不陌生。

没有一个孩子愿意把题做错、把字写得难看，他们内心都渴望得到认可和成功。在面临埋怨和指责时，每一个"错"字都像一把利刃，直接刺入他们敏感的心灵。那一刻，他们的心理反应往往是逃离错误。

以上述数学试卷为例，如果老师指着第一题对孩子说，这道题你做错了，孩子的心态是立刻逃离第一道题；老师再指着第三题说他做错时，孩子心中逃离的情绪又加重了一层；当老师逐一指出一道又一道的错题时，孩子听到的都是错！错！错！他的心理状态同步变为逃！逃！逃！这种连续不断的心理冲击，让孩子的数学信心无处扎根。在这样的状态下，又如何能学好数学呢？

那位优秀老师的方法则截然相反。她通过表扬孩子第二题做对了，为孩子建立了一个学习数学的信心根据地。孩子因此受到鼓舞，努力扩大这个根据地，最终取得了显著的进步。

这就是正向反馈引导法的实际运用。

因此，想要让孩子在学习能力上不断进步，家长和老师应该采用正向反馈引导法。从真心实意地肯定孩子的一个字、一道题开始，积小胜为大胜，最终帮助他们达到你期望的水平。

五、你是怎么做到的呢

"你是怎么做到的呢？"这是我与孩子的对话中使用频率很高的句式之一，我将其称之为"教练式赋能对话"句型。每当孩子在某个方面表现出值得肯定的行为或进步时，我都会运用这个句式来给予他们正面反馈和鼓励。这样的对话是一次有价值的复盘，不仅帮助孩子回顾并梳理过程中的成功因素，还能让孩子认识到自己的成就和价值，进而激励他们继续保持或进一步发展这些良好的习惯和行为。

家长们常常面临一个挑战，即孩子在短暂进步后又似乎回到了起点。这种情况很容易让家长对孩子的改变能力产生怀疑，而这种怀疑往往会对孩子的内心造成不小的打击。实际上，当孩子努力克服困难（走出舒适区）并取得进步后，如果没有及时得到鼓励和能量补充，他们可能会因为疲惫而回到原来的舒适区，这看起来就像是退步了。

克服困难的过程将极大地消耗能量，就像汽车上坡一样，需要踩油门。如果没有足够的动力，车子就会滑下来。同样地，如果孩子消耗的能量能够及时得到补充，他们便能维持并巩固这一进步的成果。因此，当我们带着欣赏的口吻问孩子："你是怎么做到的呢？"这好比是为孩子这辆正在前行的小车又加满了油，给予他们继续前进的动力和信心。

举个例子，当家长与孩子共同制定规则后，起初的几天孩子表现得非常好，作业也完成得既快又好。可到了第四天，他们出现了磨蹭的迹象。这时，如果家长批评孩子说："你好了几天，现在老毛病又犯了。"孩子收到的是家长的怀疑和失望，他便无力克服当前的困难，容易回到旧有的模式中。

相反，如果家长用欣赏和好奇的语气对孩子说："前几天我看到你作业做得又快又好，我很好奇，你是怎么做到的呢？"此刻孩子收到的信息是相信。这种相信赋予了孩子能量和动力，使他们更愿意与家长分享自己当时的做法以及现在所面临的困难，同时提出他们需要的帮助。这样一来，家长就能更清楚地了解孩子的需求和问题，从而知道如何更有效地帮助孩子迈过这道坎，继续前行。

六、每次只解决一个问题

我在讲座时，只要条件允许，总会留出时间供家长们提问。有一次，一位家长站起来，满脸忧虑地问："老师，我们家孩子早上叫起床得费好大力气，穿衣服磨磨蹭蹭，刷牙得有人盯着才肯动，洗脸也是应付了事，早饭更是吃得漫不经心……"这位妈妈从孩子起床开始，一口气列举出七个问题时，才描述到孩子在中午的表现。我预感她接下来可能会继续讲述孩子下午和晚上的种种问题。为了避免问题过于分散，况且时间有限，我及时打断了她的话："我理解您的担忧，请您先告诉我，目前您最希望我帮助您解决的是哪一个问题，或者最让你受不了的一个问题是什么？这样，我可以针对这个问题给出更具体的建议。"

在我听来，家长所列举的这些问题，本质上属于同一类问题，且它们之间往往存在连锁反应。当孩子从早到晚不断听到家长在指出他的各项缺点时，我们可以想象得到他的感受：绝望！孩子会觉得自己无论怎么努力，也无法满足家长的期望。因为改变需要时间和过程，他不可能一下子做出所有的改变，因此他的内心会感到绝望。这种感受，不仅孩子会有，成年人也同样会经历。比如，在工作中被上司全方位批评，我们也可能会对这位上司感到失望。

一个人的精力是有限的，改正一个缺点需要付出相应的努力和时间，就如同完成一项工程需要消耗人力、物力一样。当家长只针对一个问题向孩子提出改进要求时，孩子往往更容易接受，因为他们觉得只需要克服一个困难，就会有更大的意愿和动力去改变。一旦孩子真正改正了一个缺点，我们往往发现其他相关的问题也会随之得到改善，因为许多问题背后的原因是相通的。

这种聚焦核心、逐一突破的方法，在帮助孩子解决问题时的效果非常显著。就像我们常说的"集中优势兵力打歼灭战"，这样的策略怎能不取得胜利呢？

我建议家长们每次只聚焦一个问题，待孩子克服这一障碍后，再逐步推进到第二个、第三个问题……每天一小步，持之以恒，半年后，孩子将会展现出令人瞩目的进步。相反，如果家长试图同时纠正孩子的多个缺点或行为，就像同时开展多个"工程"，由于资源和精力分散，这些"工程"的完成时间将变得漫长而不确定，最终让孩子感到痛苦，家长也会感到失望。

七、视觉注意力训练

1.球类运动视觉追视练习

通过参与乒乓球、羽毛球等球类运动，可以锻炼孩子们的动态视觉追踪能力，提升眼睛跟随快速移动物体的能力。

2.手指慢读

手指慢读是专为10岁以下儿童设计的一种富有成效的视觉注意力训练方式。孩子可以轻轻地将手指置于文字上，随着阅读节奏缓缓移动手指，不必追求速度，而是专注于提高阅读的准确性。这种方法有助于孩子逐渐建立起稳定的视觉追踪能力，同时培养了专注力和耐心。

3.眼球平衡操

眼球平衡操是一项简单易行的眼部锻炼。通过跟随手指或头部的上下左右移动来锻炼眼球的灵活性和协调性，特别是左右移动的训练，有助于提升孩子的视觉广度。

4.文字寻宝游戏

在这个游戏中，需要在规定的时间内，从给定的文字段落中快速找出并标记出所有指定的字。这个游戏旨在锻炼孩子的视觉搜索能力，同时提升专注力和记忆力。

5.一笔之差寻宝记

在这个游戏中，将那些只有一笔之差、容易混淆的字放在一起，并进行快速寻找。游戏还可以包含搜索卡、拼图等元素，这些元素可以是与这些相像字或图像相关的，进一步增加游戏的趣味性和挑战性。

孩子们需要通过仔细观察和识别，找出那些只有微小差别的字或图像，并快速收集它们。这个游戏旨在锻炼孩子们对细节的敏锐观察能力，提升视觉区分能力，以及锻炼注意力和反应速度。

6.舒尔特方格

舒尔特方格作为一种经典的视觉注意力训练工具，对提升孩子的视觉搜索速度和注意力集中能力具有显著效果。需要按照从1~25（或其他数字）的顺序，尽快找出并读出方格中的数字。

尽管网络上有电子版的舒尔特方格训练，但我强烈建议大家使用纸质版的舒尔特方格进行训练。

7.视觉探险游戏

视觉探险游戏如"搜索卡"和"找不同"等，为孩子们带来了一系列充满乐趣和挑战的视觉任务。在游戏中，需要仔细观察图片或场景，找出隐藏的差异或特定物品。这种游戏不仅能够有效锻炼视觉注意力和细节观察能力，还能激发好奇心和探索欲。

这些极具趣味性的视觉注意力训练活动，不仅旨在提升孩子的视觉注意力和相关能力，而且作为对"三觉优势"中视觉系统的一种强化训练，能够显著增强孩子的视觉学习优势。

八、培养孩子做选择的能力

这里所说的"做选择"，并非做纸面上的选择题，而是指让孩子在实际生活中选择采取哪一项行动。在设计选择题的选项时，家长应充分考虑孩子的年龄和成熟度。对于年幼的孩子，家长可以主动设计几个合理的选项供其选择，如"你想穿这件红色的衣服还是蓝色的衣服？"；对于小学生，可以由孩子与家长共同协商，确定更复杂的选项范围，如周末如何安排。

选择的过程是孩子们的学习过程。通过做选择题，孩子的思考能力、判断能力和决策能力等都可以得到极大的锻炼，这是培养孩子综合能力的一个非常有效的方法。因此，在日常生活中，我强烈建议家长应该尽可能多地给孩子提供自主选择和做决定的机会。在现代城市家庭养育中，普遍给予孩子自己做选择的机会很少。生活、学习，甚至是玩耍，往往都是被家长安排得满满当当。

被安排的童年，如同被束缚的翅膀，哪有真正的乐趣可言？

孩子的选择机会越多，就越会觉得自己更加强大和独立。这些选择可以涵盖生活和学习的各个方面，例如，可以让孩子自己决定做事和学习的方式，自己决定吃多少食物、喝多少水（我常常看到已经是小学生的孩子，妈妈还在提醒他们什么时候要喝水），自己选择穿厚一点还是薄一点的衣服……

其实，家长只需要确保选项控制在安全的范围内，这样无论孩子做哪一种选择，都不会出现影响身心健康的问题，并且是在家长容许的范围内。我们给孩子选择的机会越多，他们的独立意识和做决定的能力就会越强。

最终，当孩子能够清晰地认识到自己的内心需求，并据此做出决策时，他们会变得更加自信和独立，这将为他们未来的成长打下坚实的基础。

九、多感官联合学习法

本书附录二中提供了一系列多感官联合训练的游戏。这些游戏不仅有助于提高孩子的三觉（视觉、听觉、感觉）优势的绝对值，还可以作为孩子在做作业过程中的放松活动。

对于存在学习困难的孩子来说，除了必要的脑体训练，多感官联合学习法往往成为他们提升学习效果的有效途径（详见本书第一章第六节）。通过这种方法，孩子能够更全面地接收和处理信息，从而提高学习效率。

家长在选择运用这些训练游戏时，应根据孩子的个人情况和时间来决定，不需要掌握所有方法，也不需要一次性在孩子身上使用过多方法。多年的实践证明，即使家长只专注于某一项方法，并努力将其运用到极致，也能够获得很好的效果。因此，家长不必过于焦虑，可以与孩子一起探索和尝试，找到最适合孩子的训练方式。

十、规则约定的艺术

当与成年人相处时，孩子们通常不害怕有规则，他们害怕的是无规则带来的不确定性以及成年人可能因此而任意行使权力。为了消除孩子们的这种担忧，我们以透明和合作的方式与孩子共同制定规则反而更受孩子们欢迎。

以下是如何与孩子约定规则的步骤，以供参考。

1.达成共识

我们首先要和孩子就规则的意义达成共识。

规则的设定应是一个双向互动的过程。家长可以明确提出一些底线要求，如晚上9点半是孩子的就寝时间。同时，我们可以通过故事、实例等方式，向孩子解释这些规则背后的原因，以及他们为何需要遵守这些规则。重要的是，我们要确保孩子理解并接受这些规则，而不是我们单方面提出的要求。这样的沟通方式有助于孩子更好地理解并接受这些规则。

2.明确规则的适用范围

在设定规则时，要明确规则适用的时间、地点和情境，以避免模糊和产生歧义。

3.做好预案

这一步和培养时间管理能力中的评估计划相似，即在规则设定好之后，我们需要进行假设性思考，预先考虑到可能出现的干扰因素，并和孩子一起讨论应对方案。这样做能够帮助孩子在面对挑战时更加从容不迫，并减少因违规而产生的冲突。

4.试行和转正

如同在职场为新员工设置试用期一样，新的规则也应经历一个试行期，比如试行一周。之后，根据执行情况和孩子的反馈，我们可以对规则进行必要的调整。最后，经过双方确认，规则才可以正式确立。这种灵活的方式可以确保规则更加贴近孩子的实际需求和情况。

5.设立奖惩机制

为了激励孩子遵守规则，可以设立奖惩机制。这种机制既包含奖励和使用豁免权等，也包括对违规行为的适当惩罚。请注意，惩罚不是增加痛苦，而是旨在减少违规行为带来的额外利益或乐趣。例如，如果孩子因为作业做错而被罚再做十道题，这是"雪上加霜"，增加了孩子的痛苦；而原本规则约定作业完成得好有奖励，现在未完成就取消奖励，则是减少了乐趣。这样的奖惩机制对于孩子的心理特点更为合适，能够有效地激励孩子遵守规则。

6.约束事项不宜多

用规则约束的目标事项不宜过多，建议在同一时期内最多设定两项规则，以确保孩子能够明确并有效执行。

7.书面化并公示

将共同设定的规则书面化，并让与规则有关联的人签字确认，随后将规则张贴在家中的显眼位置。这样不仅能确保规则更加明确和具体，还能提醒所有相关人员共同遵守这些规则。

我们每期营队的启动日，都会与孩子们一同缔造一份必须遵循的公约。首先，老师会清晰地阐述一些基本的底线要求，以确保营队的安全与秩序。接着，组织孩子们积极参与讨论，鼓励他们提出自己的想法。通过集思广益和充分协商，大家达成共识，进而形成具体的公约条款。随后，老师将公约书写在一张显眼的大纸上，孩子们郑重地签上自己的名字，表示对公约的认同和接受。这份公约将被张贴在大家都能看到的墙上，以便时刻提醒大家遵守。

老师也会告知孩子们，如果某个孩子觉得公约中的某条规则对他来说难以立即遵守，老师允许他暂时不签字，给予他时间和空间去适应和准备。一旦他觉得自己做好了准备，可以随时向老师表达意愿，并补签公约。

这些人性化的做法让孩子们感到被尊重和理解，从而减少了他们对规则的抵触情绪。相反，他们更加愿意主动地去遵守和执行这些规则，因为他们知道，这些规则是他们自己参与制定和认同的。

综上所述，小步快走法、一分钟技巧、豁免卡、正向反馈引导法、探究"你是怎么做到的"、每次只解决一个问题、视觉注意力训练、培养选择能力、多感官联合学习法以及规则约定的艺术，十大方法仅仅是我们在帮助孩子成长道路上所运用的众多方法中的一小部分。正如古人所言："道正，则术无穷。"只要我们对孩子充满爱，相信他们内在的潜能与积极向上的愿望，我们就能在教育实践中不断创造出更多独特而有效的方法。这些方法的核心目标在于激发孩子自身的内驱力，促使他们从内心深处产生成长的渴望，逐步成为更加优秀的自己。

本节要点

介绍多种有效的行为管理方法，旨在帮助孩子塑造积极能量场，提高学习效率。通过"小步快走法"和正向反馈引导法，家长可以引导孩子逐步积累信心和能量，实现跨越式进步。豁免卡的应用则体现了对孩子自我管理的信任和支持。同时，视觉注意力训练和多感官联合学习法，帮助孩子提升专注力和学习能力。最终，这些方法的核心在于激发孩子的内在动力，培养他们的自律和责任感，为未来的成长打下坚实的基础。

家庭思考与实践

设计并实施一周的"小步快走"学习计划。

目标设定：与孩子一起讨论并设定一周内每天的小目标，确保每个目标都是孩子稍加努力就能达成的。

执行与反馈：每天记录孩子的完成情况，使用正向反馈引导法，及时表扬孩子的进步和努力。

挑战与调整：在遇到困难时，鼓励孩子使用豁免卡，并一起分析原因，调整下一步的目标和策略。

第三节 减负之路：破解学业负担的深层迷局

在本章的最后一节，我将与大家深入探讨减负的议题。

减负，根据百度的定义，是指"着力解决中小学生过重的课业负担和心理负担"。这意味着我们需要关注并减轻两项主要负担：一是课业负担，二是心理负担。

我对减负这个话题的关注始于1993年。当时，电视新闻多次报道了小学生课业负担过重的问题，并呼吁减负。那时，我女儿还是一名小学生，她听到后脱口而出："还要减负啊？我一点儿负担都没有，再减下去我就没有作业可做了。"我告诉她："这是因为你的学习效率高，每天作业最迟5点半之前就做完了，可是有些小朋友作业要做到很晚的，对他们来说这就有负担。"尽管我如此解释，但那次对话让我对减负这件事产生了深入研究的兴趣。

如今，三十多年过去了，减负的呼声此起彼伏，政府也不断推出各种减负政策，尤其是2021年实施"双减"政策（减轻学生作业负担、减轻校外培训负担）。这一政策的减负力度被称为前所未有，但效果并未如预期般显著。大家普遍感到，孩子的负担并未真正减轻。

我认为，减负没有显著成效的关键在于我们尚未准确识别孩子学习负担的真正来源。负担，实际上是人的一种心理感受。一个孩子的课业负担是否过重，并不完全取决于作业的数量，更重要的是孩子完成作业时的心理感受。减负的复杂性就在于，它不仅仅是减少课业量那么简单，更多地涉及孩子的学习效率、学习状态，以及家庭和社会的期待。

为了真正实现减负，我们需要从多个层面入手，全面考虑孩子的心理需求、学习状况以及他们所处的环境。接下来，我将通过一个典型案例，探讨实现有效减负的实用方法。

　　小强是一名三年级的男孩。他的生活似乎已被课业填满，除了吃饭和睡觉，其余时间几乎都在上课和做作业中度过。从周一到周五，他要面临漫长而艰苦的奋战，直到深夜11点多才能完成作业。早上7点半，他又必须准时起床，以确保在8点前到达学校。此外，每个周末奔波于语文、数学、英语的补习班之间，这让他对学习产生了极大的抵触情绪。每次写作业时，家里都被闹得鸡飞狗跳、鬼哭狼嚎。尽管付出了如此巨大的努力，小强的学习成绩仍然在全班倒数五名之内。

　　显然，小强的学业负担过重，亟须减负。

　　但是，负担仅仅落在了孩子身上吗？不是！

　　小强的家长也承受着巨大的负担。他们时常因为孩子写作业磨蹭而冲孩子大吼，为孩子的学习成绩而焦虑不安，还要为孩子上补习班而四处奔波。家长心力交瘁，直言再这样下去自己就要得心梗了。家长同样需要减负。

　　小强的老师也是负担重重。由于小强难以按时完成作业，即使在订正后也常常出现错误，老师不得不花费大量额外的时间和精力来帮助他。老师常常牺牲午休和放学后的时间，留堂单独辅导小强，既要督促他完成作业，还要处理他的抵触情绪。尽管老师付出了很多，但因收效甚微而丝毫没有成就感，不免深感焦虑和疲惫。老师也需要减负。

　　像小强这样的学习状况相当普遍，这一点从网络上家长们的各种吐槽中可见一斑。那么，孩子为什么会做作业到那么晚呢？仅仅是因为布置的作业太多吗？

　　为了深入探究这一问题，我在上海多所小学进行了调研，覆盖了500多个每晚写作业到很晚的小学生家庭。我试图解答的问题是：究竟是作业量过多，还是做作业效率太低？如果是作业量多，那么是新布置的作业太多还是每天有很多订正和惩罚性作业？抑或有其他因素？

　　调研结果显示，80%的家长认为主要是孩子写作业效率太低。在他们看来，明明20分钟就可以完成的作业，孩子却常常拖延1个半小时才能完成。再加上除了新作业，每天还有很多订正和罚抄，这无疑又增加了孩子完成作业所需的时间。小强的情形便是这一现象的生动写照。

当然，老师有时候布置的作业量确实较大，增加了孩子完成作业的时间。这种情况通常出现在期中考试和期末考试的备考阶段，属于阶段性学业负担。

为什么每天有大量的订正和罚抄时，孩子的作业速度就更慢了？因为订正和惩罚性作业带有一定的负面情感色彩。毕竟没有人会欢天喜地、主动积极地去做订正和惩罚性作业。面对这样的作业，孩子容易产生抵触情绪，从而在行为上表现为拖延和抗拒。实际上，这种情绪反应在成年人中也普遍存在。试想：如果我们的上司每天都要求我们返工前一天的工作，我们又能在这个岗位上坚持多久呢？

孩子的承受力已经比我们成年人强很多了，他们一直在忍受和努力克服这种心理上的不适。每天坐在写字台前做作业时，他们都在怀疑自己的能力。在勉强完成订正作业后，他们的心理已经处于低落状态，此时再面对新布置的作业，其完成质量自然难以保证。随着错误的增多，第二天又会迎来一堆新的订正和罚抄，从而形成恶性循环。孩子在这种环境中看不到改善的希望，心理负担日益加重，导致作业拖延的时间越来越长。

孩子作业做到很晚的根本原因，不仅仅是因为作业中有太多错误需要订正，更是因为这种订正和惩罚性作业给孩子带来心理负担。这种心理负担导致他们在做作业时效率低下，形成了一种恶性循环：课业负担加重心理负担，而心理负担又进一步加剧了课业负担的感受。这种双重负担使得孩子在学业上倍感压力。

问题来了，"小强们"的作业错误为什么那么多呢？

很多家长和老师会本能地认为，孩子没有好好做作业，一定是态度不认真的问题。这种认定常常导致他们愤怒，进而责备或训斥孩子，或是试图用成人的威严来迫使孩子改正。这种处理方式不仅不能有效地解决问题，反而可能让双方都陷入身心疲惫的困境。

殊不知，孩子看似不好好做作业的行为只不过是表面现象，其背后往往隐藏着复杂且深层次的原因。在前面的章节中，我们已经对这些原因进行了详细的描述。以小强为例，他作业错误多的原因可能包括但不限于以下几点。

原因之一：幼儿期错误的养育方式导致基础能力发展滞后。

小强出生后，不仅全家人都对他极其宠爱，祖辈更是采取了大包大揽的养育方式。这种过度的保护导致小强在幼儿时期就表现出明显的能力滞后，如生活自理能力差、四肢动作不协调、精细动作尤其薄弱。像在幼儿园中班时期普遍需要掌握的拍皮球技能，小强直到大班才勉强学会。然而，家长并未意识到这些表现背后的深层含义，只是简单地将其归咎于孩子的运动天赋不足，并认为随着年龄的增长自然会得到改善，因此并未给予足够的重视，更没有为小强提供针对性的肢体训练来改善这些问题。

相反，家长为了不让孩子输在起跑线上，过早地让小强参加了英语班、数学思维班等，却忽视了幼儿期需要有多元化身体活动的重要性。这种偏向知识的教育而忽视基础能力的培养，为孩子日后进入小学的学习埋下了隐患。

一个小学生要顺利完成学业，需要具备与其年龄相匹配的专注能力、手眼协调能力、书写能力以及读写能力等基础技能。这些基础技能是在幼儿期（感觉发展）的基础上发展起来的。如果这些能力在幼儿期发展出现滞后，就会给孩子正常完成学业带来极大的困难。在小强身上，这种滞后具体表现为学习上的困难。例如，在课堂上，他难以保持坐姿，身体经常不由自主地发出声响；注意力极易分散，即使老师反复提醒也无法有效改善；做作业时粗心大意，默写成绩不佳，字迹潦草，因此经常被老师要求订正、重写甚至罚抄。

原因之二：学习困难不被理解、心理感受不被重视。

家长和老师对小强所面临的学习困难的根源并不了解，仅仅因为看到他学习成绩不佳、课堂表现欠佳、作业完成不理想，就错误地认为这是他学习态度的问题，进而对小强进行指责和批评。没有人天生甘于落后，孩子更是如此。小强因为作业完成得不好，本身已经承受了巨大的心理压力，而家长和老师的不理解和批评，无疑是在他的心理负担上雪上加霜。

由于得不到应有的理解和尊重，小强对学习产生了强烈的抵触情绪。这种情绪反映在他的行为上，就表现为课堂学习更加不专注、作业更加拖拉、对老师和家长更加抗拒，从而导致了他完成作业的时间更长。

原因之三：孩子、家长、老师之间的情绪互动恶性循环，加剧了学习困境。

小强对学习产生的抵触情绪及其表现出的不良行为，让家长和老师感到更加焦虑和生气，从而对小强的批评和指责随之增多。这种批评和指责并未能改善小强的学习状况，反而加重了他的心理负担，使他对学习的抵触情绪越发强烈，学习行为也进一步恶化。这种恶化的学习行为反过来又会进一步触发家长和老师的负面情绪，形成一个相互加剧的恶性循环。

如果这种恶性循环长期持续下去，小强可能会面临情绪崩溃的风险，对学习产生彻底的厌倦感，即厌学情绪。家长和老师也将陷入负面情绪的旋涡中难以跳出。

从小强的事例不难发现，孩子、家长、老师之间在情绪上其实有着"一损俱损，一荣俱荣"的联动效应，三者形成了"三位一体"的互动系统。小强的状况就是进入了"一损俱损"的恶性循环，这个系统内的每个成员都感受到了沉重的负担和痛苦。解决之道就是给孩子、家长及老师三个方面同时开"药方"，只有这样才能将这一系统拉回到良性循环的状态。

我的第一张"药方"从家长入手。

（1）放下焦虑，改善和孩子的相处模式

亲子关系的改善是孩子改变的关键所在。家长通过学习，深入了解孩子学习困难的根源，就能理解孩子在学习上出现的各种行为，并能明白这些困难是可以得到改善和解决的。这种理解能够给家长带来希望和动力，从而帮助家长放下焦虑。

为什么要先让家长放下焦虑呢？第一，焦虑本身就是一种心理负担，会影响家长的情绪和决策能力。只有当家长的心理负担减轻，他们才能以更好的状态去面对问题，继而进行接下来的一系列行动。第二，家长的焦虑情绪往往会不自觉地传递给孩子，加重孩子的心理负担，加剧孩子对学习的抵触情绪和行为程度。当家长能够放下焦虑，以更加平和的心态与孩子相处时，孩子的心理负担也会相应减轻，从而降低对学习的抵触情绪和行为程度。第三，家长有焦虑情绪，可能导致他们过分依赖老师去解决孩子的学习问题，这无形中提高了对老师的要求，增加了老师的压力和心理负担。当家长能够自主承担起一部分教育责任时，就能减轻老师的压力。因此，"三位一体"这一系统的心理负担，要首先从家长一环开始止损。

（2）暂停小强不感兴趣的课外班

减轻小强的负担，让他集中精力解决当前面临的主要困难，同时减轻家长的负担。

（3）确保小强每天拥有10小时的充足睡眠

无论作业是否完成，家长都应该确保小强每天能够获得足够的睡眠时间。这是维持他上课集中精力和促进脑神经发育的必备条件。

（4）确保小强每天至少进行一小时以上的脑体训练

针对小强的专注力、粗心以及写字等具体学习困难，我制定了一套逐步解决这些问题的脑体训练方案，旨在改善和提升他的大脑功能。"欠账总要还的"，这些训练旨在修补幼儿期肢体动作训练的不足，并为新能力的发展奠定基础。训练计划将确保小强每天至少进行一小时的脑体训练，训练时间的长短将根据他的学习困难程度和进步情况而灵活调整。

（5）家庭成员应及时给予小强积极的正面反馈

以往小强接收到的都是家人对他的负面评价，这些评价让小强觉得自己没有被认可，缺乏存在感和价值感，从而削弱了他改善自身状况的动力和自信心。为重塑小强的积极自我认知，家庭成员应及时肯定他的进步，无论进步大小都应给予正面鼓励。这种正向的反馈对小强的心理成长至关重要，使他更加愿意努力去改善自己的学习和行为。

小强的改变极其需要得到老师的配合与支持。鉴于小强当前较弱的学习能力，为了保障他的睡眠和训练时间，他可能无法按时完成全部作业。因此，我给出的第二张"药方"，看似是给家长的任务，实则是通过家长的手传递给老师：家长与老师及时沟通所有措施。

在我的指导下，小强的家长给老师写了一封信，大意是讲述小强学习困难的根源以及接下来将要实施的改善方案。家长表示将全力以赴帮助孩子克服这些困难，并恳请老师给予两个月的耐心等待。在这两个月内，希望老师能对小强的作业采取较为宽松的态度，即不要求他补做未完成的作业，不强制他订正错误，也不布置惩罚性作业。同时，请老师避免利用副课或休息时间将小强叫到办公室补作业。最后，家长向老师承诺，经过两个月的努力，小强一定会有明显进步，并保证能够赶上班级的学习进度，请求老师给予信任和支持。

这两个月的"军令状"并非空谈，而是基于脑神经的科学理论：通过每天刻意的反复训练，两个月左右就可以在大脑中建立一条新的神经通路连接。换句话说，两个月的时间能让大脑产生新的控制能力。

这个沟通的目的实际上是减轻老师因学生学习困难而产生的心理负担。老师可能缺乏解决这类问题的专业知识和方法，他们往往依赖传统的"勤能补拙"策略，通过大量、反复的练习来帮助学生巩固知识点，但效果往往不尽如人意。这种无助和挫败感无疑会加重老师的心理负担。

现在，通过这个沟通，老师看到了家长的责任担当和决心，并得到了家长的保证。这有助于老师暂时放下对小强的焦虑和要求，以更加理解和支持的态度去面对他的情况。老师对小强的态度改变，将开启家长、老师和学生"三位一体"的良性情绪循环。

我的第三张"药方"直接针对案例中的核心人物——小强。这张药方的内容最直白，就是和小强进行真诚的对话。

在对话中，我首先表达了自己对小强学习困难的理解和感同身受，让他感受到有人懂他，他并不孤单。随后，我们共同探讨采用"小步快走"的策略，来逐步化解他对学习的抵触情绪。我积极肯定了小强目前所付出的努力，并让他坚信，通过脑体综合训练，能够显著改善他当前的学习困难。我还向小强传授了"坚持一分钟"的技巧（详见第四章第三节），鼓励他在课堂上用这种方法增强自我控制力，逐步提升自己的专注力和学习效果。

小强领到的这张"药方"看似简单，实则与家长和老师药方中的共同核心理念不谋而合——聚焦于情绪的调整。只要没有家长和老师的负面情绪对孩子的消耗，孩子与生俱来的积极向上的情绪能量就能够发挥巨大的作用，从而帮助他们实现自我修复和成长。这一点，正是积极心理学所强调并已被证实的原理。小强亦是如此，内心积极向上的情绪得到激发，再加上脑体训练又实实在在地帮助大脑增加了自我调控能力，使得他的改变自然而顺畅。

换句话说，我这三张"药方"其实是采用"情绪改善、能力提高"双管齐下的策略，让孩子、家长、老师之间看似独立、实则情绪联动的"三位一体"进入良性循环，加上实施有针对性的训练，从而达到提高小强学习能力的目的。

可喜的是，在这些措施的实施下，不仅小强的家长做出了可贵的改变，老师也给予了积极的配合与支持，而小强更是全力以赴地投入训练。经过两个月的努力，老师明显看到了小强的进步，最显著的表现是他在课堂上能够更长时间地控制自己的行为，专注力逐步提升，并且完成的作业质量越来越高。小强开始频繁地受到老师的表扬。一个学期后，他的成绩跃升到了班级第八名。小强也变得更加自信、阳光和积极，人际关系和情绪管理能力都有很大提高。

后来，我再次遇到小强一家，关切地询问了小强的感受。小强表示现在学习不再会给他带来负担，而且有时间去发展自己的兴趣爱好，这让他感到非常开心和满足。他的父母则笑容满面地告诉我，现在他们花在孩子学习上的时间和精力大大减少，家庭氛围也变得轻松了，一家人其乐融融。

小强的父母还特意提到了小强的老师。他们说老师对小强的进步感到由衷的高兴，并向他们表达了深深的感激，因为小强的学习问题得到解决后，老师的工作压力也相应减轻了。老师还希望小强的家长能在班级家长会上分享他们的经验，为其他面临学习困难的孩子和家长提供一些宝贵的意见和建议。

听到这些，我为小强一家的巨大改变感到非常高兴。我补充说："父母也要感谢老师的配合与支持，老师在工作中很需要得到家长的认可和鼓励。表达这份感谢不仅能增进家校之间的合作和信任，还能进一步激励小强在学校持续进步。"小强的父母对我这个建议非常认同和赞赏。

减轻一个孩子的学习负担，最终实现了孩子、家长、老师三方的共同减负，真可谓一荣俱荣。这种"三赢"的局面，谁不渴望呢？

小强之所以能有如此显著的改变，主要得益于以下三大关键点。

（1）情绪优先的处理原则

在解决问题的过程中，我始终坚持先解决心情、再解决事情的原则。心情指的是孩子、家长、老师三者的情绪状态；事情则指的是具体的课业和能力问题。只有当情绪状态得到调节和改善，他们才有足够的能量去面对和解决问题。例如，当小强的心情舒畅了，他便有能量去面对和解决如专注力、粗心等学习问题。同时，小强的进步也让家长和老师的心情持续向好，从而形成一个"三位一体"的正向情绪循环，进一步推动了小强的持续进步。

（2）精准识别问题根源，明确努力方向

在解决问题的道路上，努力的方向比努力本身更为重要。如果不清楚孩子努力的方向，很可能让孩子越努力越被动。正如辛勤的汗水，浇灌在泥土中才会滋养生命，而滴洒在水泥地上则毫无用处。因此，我们对形成负担重的原因抽丝剥茧，精准识别出主要的影响因素，并据此制定了切实可行的减负方案。这种有针对性的解决方案使我们能够更加高效地解决问题，避免盲目努力和无效付出。

（3）科学理论指导下的实践

在明确了努力方向之后，还需要用正确的方法去实施，这就是科学方法的重要性。脑体训练正是基于脑神经科学的理论基础而设计的，它为我们提供了解决问题的科学方法和指导。没有这一理论支持，我岂敢让家长向老师做出"两个月后小强一定会有明显进步"的承诺？

小强的转变案例，为我们解决孩子做作业时的亲子冲突以及如何让减负政策真正落地提供了宝贵的实践经验。在网络上的家长群中，广泛流传着这样一句话："不谈学习时，母慈子孝，其乐融融；一谈学习时，鸡飞狗跳，情绪失控"。这生动描绘了亲子间因作业而产生的冲突现象。这种普遍存在的孩子作业困境，其根源与小强的案例有许多共通之处，只是程度有所不同而已。

为了有效缓解和解决这些冲突，上述提到的三大关键点极具参考价值。在实际应用时，需要根据每个孩子的独特性和具体情况，灵活调整侧重点。通过这种方法，往往能够取得显著的成效，促进亲子关系的和谐，也能为孩子的学业发展创造更为有利的环境。

在实践中，当孩子、家长、老师之间的情绪互动陷入恶性循环时，既可以从家长端开始止损，也可以从老师端开始止损，这取决于家长和老师中哪一方率先意识到改变的必要性，并愿意主动采取行动。一旦止损成功，接下来的任务就是重建良性的情绪循环。

在重建过程中，从老师端开始止损通常更为高效。由于家长和孩子普遍将老师视为学习的权威和引导者，所以老师的言行举止在三者之间的情绪联动中拥有更大的影响力。老师的积极引导和正面反馈能够迅速改变孩子和家长的情绪状态，从而推动三者之间形成一个正向、积极的情绪循环。

在谈到要为孩子减负时，我们一定要认识到，作业负担只是表面现象，心理负担才是孩子、老师和家长真正难以承受的负担。因此，减负的关键在于同步减轻这三方的心理负担。这三方本就是一个紧密联动的整体，在情绪上相互影响，"一荣俱荣，一损俱损"。任何一方都无法脱离其他两方而单独实现有效减负的目标。

小强的案例就是一个典型。通过孩子、家长、老师三方紧密的协作和共同努力，不仅实现了三方共同减负，还取得了"三赢"的效果。

之所以称为"三赢"，是因为孩子、家长、老师三方在减负的过程中，各自的精神面貌均发生了显著的积极变化。

减负后的小强，展现了前所未有的学习自信。他不仅能高效完成学业要求，更能主动拓宽知识面，积极追求自主学习，这使得他的生活内容变得更加丰富多彩。

家长在小强的转变过程中，经历了家庭教育理念的转变。他们不再强迫孩子学这学那，而是懂得尊重孩子的天生特质，允许他按照自己的兴趣爱好去探索。他们不再因孩子未能达到预期目标而感到焦虑，而是开始理解并接纳孩子的成长节奏，胸有成竹地静待花开。他们不再强加给孩子自己未曾实现的期望，而是支持孩子追寻他的梦想和目标。

老师也从小强的转变中获得了新的启示，被激发去学习和探索更多改善学生学习困难的方法。小强的老师告诉我，她不仅在学校中实施了新的教学策略，还指导家长在家庭中带领孩子配合进行脑体训练，从而形成了有效的家校共育模式。这种模式极大地提升了学生的学习效果，改善了班级的整体氛围。现在，班上不再有学生因为学习困难而陷入困境，情绪化的问题也得到了有效缓解。小强的老师直言"我现在过上了好日子"。

如果我们能够在中国的整个教育体系内，构建出一个同样以"三赢"为目标的教育大生态，就会有千千万万个儿童像小强一样，在有利于他们成为更好的自己的成长环境中茁壮成长。

如何实现这一目标？以下三个方面的措施有立竿见影的效果。

1.加强对父母及主要养育者的培训，从源头上预防学业困难学生的产生

在西方一些发达国家，对准父母进行多次培训已成为常规。这些培训不仅普及了科学教养知识，还帮助准父母缓解了焦虑和担心。在我国，有越来越多的专家学者呼吁父母要进行"上岗"前的专业培训。

许多父母看似是因孩子的学习表现而感到焦虑，深层原因是对自己育儿能力的信心不足。同时，年轻父母与祖辈在育儿观念上存在差异和冲突，也会加剧他们的焦虑。年轻父母担忧祖辈过于溺爱、过度包办的育儿方式可能对孩子的成长产生不利影响，又对此感到无奈。其实，年轻父母的这种担忧是合理的。

事实上，那些在学习上表现出作业拖拉、错误率高、字迹不工整、读写困难的学生，他们的生活自理能力和运动及肢体协调能力也较差，因为这些问题都与大脑神经系统的发育状况密切相关。大脑是身体的"司令部"，它统筹协调着学习、生活自理、运动等各项身体活动，而这些活动的能力是相辅相成的。

当前，许多家长对孩子健康成长的需求只知其一不知其二。以体育运动为例，他们往往仅将其视为增强孩子体质的一种手段。因此，在学业压力日益增大的背景下，他们会倾向于减少孩子的运动时间。然而，如果家长们能够深入了解，就会发现运动实质上对孩子的脑神经发育有着极其重要的积极作用，它能改善孩子的学习困难，并且可以显著提高学习效率。那么，当有了这样的认知后，家长们是否还会轻易减少孩子的运动时间呢？

除了运动不够，孩子们的睡眠时间也严重不足，这是另一个亟须重视的大问题。为此，国家教育部已多次发布相关通知和规定，强调学生睡眠时间的重要性。2021年，教育部办公厅发布的《关于进一步加强中小学生睡眠管理工作的通知》中，根据不同年龄段学生身心发展特点，明确提出3个重要的必要睡眠时间：小学生每天睡眠时间应达到10小时，初中生应达到9小时，高中生应达到8小时。遗憾的是，睡眠不足对孩子大脑认知功能的潜在损害，许多家

长缺乏足够认识，他们往往选择牺牲孩子的睡眠时间来确保作业的完成。据《2022中国国民健康睡眠白皮书》调查，初中生的实际睡眠时间平均只有7.48小时，小学生则为7.65小时，远低于推荐标准。如果家长们能够深刻意识到睡眠对孩子大脑认知功能发育的重要性，他们是否还会选择牺牲孩子的睡眠时间来追求作业的完成呢？

同样，家务劳动对于孩子来说，不仅是一项日常任务，更是锻炼大脑、培养素养的绝佳方式。如果家长能够认识这一点，他们是否还会阻止孩子参与家务活动呢？而祖辈们如果明白，过度的大包大揽不仅不能帮助孩子成长，反而是给孩子的能力发展制造了障碍，导致孩子在某些方面变得"笨拙"，他们是否还会坚持不让孩子自己动手吗？

近年来，学生学习困难的原因中又新增了一个趋势，即生理年龄与心理年龄严重脱节的学生数量不断增加，且这种趋势日益严重。这种脱节主要体现为以下两种情况。

一是心理年龄明显低于生理年龄，即孩子的行为举止表现出过度的幼稚化。比如，在每年的开学首日，全国各地都有类似的情况报道：有小学一年级的新生在校门口紧紧抱住母亲，声嘶力竭地大哭："我不要上学，我要妈妈。"一些低年级学生在面对如蚊子叮咬或被同学轻轻触碰这样的小事时，也会立刻哭着喊着要妈妈前来安慰。诸如此类的行为低龄化表现，凸显了他们的心理年龄与生理年龄之间的显著差距。

二是生理年龄超前于心理年龄，即孩子的身体发育提前，但心理成熟度未能与之同步。这些孩子表现出情绪毫无缘由的波动，心绪不宁，难以集中注意力学习和控制自己的行为。

这种生理年龄与心理年龄严重脱节的现象，不仅给孩子自身的学习带来了极大的困扰和挑战，也给老师的班级管理带来了极大的压力。这是一个需要引起我们关注的严重问题。深入探究其背后的原因，我们可以发现这与家庭养育理念和方式密切相关。

综上所述，如果每个家庭都能遵循科学的养育方法，依照符合儿童身心发育的规律来养育孩子，还会出现如此多的孩子面临专注力问题、情绪化困扰、自控力不足，甚至被医院诊断为注意力缺陷多动障碍（ADHD）吗？

鉴于此，政府应发挥主导作用，利用并倡导各种渠道组织父母及祖辈养育者参加培训活动，积极推广科学的育儿知识，并为他们提供相关的咨询服务。这些活动应涵盖儿童身心发展的规律、科学的家庭教育理念以及育儿方法的指导，帮助父母和祖辈养育者更好地理解孩子的成长需求，引导他们采用更加科学、合理的育儿方式。这样的举措，不仅有助于孩子的健康成长，还有助于促进家庭和谐，是一项意义深远的善举！

2.丰富孩子的课余生活，树立"生活即教育"的理念

如今的孩子尽管享受着前所未有的丰富物质，但他们的生活内容很单调，缺乏实际生活的体验，这使得他们在学习某些学科知识时感到抽象和困难。例如，数学作为一门源于生活且在生活中无处不在的学科，其魅力本应在于其实际应用和解决实际问题的能力。然而，由于孩子们缺乏与生活的紧密联系，他们往往难以形成对数学的直观理解和数感，导致在数学学习中遇到诸多理解上的困难。

以数学选择题为例，题目要求在数字后面选择一个合适的单位，如"一个鸡蛋重约50（ ）"，有些学生却选择了"千克"；"课桌椅高度为76（ ）"，有些学生则选择了"米"。每当看到孩子们在面对这样的题目时还要抓耳挠腮、冥思苦想时，我就不由得深深叹气：家长这样养孩子，可苦了孩子们了。

脱离真实的生活，孩子们很难对学习产生浓厚的兴趣。学习本应是一种探索未知、解决问题的过程，但当它变得过于抽象和远离生活时，孩子们就难以体会到其中的乐趣和价值。当一个人对学习失去兴趣时，学业就会变成一种负担，作业也会变成一种累赘。

在实施"双减"政策的大背景下，家长更应抓住这一机遇，丰富孩子的课余生活，让他们更深入地体验日常的真实生活，增加他们的生活常识。家

长可以引导孩子参与各类实践活动，如去超市购物，学习如何挑选商品、计算价格；去菜场买菜，增加生活常识；参与家务劳动，培养责任感和独立动手的能力。

"双减"政策为孩子提供了更多自由发展的空间。家长应鼓励孩子发展自己的爱好，无论是拆装的小制作，还是户外活动的探索与体验。即使孩子在实践过程中有所损坏，但与所获得的技能和经验相比，这些成本都是值得的。户外活动如运动场上的竞技、游乐场的欢乐、和大自然保持亲密接触等，不仅能让孩子在身心上得到放松和愉悦，还能拓宽视野，增长见识。人造环境里擦不出创造力的火花。家长们，世界那么大，不妨带孩子们去看看吧！

此外，家长要创造条件让孩子每天都能有充足的大运动量活动。首推跳绳和球类运动，这些运动对训练大脑的注意力系统极为有益。乒乓球、羽毛球等运动也能很好地训练孩子的手眼脑协调能力。运动训练不仅能促进注意力系统的发育完善，还能增强脑力，提高学习效率。要知道，专注力是所有能力的基础，如果孩子的专注力得到显著提升，至少能减轻他们一半的学习负担。

总之，家长应树立"生活即教育"的理念，通过丰富孩子的课余生活，让他们在真实的生活中获得更多的体验和感受，为未来的成长打下坚实的基础。

3.在学校教师群体中普及相关知识

（1）提升教师对"三觉"学习特质的理解

中国现代儿童教育之父、二十世纪中国最杰出的教育家陈鹤琴先生有一句名言："没有教不好的学生，只有不会教的老师。"在我看来，这句名言并不是对老师的苛刻要求，而是提倡因材施教。"三觉"学习特质就是因材施教的基础。当老师明白了每个孩子有不同的学习特质时，就不会强求那些非视觉型孩子通过抄写几十遍来增强记忆；也能理解为什么有些孩子在默写或背诵方面容易出错，并因此允许孩子们根据自己的特质，形成最适合自己的学习方式，从而完成学业。

以我认识的一位语文老师为例，她布置作业时不是一刀切，而是充分考虑孩子们的个体差异。抄写的目的是要记住，因此她允许孩子们根据自己的掌握程度选择抄写1~5遍。这种方式不仅让孩子们感受到老师的信任，还激发了他们自主管理学习的意愿。有些孩子出于对自己学习效果的追求，甚至会自愿选择多抄几遍以确保记忆牢固。这种布置作业的方式收获了极佳的教学效果。

（2）增强教师对感统失调与学习表现之间关系的认知

如果了解了感统失调与学习表现之间的关系，教师可以更好地理解那些坐不住、好动或在学习上表现出粗心大意的孩子，认识到这些行为可能是由感统失调引起的，而并非故意对抗老师或缺乏认真学习的态度。

了解这一点后，教师的情绪就会稳定，对孩子们的态度也会更加包容和理解。他们就不会采用如取消体育课、手工课让他们继续做作业的方式来惩罚学习表现不佳的学生。因为那样的处罚，对感统失调的孩子无疑是雪上加霜，不仅不利于他们学业能力的提高，还会引发孩子极大的负面情绪，增加他们的心理负担和学业负担。相反，老师应尽可能提供多元化的运动训练，确保孩子每天有足够的运动时间，以帮助他们改善感统失调问题，同时减轻教师的工作压力。

减负的定义是"着力解决中小学生过重的课业负担和心理负担"。因此，减负不是减除学生对自己学习课业的责任担当，而是旨在去除那些压制孩子天赋发展的负担。减负的终极目标，应当是构建一个能让孩子充分展现天赋的教育环境，为他们提供丰富多元的活动，以激发他们的好奇心、求知欲、创造力和成就感，同时增强他们对社会、对生活的认知体验，让他们享受一个快乐的童年。

什么能让孩子真正感到快乐呢？

拥有良好亲子关系的孩子是快乐的。在亲密和谐的亲子互动中，孩子能感受到被关爱、被理解，这种情感上的满足是他们快乐的源泉。

拥有求知欲和好奇心的孩子是快乐的。他们对周围的世界充满好奇，不断探索、不断提问，而这种探索和提问的过程本身就是一种快乐。

享受从不懂到懂、从不会到会的过程的孩子是快乐的。每一个小小的进步和成就，都能让他们感受到自己的成长和变化，这种成就感会带给他们深深的快乐与自信。

被尊重的孩子是快乐的。当他们感受到自己的意见和选择被尊重时，会觉得自己有价值，从而更愿意表达自己的想法，更积极地参与家庭和社会活动。

活出天赋的孩子内心更是愉悦的。他们能将童年快乐和学习成长目标相结合，求知若渴地获取新知识、新思想。他们富有创造力和想象力，能学有余力地发展自己的兴趣爱好。他们感受得到自己的生命价值，能沿着自己的优势天赋方向去探索未来的世界。

每个孩子都有自己独特的天赋！我坚信，活出天赋的孩子未来定能在各个领域施展才华，为推动社会进步与祖国强大贡献自己的力量。减负，是迈向这个方向的重要一步。

本节要点

通过深入剖析学业负担的深层迷局，强调减负不仅是减少课业量，更重要的是同步减轻孩子、家长和老师的心理负担。提出从多个层面入手，全面考虑孩子的心理需求、学习状况及所处环境的有效减负策略。同时，通过典型案例的分享，展示孩子、家长和老师之间情绪联动的紧密性，并强调通过科学指导下的实践，实现孩子天赋的充分展现和全面发展的重要性。

家庭思考与实践

　　请与孩子一起讨论并列出他们目前感受到的学业压力和心理负担来源。共同制定减少这些负担的策略，并尝试实施一周，观察并记录孩子在这一周中的学习状态和情绪变化。

第四章

情绪智慧：解锁学习天赋的钥匙

── **本章导读** ──

　　在这一章，我想通过几个真实而动人的故事，向大家展示一个重要的事实：孩子本身不是问题所在，那些我们看到的表象，不过是他们成长过程中的一部分，每个孩子的内心都孕育着一颗种子，每颗种子都有能力绽放出绚丽的花朵，只是每个孩子的花期各不相同。

　　有的一开始就灿烂绽放，有的需要静待花开，当然，还有一些看似开花遥遥无期，但他是一棵参天大树……

第一节　点亮心灯——关注孩子的情绪感受

第二章我们深入探讨了感统失调对孩子学习成效造成的严重影响。在影响孩子学习成效的众多因素中，还有一个至关重要的因素——情绪状态。

如同中医理论所阐述的，人体生病往往源于气血不足或经络堵塞。而在孩子的学习领域，感统失调可以被视为一种大脑神经系统的"经络堵塞"，它阻碍了信息的有效处理和传递，导致孩子在学习时难以集中注意力，容易产生粗心大意等错误，进而影响学习成效。

孩子的情绪状态如同身体的"气血"，关乎他们学习的自信、积极性以及克服困难的勇气。健康积极的情绪状态能够激发孩子的学习潜能，帮助他们更好地发挥自己的学习天赋。相反，消极负面的情绪则像"气血不足"，会削弱孩子的学习动力，阻碍他们学习天赋的呈现，从而影响他们的学习效果。

因此，我们不仅要重视孩子的感统失调问题，更要关注孩子的情绪状态。孩子们的情感世界如同璀璨的星空，既丰富多彩又敏感细腻，但这片星空中最明亮的星星偶尔也可能被阴霾所遮蔽。所以，我们需要更加细心地洞察孩子内心的需求，用爱和关怀为他们驱散阴霾，点亮他们心中的明灯，释放他们的学习天赋的潜力，让他们在成长的道路上更加自信、坚定地前行。

一、翠翠的眼泪

一个阳光明媚的周日，我的工作室里来了一个特别的访客——一个瘦小的二年级小姑娘，名叫翠翠。翠翠一踏入工作室，就显得异乎寻常的"落落大方"。她走向我们每位老师，热情地打招呼，并主动告诉每一个人，她的学习成绩不好，特别是数学，常常得零分，因此被同学们嘲笑。

翠翠看上去好像已经完全接受了自己学习成绩不好这个状况。但这份坦然在孩子中并不多见，这更像是她用来掩饰内心不安的盔甲。翠翠妈妈在一旁则是眉头紧锁，满脸愁容。

经过"三觉优势"评测，翠翠是听觉型学习者。同时，"三觉通路"评量结果显示，她的大脑有些神经系统的发育严重滞后，这阻碍了她的听觉学习优势的发挥，导致她的学习成绩不尽如人意。翠翠的问题并不复杂，是能力严重发展不足。

我向翠翠妈妈详细讲解了翠翠的问题根源和解决方案，并告诉她，每个孩子都有自己的成长节奏，翠翠是一朵晚开的花，她的问题通过高强度的脑体协调训练是可以得到极大改善的，现在需要给予她多一点耐心和时间，静待她的绽放。

于是，翠翠每个周日来参加我们的脑体训练课程，以通过专业的训练帮助她改善目前的学习困境。给孩子们上脑体训练课的是经验丰富的盛老师。盛老师不仅拥有深厚的专业背景，更是一位懂得如何与孩子沟通、如何激发孩子潜能的优秀教师。他设计了一系列有趣的训练内容，在训练过程中，他不断给予孩子们正向反馈，激励他们一点点去突破。因此，翠翠和其他孩子一样，都非常喜欢盛老师，也能不断感受到自己的进步和成长。

那天，是翠翠第五次参加脑体训练课。在完成了一个颇具挑战性的训练动作后，盛老师给了她满分——100分。这一认可让翠翠欣喜不已，她的脸上绽放出灿烂的笑容。

然而，当翠翠进入下一个训练项目时，并没有像之前那样顺利，也没有得到盛老师的满分。这时，翠翠的情绪突然崩溃，她大哭起来，边哭边说："学校老师总是说我这不好、那不行，妈妈在家也是这样说我的，我从来没有得到过满分，我一定要重新做，我一定要得到满分！"

这一幕让我们在场的所有老师都深感震撼。我们目睹着她边哭边咬牙坚持，漂亮的小脸蛋涨得通红，汗水和泪水交织着滑落脸颊。她一遍又一遍地重复着训练动作，直到最后终于达到了要求，赢得了满分。那一刻，我与在场的所有老师都情不自禁地为她热烈鼓掌。

或许有人觉得，翠翠只是完成了一项训练动作而已，不是什么了不起的成就。然而，其蕴含的意义远非如此。这不仅仅是一个简单的满分问题，更是翠翠内心深处对自尊和自信的强烈追求。她渴望得到他人的认可，渴望证明自己并不比别人差。

为一个在大人看来也许是卑微的目标而付出巨大努力和汗水的孩子，值得我们给她鼓掌。因为无数个卑微的目标累积起来，可以是个伟大的成就。就像金字塔一样，也是由一块块石头累积而成的，每一块石头都很简单，而金字塔是宏伟壮丽的。翠翠的每一次努力和坚持，都值得我们给予最高的赞扬和鼓励。

当晚，我在微信朋友圈激动地分享了翠翠的这段奋斗经历。许多朋友都被翠翠的勇气和毅力所感动，纷纷为她点赞和鼓掌。也有一些人发出了不同的声音，他们认为不能鼓励孩子得100分的意识，应该劝说翠翠不要把分数看得那么重，只要自己努力就行了。

诚然，这个观点在一般情境下是完全正确的，但运用在翠翠这个特定的情境下却有失偏颇。正如民间俗语所言，"站着说话不腰疼""饱汉不知饿汉饥"。那些认为不应该鼓励孩子追求100分的人，并没有真正站在翠翠的角度去理解她的感受，也没有捕捉到她在那一刻的心理需求。他们缺乏对孩子的共情，即使言辞再有理有据，也会显得空洞无力。

翠翠的眼泪是为100分吗？不！对于翠翠而言，那个满分不是一个简单的数字所能衡量的。它象征着翠翠对自己的认可和肯定，是她内心深处对自尊和自信的强烈渴望的具象化。许久以来，翠翠在周围人的评价中不自觉地认定自己是个"差生"，而训练中的那个满分让她看到了自己原来是有潜力和有能力的。这一下子点燃了她内在灰暗了许久的心灯，让她的生命之火开始燃烧。

她的大哭，是积压在她心头许久的情绪释放；她的眼泪，是她在冲刷蒙在心灯上的尘垢。她是为了自己那份炽热的生命而流泪。在这个关键时刻，如果我们很理性地用"分数不重要"这个道理去教育孩子，无疑会浇灭她内心刚刚燃起的火焰。

当我们为翠翠鼓掌时，我们实际上是在为她内心的追求、勇气和坚持喝彩。我们是在告诉她，无论遇到多少困难，都不要放弃自己，而要始终相信自己。

再先进的教育理念，都需要根据具体的教育对象、时间和场景来灵活应用。只有这样，这些理念才能真正转化为有效的教育结果。

随着时间的推移，翠翠在脑体训练课的历练中，不仅技能得到了显著提升，更在她的内心深处铸就了坚韧与自信。这股力量使她的心理状态悄然发生了改变。当这股力量累积至临界点时，她迎来了自我蜕变的转折时刻——敢于面对数学课的挑战，不再因同学的嘲笑而退缩，也放下了对作业的抵触情绪。

翠翠的听觉学习优势在情绪的积极调整下得到了充分发挥。她全神贯注地听课，能很好地领悟老师传授的知识，作业完成的效率也大幅提升。她的学习状态焕然一新，学习成绩和能力实现了质的飞跃。

二、明明的渴望

"老师，我怎么努力也写不好字，你有办法让我写好字吗？"这是在一次咨询时，三年级的明明向我的求助。

据明明妈妈的描述，明明在学习上遇到了困难，作业完成得慢，每天都需要订正大量的错误作业，成绩也不理想。面对这些困扰，明明甚至告诉妈妈自己不想去上学。这让妈妈意识到情况有些严重了，于是来寻求我的帮助。

我首先对明明进行了"三觉优势"评测，结果显示他属于强听觉型。这意味着他对语言指令反应快，理解力强，能够很好地消化老师上课的内容。然而，明明在学习上仍然存在问题，基于我几十年的经验，我初步判断这可能与明明大脑神经系统的发育情况有关。

为了进一步了解明明的情况，我们进行了"三觉通路"评量。评量结果显示，明明存在注意力难以集中、多动、默写困难等一系列学习问题。明明妈妈还提到，明明在婴儿期不会爬，是直接学会走路的，上幼儿园后各项动作的掌握都比其他小朋友慢。这些都是孩子感统不协调的明显表现，暗示着明明的大脑神经系统存在发育滞后和失调的情况。

许多老师和家长由于缺乏相关知识，往往不了解孩子学习问题的真正原因，错误地将这些问题归咎于孩子的不认真、不努力等主观因素。这样的批评让孩子觉得很委屈，也不知所措。长期面对这样的误解和批评，孩子逐渐失去自信，对自己产生不认同感，甚至错误地认为自己就是学习不好的人。

明明作为一个强听觉型且情绪敏感的孩子，对指责式的批评会有更加敏感和强烈的心理反应。他内心对学习充满了恐惧，害怕受到老师和家长的批评。当这种恐惧情绪积累到一定程度，让他感到无法承受时，他可能会采用逃避的方式——不想去上学。这是人的心理防御机制在启动，以保护自己免于遭受更大的痛苦。

我与明明单独进行了深入的交流。首先，我让他认识到自己拥有强大的听觉优势，并向他解释了这种优势将如何助力他的学习和未来的成长。然后，我向他揭示了为什么他目前无法充分展现这一优势——因为"在你的大脑中，有些通道被暂时阻塞了，使得你的优势无法充分发挥。"我轻轻地点了点他小脑袋上的几个部位，继续说："但别担心，只要你每天进行一些针对性的训练，这些被阻塞的通道就会逐渐畅通，你的优势就能完全释放出来，帮助你更好地学习。"

听到这里，明明的眼睛立刻变得明亮起来，用一种期待的眼神望着我。

在谈话的最后，我温柔地问明明："你有什么愿望需要我帮你实现的吗？"

"老师，我怎么努力也写不好字，你有办法让我写好字吗？"明明略显腼腆地表达了他的苦衷和渴望。

我微笑着用肯定的语气告诉明明："我知道你已经很努力在写好字了，只是你的写字肌肉还没有得到足够的锻炼。刚才我说的训练方法中就有专门针对写字肌肉的锻炼。只要你每天坚持训练，两个月以后你会发现写字没有以前那么累了，写出来的字也变得好看多了。"

后来，我把明明的这个愿望告诉了明明妈妈。明明妈妈惊讶地说："我一直以为孩子写字不好就是他没有认真写，没想到他自己想要写好字的愿望那么强烈啊！"

是呀！每个孩子的内心都蕴藏着积极向上的能量。明明作为一个强听觉型的孩子，他特别敏感于语言带来的情感。妈妈平时对他诸多不理解和批评的语言，让他失去了向妈妈寻求帮助的勇气。我通过表达同理心和共情，重新点燃了他内心的渴望之火。

当他问"老师，我怎么努力也写不好字，你有办法让我写好字吗？"时，意味着他身体的情绪能量已经开始发生积极的改变了。只要妈妈能从此刻开始，用支持和鼓励的语言温暖明明的心灵，他必定能够释放出强听觉型的巨大优势，从而克服学习上的困难，书写出属于自己的精彩篇章。

三、亮亮的心愿

孩子们由于尚未发展出成年人那样成熟的语言和逻辑能力，所以他们内心的需求和渴望往往难以直接表达出来，这常常使家长们感到困惑，不知道孩子们到底需要什么。

一种有效的方法可以帮助父母洞悉孩子的内心，那就是多留意他们在日常生活中出现三次及以上的语言或行为。这些往往正是孩子们内心真实需求和渴望的反映，也是他们向外界发出的信号。

在我开设的咨询师培训班上，一位学员妈妈提出了她的困惑。她的大儿子亮亮经常向她抱怨："妈妈，你不爱我，你偏爱弟弟。"每一次她都急忙辩解："没有，你和弟弟，我都爱，我对你们的爱是一样的。"

亮亮读五年级，比弟弟大四岁，无论妈妈如何解释，他对这个问题始终无法释怀。有一次，在午餐前母子二人再次出现这样的对话时，餐桌上恰好有亮亮喜欢吃的牛肉。妈妈为了证明自己对亮亮的爱，特意为他盛了一碗比弟弟多的牛肉。爸爸在一旁还有意"帮腔"："你看，妈妈给你的牛肉最多，她最偏爱你。"不料，亮亮却露出不屑的神情，冷冷地说："我才不喜欢吃牛肉呢！"

亮亮妈妈问我，亮亮平时很喜欢吃牛肉，那一刻为什么突然说不爱吃了呢？亮亮妈妈说类似的场景在家中经常发生。显然，亮亮的父母并未真正理解这个男孩的内心需求。

亮亮的"三觉优势"是强感觉型，他对外界信息的接收和解读主要依赖于自己的感觉。尽管妈妈多次口头上表达对他和弟弟是同样的爱，但亮亮在观察妈妈看他和弟弟的眼神以及肢体语言时，感受到妈妈对弟弟经常流露出明显的欣赏，而对他则似乎不是如此，甚至有时带有一丝不满。

亮亮妈妈坦言，亮亮在学业上一直较为吃力，且至今仍是如此，这耗费了父母大量的精力和时间。相比之下，弟弟聪明伶俐，似乎无须父母过多操心。因此，在日常的互动中，妈妈确实不自觉地对弟弟流露出更多的欣赏和喜爱。但她认为，正是因为在亮亮身上难以找到值得欣赏的地方，所以她才选择用更多的物质来表达爱意。她困惑于亮亮为何还要反复确认妈妈是否爱他。

这其实是许多父母容易陷入的误区——以为物质的满足足以替代情感的表达，并期待孩子能够从中感受到他们的爱。现实却并非如此。对于孩子们来说，他们更渴望的是情感上的认同和心灵上的满足感。物质与精神的能量层级之间存在着巨大的差异，孩子们期望的是精神盛宴，而父母给予的往往只是物质大餐。

当妈妈给亮亮多盛牛肉时，虽然这代表了妈妈对亮亮物质层面的关爱，却未能触及亮亮内心对自我价值实现的渴望。亮亮更需要的是妈妈眼中对他的独特性和身份层面上的认可与欣赏。因此，当他说出"我才不喜欢吃牛肉呢"时，其实是在告诉父母牛肉代替不了他的价值需求。

现在，通过学习和反思，亮亮妈妈终于洞察到了孩子的内心需求，并开始理解亮亮在学习上面临的困难。她恍然大悟，亮亮小时候存在感统失常的问题，这可能是导致他学习吃力的关键原因。在参加完课程后，她立即付诸行动，开始尝试以感觉型的方式与亮亮进行交流，确保亮亮能从自己那里感受到温暖和关怀。

每周，妈妈都会特意安排半天的时间，作为她与亮亮的专属亲子时光。在这段时间里，他们会共同参与亮亮喜爱的活动，同时妈妈鼓励亮亮成为她的"小帮手"，协助她带领和照顾弟弟。这样的安排不仅加深了母子之间的情感关系，还让亮亮在家庭中获得了一种身份层面的价值感。

在与亮亮的交流中，妈妈真诚地告诉他，她理解亮亮并非不努力，而是面临学习上的特殊挑战。妈妈向亮亮解释，感觉型孩子拥有独特的学习方式和节奏，鼓励他按照自己的方式去探索，逐步取得进步。

当亮亮感受到妈妈的用心倾听和理解时，他的内心有了安全感，情绪也因此变得积极稳定。在了解了自己学习困难的缘由后，亮亮放下了心理负担，开始专注于调整自己的学习方法，寻找适合自己的学习节奏。

亮亮的案例深刻地揭示了一个时代特征：当今的孩子与他们的祖辈父辈在需求上存在显著的不同。他们生活在一个物质相对充裕的时代，因此更加渴望情感上的交流，以及对心灵和精神层面的满足与自由。这种对深层次需求的追求，相对于物质追求，无疑更为高级和深远，对于父母而言则是一项全新的挑战。

面对这样的变化，如今的孩子对父母有哪些期待呢？

他们渴望父母能够用心倾听——他们希望父母真诚地关注他们的感受和需求，倾听他们的疑问和故事。这种倾听式的沟通能够让孩子感受到自己在家庭中的重要性和独特性，进而增强他们的自信心和归属感。

他们期待父母能够给予爱的陪伴——他们希望父母能够安排一个固定的时间与他们共度，参与他们的兴趣活动，即使只有短暂的十几分钟，都能让他们感受到被关注和被重视的美好。

他们需要父母的肯定和欣赏——他们希望父母能够及时注意到他们的努力

和进步，并给予积极的反馈和赞赏。这种肯定能够让他们建立起积极的自我形象，激发他们的成长动力。

他们还希望父母能够多关注他们的情感变化，理解他们所面临的挑战和压力。当情绪低落时，他们期待父母能提供及时的情感支持和安慰，共渡难关。

尽管现代父母面临的挑战越发严峻，但他们同时拥有前所未有的丰富的学习资源和学习机会。上天似乎在给予他们高难度挑战的同时，也慷慨地为他们提供了便捷的学习途径。令人振奋的是，这一代年轻的父母展现出了极高的学习热情和努力，他们致力于与孩子的成长需求保持同步。在这个共同学习、共同成长的过程中，我们有理由相信，年轻的父母们不仅能够更好地陪伴孩子成长，更能实现自我成长和人生价值的升华。

本节要点

强调情绪状态对孩子学习成效的重要性，指出积极情绪能激发孩子的学习潜能。通过翠翠、明明和亮亮的案例，展示关注孩子情绪、理解和支持孩子内心需求的重要性。家长应关注孩子的情绪变化，用心倾听孩子的需求，给予孩子爱的陪伴和肯定，帮助他们建立积极的自我形象，从而促进其学习和成长。

家庭思考与实践

请回忆一个您与孩子互动的场景，在这个场景中，孩子的情绪状态如何？您是如何处理孩子的情绪的？结合本章内容，思考如何更有效地理解和支持孩子的情绪，以促进其学习和发展。

第二节　情感导航——基于孩子三觉特质的情绪赋能之路

在第一章第三节，我们介绍了不同三觉特质的表现特点。三觉特质不仅运用于建立高效的学习方式，它在沟通、表扬批评以及鼓励方式方面的效率上也有广泛应用。在亲子教育的长河中，每位家长都面临着如何有效与孩子沟通、激励他们成长的挑战。家长会发现，同样的批评语言，有些孩子听了没事，有些孩子听了会发怒；同样的表扬和鼓励的语言，对有些孩子起作用，对有些孩子就毫无作用。理解并善于利用这个特点，帮助孩子的方法就可以产生事半功倍的效果，从而更有效地与孩子沟通。

一、听觉型孩子的情绪赋能之旅

听觉型的孩子对言语有着超乎寻常的敏感，他们的耳朵仿佛是一部高精度的雷达，时刻扫描并捕捉着周围的语言环境。当遭遇负面的指责、贬低和打击时，这些话语就像锋利的刀刃，无情地刺入他们的心灵深处；反之，当接收到正面的肯定、鼓励和欣赏时，这些话语又能如阳光般温暖他们的心灵，激发出他们积极向上的动力，使他们勇敢地面对生活中的各种挑战。

我在咨询实践中，遇到过许多听觉型孩子的家长，他们普遍反映了一个共同的难题——搞不定孩子。也就是说，他们感到难以与孩子进行有效沟通，常常觉得自己的话没有被孩子听进去。我注意到，这些家长在处理孩子的问题时，常常采用一种指责式的口吻："你怎么搞的呀，这点事情都做不好""你为什么动作总是这么慢""你有没有认真啊，看看，这道题又做错了""你怎么这么笨"。这些语言几乎成了孩子家庭生活中的常客。

在这种情况下，听觉型的孩子往往会为自己百般辩解，试图解释是外在的影响因素导致出现这些问题。孩子这一反应又让家长更加焦虑和生气，他们觉得孩子是在逃避责任，是在找理由和借口。他们担心孩子无法认识自己的错误，进而无法改正这些错误。

其实，这是孩子心理防御机制的自然反应。当孩子听到家长使用指责的语言时，如果内心感受到的压力和伤害过大，他们的心理防御机制就会自然启动，采取为自己辩解的方式来避免受到进一步伤害。这种反应是孩子心理发育过程中的一种正常表现，它表明孩子拥有健康的心理保护机制，能够积极地应对外界的负面影响，并努力保护自己不受伤害。

因此，每当有家长向我抱怨孩子找借口为自己辩护时，我总是会这样安慰他们："恭喜你，你的孩子心理发育很健康，拥有强大的自我保护机制。"确实，孩子为自己辩护实际上是一个积极的迹象，表明他们所受的只是"轻伤"，通过正确的沟通和引导就能很快治愈。

如果家长使用极具杀伤力的语言打击孩子，那么孩子的自尊会受到摧毁性的损伤，导致他们"内伤"严重，甚至让他们失去为自己辩护的能量。在这种情况下，孩子需要专业的心理疗愈来帮助他们重新建立自信和自尊，恢复心灵的健康。

斯铭就是这样一个"内伤"很重的二年级男孩。

那天，按照约定好的时间，斯铭妈妈带着斯铭走进了咨询室。

我先听了斯铭妈妈的叙述，以了解斯铭目前的情况和他们的咨询需求。用斯铭妈妈的话说，孩子最大的问题是不肯动脑筋，缺乏主动性和自信心。只要他觉得困难的事（而斯铭妈妈觉得是简单的事），就不会去尝试，而是会逃避，口中反复强调"我不行的，我肯定不会做"。不仅在学习上如此，日常生活中的自理能力也令人担忧，至今他仍然需要妈妈帮助他穿鞋和穿衣。

在学习上，斯铭的数学尤其令人担忧。斯铭妈妈提到，孩子从小在数学方面就比较薄弱，进入学校后，这种学习困难变得更加明显。一年级的加减法，特别是减法，斯铭要比其他孩子学得吃力很多。今年上二年级，应用题更是难以理解，常常说看不懂题目，同一道题，即使老师多次讲解，他还是听不懂。因此，他的数学成绩在班级中位于倒数第一。

在语文方面，一年级时斯铭的表现还过得去，但到了二年级，他的阅读理解和写简单的句子的能力显得较差，写出来的句子缺乏条理性，让人难以读懂他的意思。

在英语方面，斯铭的表现相对较好，但这主要依赖于他的死记硬背，而不是真正的理解和应用。

现在斯铭妈妈很头疼，孩子经常说这个太难、那个不会。斯铭妈妈还提到，斯铭从小是外婆带大的，外婆对他非常宠爱，又非常讲究卫生，很多东西都不让孩子触碰，这导致斯铭缺乏很多尝试和探索的机会；在幼儿园时，无论老师教什么动作，他都比别人学得慢，像拍球、跳绳这样的运动，其他小朋友都学会了，他却总是难以掌握。

在仔细听了斯铭妈妈的详细描述后，我们为斯铭安排了一对一的评测。首先，通过学习特质的"三觉"评测，确定斯铭是一个听觉型的学习者。随后，我们进行了学习发展能力的"三觉通路"评量（如第二章所述），结果显示斯铭在多个关键领域面临挑战，具体表现包括注意力不集中、手眼脑不协调、读写障碍等脑神经系统发育的滞后和偏差。另外，他还存在写字肌肉的发育不良问题。

在与斯铭交流的过程中，我深切地感受到了他内心的痛苦和挣扎。尽管已经是个二年级的学生了，但他的表达显得尤为困难，口齿含糊，时有结巴，用词简单，甚至说得还不如三岁孩子那样清晰。作为一个听觉型的学习者，虽说不能伶牙利齿，但至少应该拥有清晰的口头表达能力，这也是他们内心渴望展现的才华。然而，对于斯铭来说，这一基本能力都成了他难以逾越的障碍，给他带来了极大的心理负担，让他陷入了深深的自卑之中。

随着年龄的增加，这种自卑情绪越发强烈，加之他的某些大脑神经系统的发育滞后和偏差，使得他的日常学习面临极大的挑战。渐渐地，这种自卑情绪开始抑制他作为听觉型学习者所固有的天然优势。他告诉我，他最喜欢玩"植物大战僵尸"这款游戏，他每天都与游戏中的角色一同战斗。每天沉浸在这个虚拟世界中，是斯铭用来忘记烦恼、逃避现实困扰、寻求心理慰藉的一种方式。

我向斯铭妈妈详细解读了斯铭的两项评测报告，并深入分析了孩子问题产生的核心原因。在看似淡定、专业的咨询过程中，我的内心其实早已是波涛汹涌了。斯铭目前的情况比较严重，我能深切地感受到，像斯铭这样的孩子，在学校的每一天都步履艰难，如同在泥沼中挣扎，承受着父母难以想象的压力和痛苦。这种切肤之痛，推动着我要将那些复杂的教育理念和方法，转化为家长易于操作、孩子容易理解的落地方法，以确保孩子能够得到足够的资源和力量，从而战胜眼前的困境，重新找回属于他们的快乐童年。

我给斯铭妈妈的第一个建议是，让斯铭在家里每天定时定量进行脑体训练，这种训练对改善他神经系统发育滞后的问题非常有效，执行起来也不困难。我强调，只要你们能找到合适的语言和方法引导他，即使是采取哄的方式也没有关系，只要斯铭是带着愉快的心情去完成这些训练，就一定会有很好的效果。

相较于脑体训练，改善斯铭的心理状态则更为复杂。这并非一次心理疏导就能彻底解决的。因为作为听觉型的孩子，斯铭对听到的语言高度敏感，家庭的语言环境会对他的心理产生深远的影响。

因此，我给斯铭妈妈的第二项建议是，家庭所有成员在对斯铭说话时，务必审慎选择言辞和态度。我列举了几种场景下语言使用的例子，并特别强调对10岁前的听觉型孩子，有些话语属于禁区，必须极力避免使用。因为这些话一旦说出口，将对孩子的心理发展造成严重的负面影响，甚至会严重阻碍他整体状态的改善和进步。

斯铭妈妈听到我关于禁区语言的举例后，立刻惊呼一声"啊呀"，说我列出的那些语言禁区，爸爸每天对孩子说的10句话里竟然有9句都包括在内！比如他经常对孩子说："你不会好了！你废掉了！你这辈子没有希望了！"接着，斯铭妈妈愤怒地站起身，冲门外大声喊道："某某，你赶紧进来！"她显然是在叫孩子的爸爸。原来，孩子的爸爸一直坐在大厅休息区玩手机游戏。

等斯铭爸爸走进咨询室时，斯铭妈妈立刻指责他："你看看，你平时对孩子说的那些话，全都在禁区里，难怪我们孩子的表现越来越差了。"

斯铭爸爸对斯铭妈妈的指责显得有些不服气："又不是我一个人这样说孩子，你不也是这样？"

斯铭妈妈觉得自己比斯铭爸爸做得好些，反驳说："我只在孩子做作业时这样说他，而你是从早到晚都在对他说这些丧气话！"

这一幕让我看到，斯铭未来做出积极改变可能遇到的最大阻碍是来自这个家庭中存在的语言体系问题。要父母克服这些不良语言习惯并做出改变，并非易事。

我决定先着手帮助斯铭取得一些小的积极改变，让父母看到后对孩子的进步有信心，这样他们才更有可能寻求自身的转变。毕竟，大多数人需要看到结果才能相信。相比于直接要求父母做出转变，先帮助斯铭建立自信，并引导他在行为上做出积极调整，这一方法实施的难度系数显然更低一些。

于是，我安排了一次与斯铭深入的心理谈话，旨在点燃斯铭内心的自信之火。我精心策划了一个学习小组，指定斯铭担任组长，辅以两名一年级的孩子作为组员。我对斯铭说："我对你很有信心，你一定能成为出色的组长，带领小组完成训练任务。"

这个学习小组采用我们设计的竖式计算训练模式，旨在让孩子养成做计算题的准确性和高效性的习惯。每周进行一次训练，每次持续一节课。这种方法的关键，是通过构建一种全新的计算模式，帮助斯铭摒弃原有的计算习惯。我相信斯铭经过脑体训练，其能力一定能得到提升，但是他原有的做题习惯并不会自动改变。因此，相比于在原有习惯上"修修补补"，构建一种全新的计算模式会更为有效和容易。

斯铭第一次"当官"，他的眼中闪烁着新的光彩，上课时在全神贯注地听。尽管他的学习基础比那两个一年级的孩子还差，但每当他取得一点点的进步时，我们的老师就会用语言及时肯定他、鼓励他。因此，在我们的课堂上，斯铭从未说过一句"我不行的"这样的泄气话，反而表现出极高的热情和积极性。看到孩子对学习有这么大的热情，斯铭的爸爸妈妈感到非常惊讶，他们开始意识到孩子并不是天生比别人差，而是他们之前的教养方式存在重大缺陷。

我采用的策略是集中纠正孩子的一个问题，如竖式计算的正确性问题。这种方法的核心优势在于，孩子会认为目前他只需要专注于改进一个缺点，这有助于他保持自信，并全力以赴地调动自己的全部能量去克服这一障碍。这就类似于集中优势兵力进行突破的战略（详细论述可见第四章），特别适合问题繁多或者自信严重不足的孩子，并且会有极佳的效果。

一旦孩子成功跨越这一障碍，我们再逐步推进，转向第二个、第三个需要改进的问题。许多缺点之间存在共通性，通过每天的小进步，积小胜为大胜，半年以后孩子就会有令人刮目相看的进步。

在此过程中，家长需要特别注意的一点是，当孩子达成一个小目标后，应给予他们一段时间来夯实自己的能力。此时，家长不宜急于提出新的要求，否则孩子会觉得永远达不到父母想要的高度。

总而言之，为了推动斯铭的积极改变，我们采取了一系列方法。除了坚持日常的脑体训练，我们不断给予他正面的语言肯定和鼓励，使他看到自己的价值和潜力。同时，通过"当领导"的角色分配，满足了他作为听觉型孩子对掌控和影响力的需求，这进一步激发了他的自信心和积极性。在解决问题方面，我们采用了"一次解决一个问题"的策略，帮助他集中精力攻克难关。所有这些策略都是基于斯铭作为听觉型孩子的特质和心理需求来设计的，以帮助他在内心形成积极的情绪循环。

家长为什么不容易搞定听觉型的孩子？除了以上提到的语言刺激因素，另一个重要因素是他们常常使用命令式的口吻来提出要求。传统的家长角色习惯于将孩子视为下属，以权威的方式下达指令，要求孩子服从。这种方式对于听觉型的孩子来说并不奏效。听觉型的孩子往往对掌控和影响力有较高的需求，他们对家长命令式的口吻会感到不适或产生抗拒心理，因而可能会选择忽视这些指令，或者表现出不合作的态度。因此，让听觉型的孩子在家庭中担任某种领导角色，是我向家长们推荐的有效策略之一。

有一次，一个一年级孩子的妈妈向我倾诉她的困扰：每天晚上让孩子去刷牙、洗澡成了一件非常棘手的事情。她反复催促，但孩子总是磨磨蹭蹭，直到把妈妈逼得如河东狮吼，孩子才会去做。妈妈苦恼地说："一个家，天天这样，再温馨的气氛被破坏掉了！"

我了解到她的孩子是听觉型，于是给妈妈支了一招：让孩子担任家庭的"懂事长"兼"生活部长"，负责安排全家人的日常起居。我向孩子宣布了这一"任命"，并告诉他："从现在开始，全家人晚上的刷牙、洗澡时间就交给你来安排了。你可以制定一个时间表，然后依次通知每个人。"孩子对这个新角色非常感兴趣，蹦蹦跳跳地跟着妈妈离开了。

孩子刚走出几步，好像突然想到了什么，转过身问我："我可以只叫他们去洗澡，我自己不洗吗？"

我微笑着，没有直接回答他，而是反问道："你觉得呢？如果你自己不做，你觉得他们会听你的安排吗？"

孩子停顿了片刻，然后转身离开了。

一周后，我收到了妈妈的反馈。她兴奋地告诉我，孩子现在每天都是先自己刷牙、洗澡，然后安排其他人完成。有一次，当孩子通知爸爸去洗澡时，爸爸因为手头有紧急工作尚未完成，便向他请示："儿子，我手上有件急事要做，你再给我20分钟好吗？如果爸爸不及时完成，老板会批评我的"孩子则表现得非常大度："当然可以，我先让爷爷去洗。"

现在，全家人都把孩子当作真正的"领导"来对待，尊重他的安排和决定，这让孩子很有成就感。困扰了妈妈两年的问题，就这样得到了解决。父母如果真有不同的想法，可以直接和孩子沟通，孩子也会因为受到尊重而表现得非常通情达理。

其实，在这个案例中有个有趣的点，就是当孩子问出"我可以只叫他们去洗澡，我自己不洗吗？"这个问题时，要如何回答？我曾在多个父母课堂上就此问题进行了询问。许多妈妈的回答都是直接而坚定的："不可以，你是领导，要以身作则。"对于听觉型的孩子来说，他们往往能够敏锐地捕捉到言语背后的深层含义。

与这类孩子沟通时，我们不需要将道理讲得那么有针对性，因为这可能让他们觉得自己被限制或不被尊重。如果他们在听到"领导就要以身作则"的道理后反驳说"那我不做这个领导了"，孩子"将"了你一"军"，你就处于被动的局面了。

相反，我们可以以一种更加开放和灵活的方式回应，例如："你觉得呢？""这个问题很有趣，让我们一起来想想。""作为家庭的'懂事长'兼'生活部长'，你希望其他人听你的安排吗？"类似这样的回应，既表达了对孩子的尊重，也暗示了作为"领导"的责任和影响力。同时，也给了孩子一定的思考空间，有助于他们理解并接受我们的期望，这非常符合孩子的心理发展需求。

让孩子当领导这种方法看似简单，但真要想实施并出效果就不那么容易了，需要一些技巧和父母的"肚量"。对有些妈妈，特别是对于那些在职场上习惯呼风唤雨、担任领导职务的强听觉型的妈妈来说，实施起来更具挑战性。

曾经有个妈妈表示，这种方法对她来说有难度，她说自己在家就是一个很强势的领导者。

因而，要使这一方法获得成功，关键在于一旦明确了孩子负责的部分，父母需要真正以对待领导的态度去对待孩子。这意味着父母需要放下自己的权威，尊重孩子的决策和安排，即使这些决策可能与父母的期望不完全一致。

有一位妈妈表示，让孩子当领导这种方法在她家就失败了。她的孩子上幼儿园大班，为了培养孩子做事认真负责的积极性，妈妈给他的职务是家庭中的"仓库经理"，负责提醒家长购买柜子里的物品。妈妈说，孩子一开始是兴致勃勃地接受了这一职务，但实施了一段时间后就提出不干了。

我很好奇，就询问孩子原因。孩子告诉我："妈妈没有听我的话，我跟她说，柜子里的餐巾纸快用完了要去买，妈妈说知道了。过了三天，我又对妈妈说柜子里的餐巾纸用完了要去买，妈妈还是说知道了，但就是没有去买！"

原来如此！孩子觉得自己的意见并没有得到重视，因此感到沮丧和失望。

我对妈妈说："这个结果是因为你没有真正以对待领导的态度来对待孩子。让孩子当领导，并不意味着他要求什么你就立刻执行，而是你要像对待真正的领导一样去尊重他的意见。以买餐巾纸为例，当孩子第一次告诉你餐巾纸快用完了，你可以这样回应：'我听到了，谢谢你提醒我，不过今天妈妈没有时间去买，我周六去买好吗？'这样，孩子感受到了他的意见被重视，你也给了他一个明确的承诺和安排。"

我们也知道，在实际生活中，计划总是会变化的。即使出现了意外情况，我们也要像对待领导一样，及时与孩子沟通，解释原因并征求他的理解。比如，因为临时有事导致周末无法购买餐巾纸，妈妈可以预先告诉孩子："孩子，非常抱歉，原本计划周六去买餐巾纸的，但临时出了点状况，可能得推迟一下。不过我会尽快安排的，你能理解吗？"

这样的沟通方式传递的是相互的尊重和理解。只要我们用心倾听，真诚沟通，还有什么问题是解决不了的呢？还有什么样的听觉型孩子会难以搞定呢？

对听觉型的孩子，家长千万不要吝啬你的肯定、鼓励和欣赏的语言表达，这些话语是孩子在成长过程中不可或缺的营养剂。对于他们来说，语言的表达往往比其他方式更能触及他们的心灵，从而带来事半功倍的效果。

然而，在批评孩子时，家长就需要谨慎选择方式了。批评的目的是希望孩子改正错误，而不是引发他的负面情绪。如果使用口头语言去批评孩子，一定要注意措辞，避免使用尖锐或刺激性的语言去指责他们。如果家长在表达批评时有困惑，不知道采用什么措辞更为恰当，那么我建议尝试一种简单而有效的方法——写字条。通过书面文字表达你想要传递的批评内容，这种方式可以避免口头批评可能带来的情绪冲突。对于听觉型的孩子来说，视觉刺激相对较小，书面文字的批评能让他们冷静地接受并反思自己的行为，同时避免引发过多的负面情绪。

二、视觉型的孩子：看得到的情绪赋能

容易引发视觉型孩子比较强的情绪、情感反应的，主要是他们的眼睛所捕捉到的信息。例如，日常学习中，一个红色的叉号在作业本上，可能会成为视觉型孩子负面情绪的源头，它让孩子感受到了失败与不足；相反，一个闪亮的"优"字、一颗金色的"五角星"，或是那一张张荣誉的奖状，能为他们带来无比的喜悦与自豪，成为他们积极情绪的源泉。

为了更高效地赋能视觉型的孩子，让他们在面对生活与学习的挑战时能够保持积极向上的态度，我建议家长们为孩子建立一个特别的"功勋柜"。这个柜子或是盒子，要放置在孩子容易看到的地方，如客厅、卧室或书房。

家长们要将孩子从幼儿园到现在的所有荣誉与成就——无论是奖状、奖杯，还是老师给予的特别奖励，如五角星图案，都精心地收藏在这个"功勋柜"中。这个"功勋柜"就是对孩子过去努力的肯定，更是对他们未来成长的期待与鼓励。每当孩子看到它时，都能从中感受到自己过去的努力得到了肯定。这些视觉上的积极刺激会在孩子心中不断增添能量，激励他们在面对未来的困难与挑战时有更加坚定的信心与勇气。

激励视觉型的孩子不断进步的方式，是将孩子的日常进步以视觉化的形式呈现出来。

首先，设置视觉化的奖励系统。例如，设计一张引人注目的星星榜或进度表，并张贴在孩子经常能看到的地方，如卧室的墙上或学习桌的旁边。按照与孩子事先的约定，采用多样化的视觉元素作为奖励标记。可以使用星星、点数、笑脸、点赞、翘大拇指等图标，也可以选择孩子特别喜欢的动画角色或超级英雄作为奖励图标。每当孩子达到某个目标或完成某项任务时，就与孩子一

起"召唤"相应的角色或图标到星星榜上。这样的设计能够更直接地吸引孩子的注意力，增强趣味性和吸引力。

其次，关于奖励的设定，要与孩子共同商定星星或点数的奖励兑现规则。这些规则通常可以分成几个奖励等级，比如累积50个点数可以兑换小奖品、100个点数可以换取更有价值的物品或服务，以此类推。这样的分级制度能够激励孩子持续努力，争取更高的奖励。

除了传统的物质奖励，还可以增加更多的非物质奖励选项。例如，孩子可以用点数兑换看电视或玩游戏的时间，或者兑换一次家庭活动，如一起看电影、进行户外探险等。这样的奖励能够平衡孩子的娱乐和学习需求，同时增进家庭互动和亲子关系。

为了进一步增强激励效果，建议家长设置一些特别大奖。比如"特权日"，在这一天，孩子可以决定晚餐的菜单、选择一个家庭游戏、规划某个周末的家庭活动内容等。这样的奖励对于小学生和幼儿来说极具吸引力，因为在这个阶段，他们最渴望父母陪自己玩。随着孩子年龄的增长和兴趣的变化，他们的需求也会有所不同。特别是在青春期，孩子可能更渴望与同伴相处或拥有更多的自由时间。因此，在设置奖励和兑换规则时，家长要充分听取孩子的意见，并根据他们的年龄和成长变化适时做出调整。这样的灵活性能够确保奖励系统始终与孩子的需求保持一致，持续激发他们进步的动力。

此外，我建议有勇气的家长设置一张类似的表格，让孩子有机会为家长的日常表现打分。这种双向的、相互督促和打分的机制，实际上是一种创新的家庭互动方式，能够极大地促进孩子与家长之间的平等对话和深入理解。特别是对于10周岁以上的孩子，这种机制非常符合他们的心理成长需求。

通过孩子的打分，家长可以更加清晰地认识自己在孩子成长过程中的表现，从而进行自我调整和改进。同时，孩子能在打分的过程中学会客观地评价他人，提升自我认知和社会交往能力，进一步激发他们的积极成长动力，加快他们的进步速度。

诚然，这需要家长有足够的勇气和开放的心态，愿意以平等的姿态接受孩子的评价和建议。

【星星榜实例】

孩子的星星榜

内容	周一	周二	周三	周四	周五
起床	☆☆☆	☆☆☆☆	☆	☆☆	☆
整理书包	☆☆	☆☆☆	☆☆	☆☆☆	☆☆☆
专注力训练	☆☆	☆☆☆	☆☆☆	☆☆	☆☆☆

妈妈的星星榜

内容	周一	周二	周三	周四	周五
不发脾气	+5	+4	+6	+8	−2（注意情绪管理）
说话温柔	+3	+2		+1	+3
表扬孩子	+2	+3	+4		+2
陪孩子一起看书	+1	+2	+3	+2	+1

除了以上提到的星星榜视觉化激励方法，家长还可以在孩子的房间内运用网络上各种有意境的文字或图像做成小牌子、贴纸等装饰品。这些装饰品可以包含鼓励性的话语、孩子喜欢的卡通角色、励志的图案等，旨在为孩子营造一个充满积极氛围的学习环境。所有正面积极的视觉刺激，都能够让孩子在日常生活中不断受到鼓舞和激励，从而保持积极向上的心态和动力。

值得一提的是，在我们当下的教育体系和家庭成长环境下，视觉型的孩子通常能够较为平稳地成长，较少经历由情绪冲突引发的困扰，老师或家长对他们的管理也相对容易，这些是他们相较于其他类型孩子所展现出的独特优势。因为这类孩子对视觉信息更为敏感，而对听觉刺激则相对较弱，因此他们对老师或父母的口头指责或批评的语言不那么敏感，从而减少了不必要的能量消耗。尽管他们可能得到的视觉型赋能也不多，但由于避免了负面刺激的干扰，他们仍然能够保持较强的进步动力。

这也表明，在孩子的成长过程中，避免不必要的能量消耗和阻碍是极为重要的。只要我们不过度消耗孩子的能量，不在他们的前进道路上设置障碍，孩子们往往能够自我驱动，不断取得进步。试想：如果我们还能够为他们提供足够的视觉型赋能和正面激励，他们岂不是能集聚自身更多的能量，去克服困难、应对挑战，从而迈向更高更远的未来？

三、感觉型的孩子：动作与场景的魔力

感觉型的孩子对动作和场景有着极高的敏感度。他们容易受到外界环境和他人行为的影响，从而产生强烈的情绪反应。举例来说，当家长或老师在情绪失控时，采取过激的行为，如撕毁孩子的作业本、向孩子扔掷物品，或是破坏孩子的私人物品，这些行为都可能给感觉型的孩子带来极大的负面情绪冲击，使他们感到恐惧、不安甚至绝望。因此，在与这类孩子互动时，我们更应注重情绪管理和行为控制，以维护他们的心理健康。

对于感觉型的孩子，仅仅有口头语言的表扬是不足以持续激励他们的。由于他们的情绪记忆与动作和场景紧密相关，他们更需要通过具体的行为或场景来感受到被认可和鼓励。

有些家长常常很困惑，他们发现尽管平时经常使用语言来表扬孩子，但孩子的表现往往只是短暂地有所改善，随后又恢复原样，以至于他们认为表扬对自家孩子没有实质性的帮助。然而，这些家长不了解的是，口头语言主要作用于听觉系统，而对于感觉型的孩子来说，听觉并不是他们的优势感官系统。因此，单纯的口头表扬往往难以转化为他们内在的动力和能量。

如果家长在使用语言表扬的同时，结合一些肢体动作，效果会大不相同。例如，当家长说"你今天做作业很专注，妈妈给你点个赞"时，同时用大拇指轻轻地点在孩子的额头上。这种结合听觉和触觉的表扬方式，即听感联合刺激，是一种双重刺激，对于感觉型的孩子来说，刺激更强烈，更能让他们感受到家长的认可，增强他们内心的动力，使表扬的效果更加持久。

为了更有效地激励感觉型的孩子，家长和教师应积极尝试结合动作和场景来进行表扬，让孩子通过亲身体验来感受到被赞赏和重视。比如，使用拥抱、拍拍肩、击掌或在孩子额头上轻轻点赞等肢体动作，与孩子一起庆祝成功。此外，为他们设置一个特别的场景来表彰他们的成就，也是一种非常有效的方法。这样的做法能够更直接地触动感觉型孩子的内心，让他们真切地感受到家长和教师的关爱和认可，从而激发他们持久的积极情绪和动力。

对于感觉型的孩子来说，还有一种既简单又实用的赋能方法，那就是对他们微笑。感觉型的孩子往往特别喜欢看到别人对他们露出微笑；相反，他们最怕看到严厉的表情。因为微笑能够传递出更多的温暖和关爱，对他们来说非常受用，能够赋予他们更多的能量和信心。我自己就是一个感觉型的人，对此深有体会。

对感觉型孩子的批评方式，建议优先考虑采用文字、图像等视觉表达方式。其实，从理论角度出发，单纯的语言批评对感觉型孩子的刺激并不大，而批评时的神态和肢体动作往往会对他们产生更为强烈的刺激。通常父母或老师在批评孩子时，很难保持微笑和温柔的语言，往往是伴随着严厉的表情、愤怒的情绪。因此，为了减轻对孩子的负面刺激，采用书面文字或图片类的批评方式更为稳妥，这样不仅能够让批评更加明确、具体，还能够避免口头批评可能带来的情绪化反应。

总之，因材施教的赋能艺术的核心在于：表扬鼓励要针对孩子的优势系统，而批评应避免其强项，采用其弱项通道进行。例如，对于听觉型的孩子，家长需要运用肯定和鼓励的语言与他们交流，让他们通过听觉获取正面反馈；

而批评时，则可尝试使用视觉型的方法。对于视觉型的孩子，家长可采用视觉化方式记录他们的进步，直观展现他们的成长；批评时，口头语言可能更为有效。对于感觉型的孩子，家长的微笑、拥抱和具体的肢体动作将成为最有效的激励方式，让他们真切感受到家长的关爱与支持；批评时，则可选择视觉型方法。对于混合型的孩子，也应遵循同样的原则。

每个孩子都是独一无二的。特别是低年级的小学生，他们的内在驱动力尚未完全形成，因此外部的积极动力对他们的成长至关重要。在这个阶段，肯定和鼓励就像是孩子成长过程中不可或缺的营养素。

每个孩子都值得被温柔对待。让我们用爱和理解陪伴他们，激励他们，帮助他们成为更好的自己。

本节要点

详细阐述如何利用孩子的三觉特质进行情绪赋能，强调情绪智慧在孩子学习成长中的重要性。通过具体案例和方法，指导家长如何针对不同特质的孩子进行高效沟通，提升孩子的自信心和积极性。同时，提醒家长注意自己的言辞和态度对孩子的影响，强调因材施教的重要性。

家庭思考与实践

请回忆近期与孩子的互动，思考孩子的三觉特质在哪些场景下表现得尤为明显？您是如何根据这些特质与孩子沟通的？记录您的观察和感受，以及下一步的沟通策略。

第三节　信任之光——用相信点亮孩子的学习之路

每当有人问我，作为一位在儿童教育领域深耕几十年的教育工作者，帮助孩子成长的诀窍是什么，我的回答始终是这两个字：相信！

是的：相信！这两个字，具有超乎想象的威力和效果，是我践行了几十年从未动摇过的信念。不仅仅是我，那些能帮助孩子成长的父母，无一不是坚守这样的信念才收获了成功的果实。

妍妍妈妈便是坚守这一信念的楷模之一。

几年前，当妍妍还是一名二年级的学生时，数学成绩仅有20多分。这样的成绩，对于大多数家长来说，无疑是一个巨大的挑战和难以接受的事实，甚至连学校的老师也建议妍妍考虑转学或复读。

面对孩子的现状，妍妍妈妈既不甘心又很无助。在机缘巧合下，处于焦虑之中的妍妍妈妈一次偶然的机会听了我的一场关于"不要错过你的天才孩子"的讲座，立刻给我发来信息："我要崩溃了，现在好像看到了希望，雷老师快来救救我呀！"

我深知，能救妍妍妈妈的只有她自己。

我诚挚地邀请了妍妍妈妈来参加我组织的"父母训练营"课程学习，并对妍妍进行了"三觉优势"和"三觉通路"的评量，与妍妍妈妈一同分析妍妍过往的生长发育情况。

妍妍是一个听觉型的学习者，她自小就患有癫痫——这是一种需要长期服药控制的神经系统疾病。由于身体状况和学业上的挑战，妍妍在学校里备受同学的歧视和排挤，有些同学甚至嘲笑她"将来连扫垃圾的工作都不会有人雇用你"，这对听觉敏感的妍妍来说，无疑是心灵上的重创。

通过课程的学习，妍妍妈妈心中重新燃起了对孩子的希望，有了坚定的信念：每个孩子都有自己独特的天赋和潜力，妍妍也不例外。于是，按照课程中了解的训练原理和教育方法，妍妍妈妈决定为孩子量身定制一系列个性化的学习计划和策略，然后帮助孩子一点一点去突破。

深思熟虑之后，妈妈计划先从妍妍的数学学习入手实施改善方案。这是一个明智的决策。如果一开始就在语文、数学和外语三门科目上全面展开，那么需要考虑的问题将是妈妈是否能持续投入足够的精力，以及妍妍是否能承受住这样的学习压力。

全面展开的计划很可能会让双方精力分散，疲惫不堪，最终还会因为效果不明显而导致双方产生挫败感。因此，采用"集中优势兵力打歼灭战"的策略，可以确保获得某一项战役的成功。

妍妍妈妈主动与学校老师真诚沟通，坦诚讲述孩子目前的身体条件，请求老师暂时不对妍妍的作业作强制要求。取而代之的是，妍妍每天的作业将由妈妈亲自布置和批改，并在第二天带到学校交给老师。为了确保作业的有效性和针对性，妈妈紧跟学校的教学进度，同时依据妍妍当前的学习基础，从简单的题目开始，逐步增加难度。

每当学校进行单元测试后，妍妍妈妈都会根据妍妍的实际水平，重新为她精心制作一份难度适中的考卷，让她在家再次进行测试。考卷的出题难度是逐步递增的，从确保妍妍能够稳定地达到60分开始，然后逐步提升到65分、70分等更高的分数。妈妈这样做是为了让妍妍在逐步克服困难的过程中，看到并相信自己正在一点一点地取得进步。

可能有些人会对这种做法提出质疑：这些分数不是人为控制的吗？将来中考又不是妈妈出题，这样的做法究竟有何意义呢？

有意义，而且有深远的意义！

首先，这些策略极大地帮助孩子树立了对学习的信心。妈妈反复鼓励孩子的一句话是："虽然目前你的成绩不理想，但是你肯定能够成为班级里进步最快的人！"妈妈那些精心设计的作业和考卷，是让孩子看到自己进步的重要环节，再搭配相应的奖励措施，孩子能够始终保持对学习的积极热情。

其次，这些策略确保了孩子每天都有针对性的训练时间，无须为完成学校繁重的作业而疲于奔命。这些量身定制的训练内容聚焦于提高孩子的专注力和解决数学学科的薄弱点，使得孩子的学习更加高效和有针对性。

这是一套精心设计的内外结合策略，专注于孩子内在心态的积极调整与外在技能的系统提升，实施以后效果非常明显。在一年的时间内，妍妍的数学成绩取得了显著的进步，从起初的20多分，提升至30分、52分、64分，并最终追到81分。

妍妍考出81分成绩的那个晚上，妍妍妈妈抑制不住内心的喜悦给我打来了电话。她兴奋地告诉我，她终于从黑暗中看到了希望的曙光。她激动地与我分享了这段时间妍妍发生的积极变化，并特别强调，在那个特别的晚上，妍妍在做作业时，脸上洋溢着前所未有的开心和愉悦。

当然，孩子的进步之路并非总是坦途，中间难免会有反复。尽管妍妍曾经取得了81分这样的好成绩，但随后她的成绩又一度回落到了60多分。这个时候，正是考验妈妈心态稳定性的关键时刻，看她是否能够继续保持相信和信念的坚持。

我告诉妍妍妈妈，在成绩进步的过程中出现起伏是再正常不过的现象。只要妍妍的最低分数没有低于之前的最低点，就说明她仍然在朝着正确的方向前进。这些起伏正是她夯实基础、锻炼能力的过程，也是为将来的更大进步铺就道路。

幸运的是，妍妍妈妈具备出色的自我觉察能力。当觉察到自己坚持的能量难以为继时，她没有放弃，而是选择回到我们的"父母训练营"课堂复训，为自己充电，重新找回她坚守的动力。

妍妍的持续进步得到了老师和同学们的广泛认可。在一次思想品德课上，班主任提问："你们身边的同学中，谁的进步最大？"同学们纷纷踊跃举手，异口同声地回答妍妍的进步最大。他们列举了妍妍的进步之处："以前她的作业有很多错误，现在她的订正减少很多了""以前她考的分数很少，现在她能考七八十分了""以前她做眼保健操动作不标准，现在她的动作已经做得很好了"……

得到同学们的认同和赞誉，妍妍在学校变得快乐和自信了。妈妈对妍妍说的那句"你肯定能成为班级进步最快的一个"变成了现实，这对妍妍是莫大的鼓舞，从那之后她对学习更有热情，也更加愿意去学校了。

后来，妍妍妈妈欣喜若狂地告诉我，妍妍在最近的单元测验中，数学成绩已经进入了90分以上的行列。她兴奋地表示，接下来她将着手实施一个帮助孩子提升英语和语文水平的计划。

我由衷地为妍妍和妍妍妈妈感到高兴，也深知要达到这样的进步，妍妍妈妈一定付出了很多努力，而这个过程必定是艰难的。当我询问妍妍妈妈是如何做到的时，妍妍妈妈沉思片刻后，缓缓地说："妈妈首先要淡定，不要被老师逼得自乱阵脚，要坚定地相信孩子。每个孩子的花期不同，要耐心等待孩子成长，帮助孩子找到学习的窍门，就好比帮她打通学习上的'任督二脉'一样。一旦孩子开窍了，他们的进步将会势如破竹，甚至超乎我们的想象！"妍妍妈妈说，她现在深刻体会到了我一直强调的"每个孩子只是花期不同"的道理。

是的，淡定是原则，相信是信念。只有当家长保持淡定的心态，坚定地相信孩子，才能影响孩子的内在状态，使他们积极向上，有勇气面对学习和成长路上的困难和挑战。

面对孩子仅得20多分的考试成绩，焦虑的妈妈恐怕会感到无力甚至绝望。这样的成绩对孩子来说同样是沉重的打击，它像一块巨石压在他们的心头，给他们的心灵蒙上了一层阴影。

妍妍妈妈以自身的淡定和对孩子的信任，成功驱散了孩子心中的阴霾，点燃了她内心微弱的自信之火。于是，在妍妍身上，奇迹就这样发生了。

相比之下，我看到有些原本自身条件比妍妍好很多、学习能力也没有妍妍这般困难的孩子，他们的成绩却没有得到很好的提升。这些家庭普遍存在的一个共同点：母亲过度焦虑。这种焦虑让母亲本身心神不宁，也在无形中给孩子带来了压力，让他们开始怀疑自身的能力和价值。

实际上，孩子的情绪状态是解锁他们学习天赋的一把关键钥匙。只有当他们的情绪稳定、积极时，这把钥匙才能打开他们内心深处的学习潜能，使其天赋得以充分展现和发挥。

关于孩子的学习问题，人们往往将其简单地归结为学习能力本身的问题。事实并非如此。根据美国国家科学基金会学习科学中心的一份报告，最新的儿童学习研究表明，我们通常认为的儿童"学业无能"并非儿童真正的无能，而是我们没有充分理解儿童学习能力发展所依赖的"情境"。这里的"情境"指的是一个多维度的环境，涵盖了孩子的物理学习环境、语言环境、人际互动以及文化环境等多个方面。每个孩子都是在一个特定的教育情境中成长的，而这个情境将直接塑造影响他们先天能力的发展和方向。

在一次父母课堂上，当我分享这一观点时，现场一位爸爸回忆了一段童年往事：

"我小时候，有一次数学考试，我对卷子上最后一道10分的附加题特别感兴趣。于是，我就把整个考试时间都用来解这道题，最后终于把这道附加题解出来了，但结果是，考试成绩只有这10分。我的数学老师却在全校的广播里表扬了我。我才知道整个年级只有我一个人解出了这道题。这让我很激动，很受鼓舞，也特别有成就感。老师没有在意我只考了10分，父母看到了我带回来的这张10分试卷也没有责备我。自那以后，我对数学学习很有兴趣和自信，最后成了一名数学优等生。"

这位爸爸的童年首先遇到了一位极具智慧与远见的老师。老师并没有因为他仅有10分而批评他考得那么差，反而看到了他独特的努力和成就，并在全校师生面前给予了他高度的称赞。这样的老师，在当今社会难能可贵。同样，这位爸爸也很幸运地拥有理解他的父母。试想：如果当时老师和父母没有选择相信孩子，而是仅仅关注那表面的10分成绩，并对他进行严厉的批评与指责："你这题做出来了又能怎样，只考了10分还是不及格，你就是个差生！"这样的冷嘲热讽无疑会严重打击孩子对数学学习的自信心，我们也就看不到后来这位数学优等生的诞生了。

无论孩子当前面临多大的困境，呈现出何种不尽如人意的结果，父母都需要用相信的眼睛去穿透黑暗（问题），看到孩子未来的光明。相信每一个孩子都渴望积极向上，相信他们内在都蕴藏着巨大的学习潜力，这是我几十年始终坚守的信念，也是我在教育领域帮助孩子解决学习和成长问题的重要法宝。

其实，无法相信孩子的背后，是父母没有相信自己！

本节要点

强调信任在孩子成长过程中的重要性。作为家长和教育者，应该用相信点亮孩子的学习之路，激发他们内在的潜能和动力。通过个案分析，展示信任如何帮助孩子克服学习困难，实现自我成长。同时，提醒家长和教育工作者，在亲子关系中，信任是不可或缺的养分，能够让孩子感受到价值，更加自信地面对挑战。

家庭思考与实践

请回忆一个曾经用信任帮助孩子克服困难的经历。思考如何表达出对孩子的信任，以及这种信任对孩子产生了怎样的积极影响。讨论如何在未来的教育中更好地运用信任的力量。

第四节　石头开花——情绪智慧成就非凡未来

一、石头开花的故事

在某个城市的一所小学，班级里的同学都在聚精会神地写作业，只有一个男孩趴在课桌上打瞌睡。这个男孩有口吃的毛病，平时总是无精打采的样子，他很自卑，常常躲在角落里，几乎不开口说话，不和同学交流，学习成绩也越来越差。

有一次，老师把他叫到办公室。

"你相信石头会开花吗？"老师的手掌里，有一枚光滑的鹅卵石。

男孩不说话，只是摇了摇头。

老师随即拿出一把小巧的工具刀，开始埋头雕刻起来……一朵小花在石头上栩栩如生。"你看，石头其实是可以开花的……"

很多年过去了，这个名叫马杜罗的小男孩长大成人了，还成为委内瑞拉副总统！这个消息像长了翅膀一样，迅速传遍了每一个角落。几乎所有熟悉马杜罗的人，都不敢相信自己的耳朵：他真的是当年那个马杜罗吗？会不会搞错？记者们蜂拥而至，面对他们连珠炮般的提问，马杜罗从容地反问："你们相信石头会开花吗？我相信。"说着，他微笑着伸出手来，掌心里躺着的，正是当年老师赠送给他的那块鹅卵石……

2013年4月，马杜罗成功当选了委内瑞拉总统。从有口吃毛病的小男孩，到国家副总统，再到总统，马杜罗的石头在持续开出灿烂的花朵！

二、黑马之旅：佳佳的蜕变

在我们的"雷氏三觉"学堂里，有一个特别的班——"黑马班"，它承载着对每一个孩子的期待与祝愿。每个孩子都像一颗待发芽的种子，等待着绽放的那一刻。

黑马，顾名思义，就是指那些原先不被人看好，却突然发力，有很大进步的孩子。而"黑马班"这个名称背后，则有着一个特殊的起源。

那是在2014年下半年，我结束了职场生涯，开始了教育事业的新篇章。为了培训学堂年轻的老师们，我决定亲自带领一个小班进行示范性教学。当时，我给这个小班命名为"突破班"，就是希望孩子们能在学习上实现自我突破，跨越难关。

对于正处在义务教育阶段的小学生来说，学习是他们成长道路上极其重要的一环。因此，在这个"突破班"里，我主要聚焦于两大任务，以促进孩子们的全面发展。

首先，我极其注重对孩子们进行情绪赋能，以激发他们的内在积极性。通过讲述鼓舞人心的故事（如"石头开花"）、及时给予正面的反馈，并在教室墙面上设置"成长的足迹"专栏来展示他们的点滴进步。我们努力营造浓厚的学习氛围，帮助孩子们建立稳定而积极的学习情绪。因为积极的情绪状态是他们在学习上取得突破的重要基石。

其次，我引入了"三觉优势学习法"，这一方法旨在充分利用孩子们在视觉、听觉和感觉三方面的优势。我相信，当孩子们意识到并善用自身的这些优势时，他们将能够更加自主地解决学习上的难题，从而在具体的学科学习中实现显著的进步。

在"突破班"里，有一个叫佳佳的三年级女孩，她的学习成绩一直徘徊在中等偏下的水平，数学成绩尤其令妈妈担忧，总是在60~63分挣扎。每次临近考试，佳佳妈妈总是忧心忡忡，担心她的成绩会不会滑落到60分以下。学校老师给佳佳的评语也多次提到，希望她能在学习中多动动脑筋，改掉粗心的毛病。佳佳的粗心问题确实严重，抄写时经常漏字，数学题目中的数字也常常抄错，比如原题中的36，列式计算时抄下来的数字只有6，而把3遗漏了。

就是这样一个被大家普遍认为不够聪明的女孩，在加入"突破班"短短两个月后，便迎来了期中考试。令人惊喜的是，佳佳的语文成绩进步了整整10个名次，数学更是考了87分，距离第一名只差7分。

公布期中考试成绩的当天，佳佳一跨进学堂的大门，就欣喜若狂地大声叫喊："雷老师，雷老师，今天老师表扬我了，说我是匹黑马！"

"哇，太棒了！快告诉我，老师是怎么表扬你的？"从佳佳兴奋的语气中，我猜测她这次考试成绩非常好。

"老师说，有的同学进步速度像飞马一样快，已经很好了，你比他们还牛，你是黑马，直接冲到前面来了。"佳佳喜形于色地模仿着老师的语气和神态。

我给了佳佳一个热烈的拥抱，由衷地祝贺她取得如此巨大的进步。我也给佳佳的老师发去信息，真诚地感谢她对佳佳的帮助和肯定。

之所以要这么做，是因为我深知在教育中，老师扮演着至关重要的角色。老师是学生人生旅途上的重要导师，他们的正面反馈和肯定能够极大地激励学生，对学生的成长影响深远。多年的教育经历告诉我，当学生取得显著的进步时，老师和家长的态度对学生后续能否保持学习动力有着很大的影响。

曾有不少家长告诉我，面对孩子学习成绩有爆发性的进步时，有些老师会用质疑的口吻说："哟？你这次怎么考得那么好？是不是瞎猫碰上死耗子了？我倒要看看你期末大考怎么样。"或者，有些老师虽然嘴上没有这样说，心里难免有这样的疑虑。同样，有家长对孩子突如其来的进步也持怀疑态度。不用说，在这样的质疑下，如果孩子内心的稳定性不够，那么期末大考考砸就一点也不足为怪了，而老师和家长还可能觉得自己当初的判断很正确，认为孩子的进步就是瞎猫碰上死耗子的运气。

佳佳的老师则不同，她不仅看到了佳佳的进步，还毫不吝啬地给予了积极的肯定和表扬，将佳佳的努力和进步比作"黑马"。这种正面的反馈对佳佳而言，无疑是一剂强心针，极大地增强了她的自信心和学习动力。我相信，在老师持续的鼓励下，佳佳一定会更加努力地学习，继续取得更大的进步。

因此，我给佳佳的老师发信息，不仅是为了表达对她由衷的感谢，更是为了让她继续用这样的方式鼓励和支持学生。因为每一个孩子的进步都值得我们用心去看见和肯定。

我给佳佳的老师发送了感谢的信息后，佳佳时常兴奋地告诉我，老师不断表扬她在学习上有进步。我知道，有学校老师这样的鼓励，佳佳一定能持续保持好的学习状态。现在，佳佳的脸上总是洋溢着自信的笑容，对学习充满了前所未有的热情和兴趣。她的作业完成速度明显加快，订正作业的次数显著减少，这些变化都清晰地表明她已经步入了学习的良性循环。

到期末大考时，佳佳的数学和英语成绩都进入了90分以上的优秀行列，语文也取得了87分的好成绩。这一系列的进步和成就，无疑是对佳佳努力学习的最好回报，也是对她自信心和学习热情的最好证明。

我很喜欢老师形容佳佳的进步像黑马。因此，我决定把"突破班"正式更名为"黑马班"。后来，在我们为孩子们讲述的故事中，还特别增加了这个"黑马班"来历的故事。我希望这个名字能够给孩子们带来积极的心理暗示，激励他们要像佳佳一样，在学业上勇往直前，成为一匹匹脱颖而出的"黑马"。

从那以后，我们的"黑马班"犹如一片肥沃的土壤，培养出了一匹又一匹的黑马。

三、从阴霾到阳光：小雅的成长之路

在我们"雷氏三觉"学堂的大厅墙上，挂着一面锦旗，上书"教导有方有

术，育德育才育心"，这是黑马班小雅的父母赠予我们的。

自小雅上一年级起，她的父母便察觉她在学业上遇到了不小的挑战。背书、默写和日常作业都让她倍感吃力，逻辑思维的混乱更是让她的学习成绩始终不尽人意。随着年级的递增和课程内容的加深，到了三年级时，小雅的成绩已滑落至班级下游。

眼见小雅逐渐变得内向自闭、缺乏自信，她的父母心急如焚，四处寻求解决办法。他们曾寻找名师进行一对一的家教，参加各类辅导班，甚至聘请专业心理咨询师为她进行心理疏导。尽管他们尝试了各种方法，付出了巨大的心血，小雅的学习状态并未得到显著改善。

陷入这样的困境后，小雅的父母开始变得焦躁不安，情绪失控时甚至会严厉地处罚孩子。这样的做法不仅不能解决问题，反而使小雅陷入了更深的自闭和自卑中。

有一次，当父母再次因为学习问题责骂小雅时，小雅突然放声大哭，泣不成声地说："我在学校里被同学欺负，被老师看不起，回到家里你们也是这样打我骂我啊！"

小雅的哭诉像一记重锤，狠狠地击中了小雅的父亲，他猛的一咯噔，瞬间觉察到了孩子内心深处隐藏的巨大痛苦。事后，小雅爸爸向我回忆道："看到孩子这么伤心地哭，想想孩子也挺可怜的，每天早上去学校都是一副愁眉苦脸的样子，放学回来也是背着沉重的书包，眼皮耷拉着，精神不振。孩子每天都没有自己快乐的时间，再这样下去非把她逼疯了不可。"

正是这个沉重的"咯噔"，让小雅爸爸幡然醒悟，意识到再也不能以这种方式逼迫孩子，必须要改变教育方式了。恰巧在此时，他偶然间听闻了我的教育理念，觉得与自己的期望不谋而合。于是，他找到我的工作室寻求帮助，将之前的种种努力和尝试一一道出。最后，小雅爸爸的眼中闪烁着泪光，真诚地对我说："雷老师，我们已经走投无路了，您这里是我们唯一的希望了。只要可以帮助小雅，要我们家长配合做什么都行，我们一定全力以赴。"

　　在我数十年的咨询生涯中，我很少见到一位父亲为了孩子的成长在我面前如此动容。我感受到了这位父亲对孩子的爱深沉而真挚，看到了他的努力。这一幕让我情不自禁地联想到了我的父亲。尽管我自小在学习上成绩一向很好，但我依然要经常挨父亲的责骂。原来父亲严厉的背后，深藏着对孩子的爱。

　　只要我们和家长双向奔赴，孩子还有什么难题解决不了？就这样，四年级的小雅正式成了我们"黑马班"的一员。

　　我们首先对小雅进行了"三觉优势"评测，结果显示小雅在听觉上具有显著优势。这意味着我们对她的教学方式以及表扬鼓励都需要与她的听觉型特质相匹配，即以声音为主导的语言表达。我们又对小雅进行了"三觉通路"评量，发现小雅存在专注力缺乏、手眼不协调而造成粗心的严重问题。

　　在与小雅的父母深入沟通后，我了解到小雅在婴儿期的爬行阶段并不会爬，在后续养育过程中家长又过度包办，这些综合因素导致了小雅的感统发展出现了偏差。

　　我们还对小雅的心理状况、具体学科能力以及思维能力等方面进行了全面的评估，发现小雅的语文词汇量掌握程度明显滞后，仅相当于二年级学生的水平，这直接影响了她对文本的理解和表达能力。在数学方面，她表现出逻辑混乱的特点。这些不足导致她对教学目标和课程的理解差、接受速度较慢，进而影响了她对学习的自信心。

　　基于以上评估结果，我们为小雅单独制定了一整套改善措施和学习策略。

　　首先，强化小雅的脑体协助训练和专注力训练，以提升她的学习效率。鉴于小雅的年龄因素，她需要的训练强度要比低年龄孩子更大。因此，家庭日常训练和我们专业强度的训练要结合实施，从而确保训练达到应有的效果。

　　其次，我们充分利用了小雅听觉优势的特质，为她设计了与之相匹配的学习方式。通过以声音为主导的语言表达，我们加快了小雅语文词汇的积累速度，并有针对性地加强了她的数学逻辑训练，帮助她理清思路，提升逻辑思维能力。

　　最为关键的是，我们致力于清除小雅过去形成的心理阴霾，帮助她重塑自信心，并激发她面对心理障碍的勇气和决心。我们将为她提供持续的心理疏导，确保她不再受到新的心理伤害。

因此，我特别叮嘱小雅的父母，从现在开始，小雅在学校中的任何显著情绪波动，无论是喜悦还是沮丧，都不能被忽视，都要及时告诉我们，以便我们能够及时为她提供必要的支持和帮助，从而将她的负面情绪转化为积极情绪。

我特别强调这一点，是因为我们不想错过任何一次可以增强小雅积极能量的机会。当小雅感到开心时，这意味着她正在经历积极的情绪体验，我们应充分利用这一时机，为她加油鼓劲，使她获得更多的能量和动力。一旦小雅受到伤害，我们必须迅速介入，以免她因此而产生新的心理阴影，从而影响她的改变进程。

小雅在加入"黑马班"两个月后，我们的老师欣喜地发现她的学习能力有了显著提升，尤其是在数学方面进步很快。然而，从小雅分享的几次学校数学测验成绩来看，分数提高并不多。这个现象让我们感到很困惑。

为了找出小雅出现这种情况的根源，我希望小雅妈妈带几份数学测验卷给我们看看。当我们仔细查看这些试卷时，发现有几道题目实际上是做对了的，其中有的因为书写不符合老师的要求而被扣分，有的则是由老师的批改错误导致失分。

面对这样的情况，小雅妈妈非常生气，想要直接去找老师指出批改错误，并怀疑老师是因为对小雅有偏见而故意扣她的分。

我立即劝住了小雅妈妈，并解释说我认为老师故意批错的可能性极小。身为老师，他们最大的愿望是学生能够掌握知识，取得好成绩，而不是故意让学生受挫。从目前的情况来看，我推测可能是老师对小雅过去的学习状况持有某种固有印象，因此习惯性地认为这些题目对她来说难度较大，从而在没有仔细察看的情况下做出了她无法正确完成的判断。我之所以这样判断，是看到老师批错的，大多位于试卷的末尾，属于难度相对较高的几道题。老师可能并不了解我们团队正在对小雅进行的帮助，因此没有预见到小雅在数学能力上会有显著提升。

我告诉小雅妈妈，这件事我会亲自处理，来消除老师对小雅的固有印象。

为此，我特意写了一封信，请小雅转交给她的数学老师。

在信中，我首先介绍了我们是一个研究孩子学习能力的专业机构，并说明目前正致力于帮助小雅提升她的学习能力。接着，我详细说明了经过科学评测，小雅被确定为听觉型的学习者，并解释了这种类型的孩子在学习和生活中常见的特点。然后，我告诉老师，我们正在对小雅实施一系列有针对性的方法，以帮助她在学习上做出正向改变。我预测小雅接下来可能在某几个方面会有明显的进步，诚挚地邀请老师作为我们的观察者，关注小雅在这些方面的具体变化。最后，我在信中留了一个联系电话，以便老师随时与我联系，进一步交流关于小雅学习情况的看法和建议。

我写这封信的真正意图，是告诉老师，小雅现在已经有了显著的进步，并希望老师能重新评估小雅的能力。通过精心选择的话术，我试图松动老师对小雅之前的看法，引导老师去发现小雅的进步和潜力。

我不让小雅妈妈直接告知老师关于批改错误这件事，是出于对沟通效果的考虑。如果小雅妈妈带着情绪去找老师，即使老师确实意识到自己批错了，也很可能因为妈妈的情绪化表达而产生负面情绪。这种情绪化的沟通不仅无助于解决真正的问题，反而可能引发老师产生"即使我没有批错，你们家孩子的成绩也不会好"的偏见。在这种心理情绪的驱使下，老师可能会试图证明自己是对的，而这种证明自己正确的冲动，很容易导致老师对孩子的能力产生怀疑。这种不信任的氛围不仅会对孩子的学习积极性产生负面影响，还可能进一步拖累孩子的成绩。

"我们与老师沟通的目的不是要老师认错，对吧？我们是希望老师能多多关注孩子积极的一面。"我用这个观点说服了小雅妈妈，请她不要对老师流露出任何不满的情绪，以免影响我们帮助小雅进步的"大计"。

这封信递交给数学老师以后，有了明显的积极作用，小雅此后的小测验卷面成绩果然迅速提高了。这也恰恰说明我对老师批错这件事的猜测基本是对的。

有一天，小雅妈妈向我反映，小雅放学回家时情绪非常低落，她说老师不相信她现在的成绩进步了。我随即找到小雅，询问她老师具体说了什么会让她产生这样的感觉。小雅回答说："今天老师在班级里对着一些成绩不太好的同学说，'你们看看，我们班原来成绩最差的小雅，现在都能考70多分了，你们怎么还考不好？'"

我笑了，并向小雅解释："其实老师是在表扬你呢，老师的意思是，你的能力原来比他们低，现在你进步很大，成绩已经超过他们很多，老师希望那些同学向你学习，也要提高成绩。老师表扬你的方式，没有像我们学堂老师那样直接，所以你没有立刻感受到。每个人表达的方式不同，你要原谅老师哦。"

小雅听了我的解释后，脸上露出了笑容。她表示理解并接受了老师的这种表扬方式，此后继续保持着积极的学习情绪。

小雅的父母完全履行了他们的承诺，无条件地信任我们，并积极地配合我们提出的每一项建议。他们还参加了"父母训练营"课程培训，努力学习与听觉型孩子的有效沟通模式，以改变传统的教育方式。他们做到了不再仅仅以语数英的成绩来评判小雅的能力，而是积极发现她的长处并及时给予肯定。

小雅在加入"黑马班"四个月后，迎来了一个重要的挑战——期末大考。虽然之前我们已经明显地感受到了她的进步，但我们还是不敢有这样的期待——小雅的总分竟然跃升至全班第八名。这一喜讯让小雅全家人欣喜若狂，小雅的父母更是怀着满心的欢喜和激动，带着小雅来到我们学堂，向"黑马班"的老师们表达了最真挚的感激，并献上了锦旗。

小雅爸爸难掩内心的喜悦，激动地对我说："我们真的没想到，小雅的成绩能提升得如此迅速。我们最高兴的，不仅仅是孩子的学习成绩有这么大的提高，更重要的是四个月来，她的精神状态发生了翻天覆地的变化。现在，她每天早上都是蹦蹦跳跳地去学校，开始频繁地受到学校老师的表扬，放学后也是满脸笑容地回家，每天都兴奋地告诉我们学校和同学的事情。你们是从心理层面着手，真正帮助了孩子。孩子现在精气神好了很多，其他事情也慢慢好起来了，这真是一个奇迹！谢谢你们为小雅所做的一切！"

我向小雅的父母表示，除了孩子自身的努力，真正的功臣是父母。我们学堂的角色，主要是为孩子提供内在的能量、信心和动力，但真正的关键在于父母通过学习，愿意改变自己的教育方式，并相信孩子通过训练能够变得越来越好，这份坚定的信任对孩子极其重要。

这并不是我的谦虚之辞，而是对事实的深刻认识。如果父母继续沿用过去的做法，对小雅施加过多的负面语言刺激，那么无论我们学堂如何努力为她赋能，这些正面影响都可能会被大大削弱。这就像一道数学题，如果小雅正在尝试爬出一个深坑，我们每天帮她向上拉三米，但父母的指责和负面情绪又使她下滑两米，那么她爬出这个坑的时间无疑会大大延长。

我问小雅："现在在学校的感觉怎么样？"小雅笑着回答说她很开心，因为现在老师不再批评她了，反而开始批评其他几个同学。小雅还模仿起老师的语气和神态，惟妙惟肖地向我描述那些场景。我在小雅讲述的语调语气中察觉到了一种微妙的报复性补偿情绪，似乎在说："我过去受了那么多苦，不仅挨老师批评，还要被你们嘲笑，现在终于轮到你们来尝尝我当初的滋味了。"这种情绪让我感到有些不安。

于是，我温和地引导小雅思考："小雅，老师这样批评那些同学，你觉得他们是什么样的感受？"

小雅马上说："我知道，他们心里一定很难受。"

我进一步说："很好，你能理解他们的痛苦。那么，对于这些同学，你觉得你可以做些什么呢？"

小雅想了想，说："我可以去安慰他们。"

我鼓励道："是的，你不仅可以安慰他们，还可以告诉他们，他们也能像你一样取得进步。如果你愿意，你可以教他们一些方法，那些方法你都会。小雅，你是个有能力帮助别人的人。"

小雅听了我的话，若有所思地沉默了片刻，随后脸上重新绽放出笑容，并点了点头表示同意。

小雅爸爸听到我与孩子的这番对话后，忍不住感叹道："雷老师，你们是从心理层面去帮助孩子的生命成长。"

确实如此。我们为孩子制定的所有改善方案，都是从生命能量的转化和提升开始的，这是一种根本性的、关于生命成长的改变。伟人与普通人的区别，不完全取决于智力的高低，而取决于各自生命能量的不同。生命能量越强大的人，越能吸收和转化更多的宇宙能量，最终成为更好的自己。

每个孩子都拥有非凡的天赋和积极向上的能量，只是他们展现这些天赋和能量的时机与方式各不相同。因此，我们创办"黑马班"，不仅仅是为了帮助那些在学习和生活中遇到挑战、暂时飞不高的"小鸟"们，激发他们内在的潜力，使他们能够展翅高飞。更大的意义在于，当孩子发生改变时，家长们也对孩子和自身有了全新的认识。这种认识不仅促进了孩子的成长，也让家长们实现了生命的成长。

本节要点

通过真实的故事强调情绪智慧在孩子成长中的重要性。文中展示了如何通过正面反馈、信任和激励来激发孩子的潜能，帮助他们克服困难，实现自我成长。每个孩子都拥有天赋和能量，关键在于如何通过情绪智慧来解锁这些天赋。家长和教育者应关注孩子的情感需求，为他们创造积极的学习环境，促进他们全面发展。

家庭思考与实践

选择您的孩子的某一项表现，通过正面反馈和肯定去激发孩子的学习动力。观察并记录孩子的变化，思考这些变化如何影响孩子的学习态度和成绩。

第五章

让孩子的学习像呼吸一样顺畅

本章导读

本章通过多个生动案例，揭示了家长在教育过程中应避免过度干预，让孩子自由探索与发展，不包办、不干涉、不强制、无为而治的教育原则，能让孩子在阳光下自由成长；同时，避免用自己的眼界限制孩子的未来，为孩子创造与其天赋匹配的成长环境。本章旨在引导家长理解并尊重孩子的内在发展规律，不错过孩子的学习天赋。

第一节　孩子本已具足智慧

一、孩子是我们的老师

在一次父母训练营的课堂中，我引导了一场关于家庭"红绿灯"规则的深入讨论。

红灯区域，象征着家长们认为在家庭环境中必须坚决避免的自己的行为或无法容忍的孩子的行为；绿灯区域，代表着家长们欣然接受和包容的行为；黄灯区域，则是那些需要家长与孩子双方共同沟通以达成新共识的边界地带。

那天，每个讨论小组都不约而同地从红灯区切入，讨论非常激烈。要不是我及时引导家长们将焦点转向绿灯区，恐怕红灯区的面积还会进一步扩展。

经过家长们热烈的讨论与汇总，共梳理出15项红灯区事项：

（1）孩子的撒谎行为；

（2）父母在孩子面前争吵；

（3）孩子在学校主动攻击同学；

（4）浪费时间或食物；

（5）无视其他事务，无节制地玩耍；

（6）玩电子游戏；

（7）家长不理智地打骂孩子；

（8）父母过度关注孩子；

（9）父母把自己的梦想强加给孩子；

（10）在公共场合表现不礼貌或不当；

（11）家长把自己的孩子与别人家的孩子做比较；

（12）影响人身安全的行为；

（13）孩子反驳或顶撞家长；

（14）孩子狡辩和逃避责任；

（15）不正确的写字姿势。

黄灯区有4项：

（1）不信任孩子；

（2）老人干涉孩子的教育；

（3）玩电子游戏；

（4）骂人，说脏话。

绿灯区包含了10项：

（1）允许孩子倾诉自己的感受和想法；

（2）在安全的前提下，鼓励孩子进行探索和尝试；

（3）允许孩子发表奇思妙想；

（4）支持孩子的善举；

（5）支持孩子的社交活动；

（6）允许孩子在一定范围内自由支配金钱；

（7）支持孩子的兴趣爱好；

（8）允许孩子的生活节奏稍微慢一些；

（9）不在意孩子的考试成绩；

（10）鼓励孩子多运动。

对于"玩电子游戏"这一项，不同的家长有不同的看法。有些家长认为它应该被列为红灯区，严格限制孩子玩游戏的时间和频率；而有些家长认为它属于黄灯区，需要家长与孩子共同协商，制定合理的游戏时间和规则。

在当天中午休息的时候，几位四年级的孩子无意间走进了上午父母课堂的学习教室，他们的目光被还留有讨论痕迹的白板所吸引。白板上列出的红灯区、黄灯区、绿灯区的内容激发了孩子们的好奇心。在了解了这些区域的含义后，他们开始兴致勃勃地讨论起来。

关于红灯区的15项内容，孩子们认定属于红灯区的只有五项。其中，"父母在孩子面前争吵"被孩子们列在了首位，他们表示这是他们最不愿意看到、最害怕的情景。紧接着是"影响人身安全的行为"，他们认为安全很重要。随后"不理智打骂孩子""不要把自己的孩子与别人家的孩子做比较"也引起了孩子们的共鸣，他们认为这些行为会伤害到自己的自尊心。最后，他们提到了"孩子在学校主动攻击同学"，认为应该和同学友好相处。

这五项红灯区的认定，孩子们几乎是不假思索就确定下来了，然而在面对黄灯区时，他们斟酌了好长时间。我发现他们将整块白板内容来回看了数遍后才继续发表他们的见解。

"玩电子游戏"这一项，孩子们建议从红灯区中删除，保留在黄灯区。他们的理由是希望自己有适度的游戏时间。

对于"对孩子的过度关注"这一条，孩子们提议将其从红灯区移至黄灯区。他们解释说，虽然家长过度的关注会让他们感到压力，但完全不关注也不行。他们说："毕竟我们还是孩子，需要爸爸妈妈的教育。"

有趣的是，家长们很开明地将"不在意考试成绩"列在绿灯区，意在表明他们不过分看重分数。可是孩子们对此并不"领情"，他们一致提出要将"考试成绩"列在黄灯区。我很好奇地询问原因，他们说不希望家长紧盯成绩，也不希望家长对成绩无所谓，他们希望在自己成绩有进步时能得到家长的表扬，成绩退步时可以得到家长的指导和帮助。

对于绿灯区，孩子们想增加一项内容，即希望家长能在一些小事情上放手，让他们自己思考并独立完成。"我们本来觉得自己可以做好的事情，但是家长总是表现出不放心，结果我们反而做不好事了。"孩子们这样解释道。他们希望家长能给予他们更多的信任和自由，让他们在实践中学习和成长。

这些孩子说完之后蹦蹦跳跳地离开了教室，而我却继续默默地站在原地陷入了沉思。平时我总是不吝于当面表扬孩子，但在这个过程中，我竟然没有对孩子们说过一句称赞的话。我能称赞他们什么？他们所表达的有哪一点不如我们的水平？我们真的比孩子更高明吗？我们真的比孩子懂更多道理吗？我们真的有能力去裁判孩子说的好与不好吗？

他们能够将"在孩子面前争吵"和"人身安全"毫不犹豫地排在红灯区的最前列，这足以说明他们对家庭原则有着更为深刻的理解。他们比我们更懂得教育的分寸，因此才能将"过度关注"这一原本在红灯区的行为，理智地移至黄灯区。他们比我们的心胸更加豁达，能够将家长试图淡化的"考试成绩"主动从绿灯区移至黄灯区，以寻求更为平衡和合理的处理方式。

那一刻，我只有一个感受——孩子是我们当之无愧的老师。他们纯真的视角，往往能揭示出我们成年人容易忽视的问题。每个孩子都是一颗充满生长动力和生命潜能的种子，他们的内在力量与智慧远超过我们的想象。他们以其独特的方式，向我们展示着生命的奥秘和成长的无限可能。

二、孩子天生就是大师

熟悉我的人都知道，我特别喜欢孩子，并自誉是"资深儿童"。然而，很多人不了解我为什么那么喜欢孩子，甚至有些人还难以理解我这个嗜好，私下还说我是吃饱了撑的，硬要捉些虱子放身上让自己不得安宁（指在夏令营中，我和孩子们同吃同住）。他们哪里知道我和孩子们在一起是十分的欢乐和满足啊！

孩子们的内心蕴藏着最纯真的感恩。

一组原本陌生的孩子通过齐心协力，成功赢得了一场活动的胜利。组长是一个二年级的小女孩，她毫不犹豫地将领到的一份奖品颁给了她认为对小组贡献最大的一个男孩。这个男孩在活动中始终不太"安分守己"，小动作特别多但思维很活跃。这样的孩子在学校里是很难得到老师的青睐和奖励的。看得出，得到奖品的男孩有些意外，继而有些激动，于是他更积极地投入了后续的活动中。

当男孩自己终于也赢得了一份奖品时，他立马走向先前给他奖品的那个女孩，并递上自己的礼品，对女孩说："我要知恩图报。"男孩的举动让他的妈妈惊讶不已："这孩子平时从不喜欢搭理女生，更不会主动对人示好表示感谢，今天太阳怎么从西边出来了？"其实，这就是孩子的特质。他们的心扉是敞开的，很纯净、很敏感，只要感受到一丝丝爱和尊重，就会全然接受，并铭记在心，日后必会回报。

不仅是孩子之间，孩子对家长、对老师亦是如此。几十年来，我就一直被孩子们知恩图报的爱温暖着、幸福着，每当看到或提及孩子，我的内心就会生出一种无与伦比的喜欢。佛说不懂得感恩的人是最贫穷的人，那么懂得感恩的孩子就是内心很富足的人。面对这些天生就拥有如此富足感恩之心的孩子，我怎能不喜欢呢？

孩子们的表达更是心口如一。

孩子是否喜欢听你说话，他会明确让你知道，不会装出对你的话感兴趣的样子，更不会趋炎附势。孩子的言语也是最真挚、最纯真、最直率的，且常常蕴含着令人惊叹的智慧。我非常迷恋和孩子们的交流，那是我最放松自在的时刻，我可以敞开心扉，无拘无束，更不用费心去揣摩他们的话背后隐藏着什么。

当我的思绪陷入困境，灵感枯竭时，与孩子们真诚地分享我的困惑，往往会成为我突破瓶颈的关键。也许他们不能直接帮我解决问题，但他们发散性的思维话语一定会让我有茅塞顿开、柳暗花明的感觉。

每当我觉得疲惫、烦躁时，最想做的就是和孩子们说说话，听着他们率真、可爱的语言，看着他们纯真、好奇的神态，我的心会不知不觉放松许多，烦恼自然也就放下了。孩子们与我性情相通，是我心灵休憩的港湾。面对天生率真而不会给你任何压力的孩子们，有谁会不喜欢呢？

孩子们的思想敏锐而深刻。

在夏令营期间，我们带领孩子们实地探访了山区的贫困家庭，并围绕《变形记》视频的案例进行了讨论。

其中，四年级的小潘寥寥几句既深刻又有哲理的见解让我们所有的老师们折服。"为什么那个城市的孩子到了西部贫困家庭才生活了几天就懂得了感恩？因为那个孩子看到了西部家庭父母生活的艰辛，明白了生活的来之不易。

而我们的父母总是只让我们看到他们最光鲜的一面，他们遭遇的挫折、困难，甚至失败都不让我们知道，让我们误以为父母给我们这些好的生活条件很容易。所以，我要向所有的父母提个要求，请让我们孩子看到真实的你们。"

看看，孩子们的思想是多么敏锐，见解又是多么不俗啊！那些抱怨自己的孩子像小皇帝、不懂得感恩的父母们，都将责任归咎于孩子，却忽略了问题的根源。这个四年级的孩子一下子就洞察到了问题的本质。

现在很多成年人纷纷投身于各种心灵成长的课程，努力修炼自己感知内心的能力，而孩子们敏于感受、身心合一的能力绝对是成年人的大师。面对天生如此智慧的孩子们，和他们在一起，我们不就是和大师们在一起吗？

三、孩子的内在"自动导航"系统

孩子的身体天生具备敏锐的感知能力，他们能够清晰地辨识自身的优势天赋，并精准地捕捉神经系统发育中的微妙偏差。孩子的体内存在一个我称之为"自动导航"的神奇系统，这个系统自孩子诞生之日起便开始默默运作，像指南针一样引领着孩子的发展轨迹，教会他们如何抓握、探索，并做出一系列自然而流畅的动作。

孩子的这一独特优势，是我们成年人望尘莫及的。随着年龄的增长和大脑的不断成熟，我们身体的这种感知能力逐渐被大脑日益增强的逻辑和理性思维所掩盖。就像一条久未有人行走的小径，虽然它仍然存在，但已被杂草遮盖，导致我们成年人对于自身这种感知能力的路径逐渐忘却。

如果孩子在成长过程中没有遭遇过多的外部阻碍，他们内在的"自动导航"系统会指引着他们按照个人的天赋和内在规律去发展。这种自然的发展过程并不意味着孩子一定会成为杰出的人才，但它确为孩子们提供了一个良好的发展基础。以本书第一章中提到的飞飞为例，她具有写作和画画的天赋，"自动导航"系统就会驱使她热衷于阅读、写作和绘画，并畅想自己未来要出版的书。

然而，孩子这种自然发展规律一旦遭到外界不当干预或破坏时，其整个系统的发展就会发生偏差甚至停滞，而孩子的身体能够敏锐地感知到这种偏差。最初，"自动导航"系统会引导孩子去纠正这个偏差。正如我在前几章所描述的感统失常的那些案列中，尽管孩子年幼，他们也会自行想方设法尝试一些特殊的方式来自我弥补和训练，比如头冲下滑滑梯、不停地转圈跑，这些动作实际上是孩子为了加强大脑前庭系统的功能而自发进行的强化训练。

遗憾的是，孩子这些行为往往不被家长所理解，反而遭到家长的喝斥："别人都能好好玩，你怎么总是弄出这样稀奇古怪的玩法。"这些不符合家长眼中的规范动作，理所当然被无情地阻止。在外界的这种阻碍下，孩子未能得到及时的"康复"训练，其发展逐渐偏离了正常的轨道。"自动导航"系统就需要不断重新定位，以寻找新的发展路径，只是这条新路径可能并不是发挥孩子天赋的最佳路径。

例如，对于前庭神经发育不良的孩子来说，年幼的他们尚能一次次接收到"自动导航"系统的指令，主动去做修补训练，而对于10岁以上的孩子而言，由于"自动导航"系统多次被外界干预和阻止，部分系统可能已经受损，无法再有效地接收和响应身体的指令。这时，孩子可能会排斥和逃避这些修补训练，因为对他们来说，没有身体指令的引导，这些训练变得痛苦且难以忍受。

由此可知，年幼孩子的某些看似奇怪的行为，并不是他们心血来潮的玩法，而是受到"自动导航"系统的驱使，在进行必要的自我修复和训练。我们千万不要去阻碍孩子的这种自然修复和发展过程。

有些家长很疑惑，如果孩子只想玩游戏而不做作业，真的能让孩子按照自己的喜好去玩游戏吗？首先，我们需要了解孩子这个行为是在怎样的环境下发生的。举例来说，当孩子正常的学习能力发展遇到阻碍时，如注意系统发育不完善、手眼协调能力不够等一系列的神经发育偏差，"自动导航"系统就会根据现状重新选择其他的路径，可能让孩子偏离了正常的学习轨道。

这个时候，如果外界能够给予孩子积极的能量输入，如理解、鼓励、专业的帮助等，孩子就有力量克服困难，重新回到自然发展的轨道上来。相反，如果外界给予的是负面能量，如批评、指责、过高的期望等，这些都会增加孩子的负担，使他们感到更加沮丧和无力，那么离苦得乐的本能会驱使孩子逃离学业而迷上游戏或是其他。

因此，我常常对家长说，当您不理解孩子行为背后的原因，不知道怎么做才能真正帮到孩子时，当下最好的做法是什么都不要说、什么都不要做，保持静默，耐心等待。孩子身体的"自动导航"系统在没有外界干扰的情况下，总是指向当前最适合孩子发展的方向。否则，家长错误的做法会产生干扰，使得孩子的成长轨道偏离正确的航线。

蒙台梭利说："我们造就了大量平常的人，而那些有独特思维的人就作为有创造性的人而存在。假如我们今天都能做到尊重儿童，让他们符合人的自然发展法则成长，他们每一个人可能都是富有创意的，那么这个世界可能产生巨大的变化。"

四、爱父母是孩子与生俱来的本能

每逢暑期，我们精心策划的小学生夏令营总是如期而至。每一期活动都充满精彩的故事，但有一个特别的场景总是能触动我们的心弦，成为夏令营的固定环节。

这个场景源自我们夏令营中一项别出心裁的游戏设计：孩子们按照年龄分组，每个小组模拟组建一个公司来运营，设有总经理、财务经理等职务。为了模拟真实的商业环境，每个公司都会获得一张"银行存折卡"，上面记录着他们在各项活动中赢得的奖励点数，如自主管理日常生活、乐于助人、课堂参与、作业完成和社会实践绩效等。这些点数如同公司的资产，可以作为未来投资的资本，也可以用于公司成员的特别消费。到了夏令营的最后一天，公司存折上那些尚未被消费的点数可以兑换一定量的礼物。

我要讲述的故事发生在二年级的模拟公司里。一天午餐后，一个叫小毅的男孩，爬在柜台桌子前，眼巴巴地盯着架子上那一瓶瓶可乐。当领队老师走过来，轻轻拍拍他的肩膀，提醒他即将开始集合时，小毅有些不舍地抬起头，对领队老师说："老师，我想喝可乐。"

小毅告诉我，他每天在家都要喝可乐，这次来到夏令营，已经过去了三天，他还没有喝过一滴可乐。我称赞小毅有毅力，自我"戒断"了三天的可乐，已经很不容易了。同时，我提醒他，按照夏令营之前宣布的规则，可以用公司存折上的点数来换取可乐。

于是，小毅去找他们公司的总经理牛牛，说："牛牛，把存折给我，我想换一瓶可乐喝。"

牛牛却坚定地摇了摇头："不行的，存折上的点数我们要攒下来给妈妈换礼物带回去。"牛牛说完转身就走了。

小毅没有就此放弃。他紧紧跟在牛牛身后，像个小尾巴一样，嘴里不停地嘟囔着："我想喝可乐……"

牛牛转了两圈后，小毅还是紧跟着牛牛不放。我作为观察者，这时候上前向牛牛提出了一个建议："总经理，你看小毅一直跟着你，要不你召集小组的其他伙伴们开个会，大家讨论一下这件事怎么解决？"

于是，牛牛立刻召集了小组成员进行讨论。我在一旁好奇地看着他们如何决策。

一开始，除了小毅，其余5人都坚定地表态不消费点数，要把点数攒起来，他们早看好了要给妈妈换的礼物。那次营地是在一个农场，礼物是各种新鲜的瓜果蔬菜。

小毅用那双充满期待的眼睛看着他的小伙伴们，他一次又一次地表达着自己的渴望："可是我就是很想喝可乐。"

随着小毅的坚持，我注意到有些孩子的嘴唇开始微微翕动，似乎内心也在动摇。不久，小毅赢得了两位同盟者的支持，再后来，总经理牛牛也忍不住了："其实我也很想喝。"

最后，孩子们自己想了一个巧妙的折中方案：用部分点数兑换了两小瓶可乐，然后，他们小心翼翼地将可乐倒入几个小纸杯中，共同分享了这份小小的快乐。

在那一刻，孩子们品尝着可乐，每个孩子的脸上都洋溢着满足和喜悦。他们的喜悦如此真切，仿佛他们从未品尝过如此美味的饮料。我知道，这份满足和喜悦源于他们用自己赢得的点数做出的决定，代表着他们团结合作、共同努力和智慧的结晶。

事实上，他们的存折上已经积攒了200多个点数，而兑换这两小瓶可乐才用掉10个点数，相对于他们计划用来给妈妈兑换礼物的点数来说，简直微不足道。然而，这些孩子们还是克制着自己的欲望，努力积攒着每一个点数，只为那个更特别的时刻。

到了换礼物的那天，天气又闷又热，二十多个孩子兴高采烈地奔向田野，依据各自的清单，开始亲手采摘瓜果蔬菜。有三个孩子一头钻进了比他们个头高出许多的玉米地里，开始掰玉米。我跟随其后，感觉闷热难耐，看着孩子们的小脸蛋通红，我不禁劝他们："掰几个就够了，还有很多选择呢。"

"不！我要把所有的积分都换成玉米，妈妈最喜欢吃玉米。"一个男孩从玉米地里钻出来，将手上的玉米放进袋子后，又迅速冲进玉米地。

说这个话的男孩，在家是被妈妈天天埋怨、常常挨打的孩子。他并没有因此对妈妈心生怨恨，相反，他对妈妈的爱依然深厚。

我站在田埂上，目睹着孩子们如此快乐地为妈妈准备礼物（小学低年级的孩子通常都选择给妈妈换礼物，鲜少有为爸爸准备的）。我发现，无论平时是受到妈妈的宠爱还是责骂，无论学习成绩优异与否，孩子们对妈妈的爱都是一样深厚和纯真。

我被孩子们对妈妈的爱深深地触动着。这个故事，我在每一次的父母课上都会分享给家长们。起初，大家从这个故事中听到的是孩子自己有解决问题的能力。随后，我引导大家做几个深呼吸，并静下心来感受时，渐渐地，有人开始领悟到了孩子们那份难以言表的爱。

孩子们是如此真挚地爱着他们的妈妈，即便因为作业问题遭到妈妈的责骂，他们也不会对妈妈心生怨恨，而是将不满归咎于学习和作业本身。他们觉得正是这些令人头疼的作业才让妈妈变得严厉。在这种心境下，孩子们又如何能够爱上学习呢？事实上，父母在作业问题上对孩子指责越严重，孩子对作业的厌恶情绪就越强烈。

我曾观看过一个动人的视频，内容是采访了一群孩子，让他们描述自己的妈妈是什么样。孩子们的脸上洋溢着天真无邪的笑容，他们纷纷回答："美丽、温柔、爱我、照顾我很辛苦……"说出来的都是妈妈如何如何好。

接着，镜头转向了孩子们的妈妈。同样，请妈妈说出自己眼中的孩子，妈妈们七嘴八舌地说开了："不听话、作业拖拉、学习马虎、上课不专心、学习不自觉、懒惰……"说的都是孩子的缺点。

当播放孩子们的视频给妈妈们观看时，原本热闹的现场瞬间陷入了寂静。妈妈们的神情变得凝重，有的妈妈眼中湿润了。

是呀！我们为何总是只抓着孩子的缺点不放呢？很多时候，我们不经意间把自己的眼睛设置成像路边的违章抓拍摄像头，专门去捕捉和放大孩子的"违规"行为。对于视觉型的妈妈来说，孩子的缺点尤为显眼；对于听觉型的妈妈来说，批评孩子时言辞之犀利如同机关枪扫射。这是我们五十多期父母营家长们共同反思并得出的教训。

孩子们却不同，他们是用心去感受和看待父母的，他们看到更多的是父母的爱和付出。我们常常低估了孩子对父母的爱。殊不知，每一个孩子都用尽全身的力气爱着妈妈、爸爸，这份爱没有任何理由，只因你们是他们的父母！

孩子的成长需要阳光和雨露的滋养，而父母无条件的爱和积极的能量支持，就是孩子成长过程中最宝贵的阳光和雨露。

注：文中所提人物均为化名。

本节要点

通过一系列家庭教育和孩子成长的实例，强调孩子作为学习者和独立个体的智慧与潜力。孩子不仅是我们的宝贝，更是我们的老师，他们的纯真视角能揭示出我们成年人容易忽视的问题。孩子的内在力量和智慧远超我们的想象，他们拥有敏锐的感知能力和自我修复机制。家长应该尊重孩子的自然发展，避免不当干预，并通过无条件的爱和积极支持促进孩子的成长。同时，孩子对父母的深爱值得我们深思和珍惜。

家庭思考与实践

请与您的孩子一起回顾家庭中的"红绿灯"规则，尝试将孩子认为重要的内容加入其中，并一起讨论如何更好地执行这些规则。

第二节　为孩子提灯照路

华华的母亲是众多家长羡慕的对象，因为她以轻松的教育方式让孩子成为"别人家的孩子"。当华华即将从幼儿园大班步入小学时，华华妈妈对她说道："你要上小学了，要去学更多的本领，现在开始，妈妈的任务是好好工作，你的任务是好好学习，学习是你自己的事情，自己的事情要自己做。"

华华的父母从不陪读，平时也不会督促她做作业，只在她提出需要的时候提供支持和帮助。周末时间，华华不需要在外奔波上辅导班，每天有大量的时间自主安排，看自己喜欢的书，做自己感兴趣的事。这种宽松而自由的学习氛围，让华华的学习天赋得到了充分发挥和发展，她从来没有觉得学习有负担，而是享受着学习的过程，也从中获得了成就感。

在初中升高中的关键时期，华华凭借自己的实力，提前考入了上海四大名校的理科班（注：为了减轻学生负担，现在已取消全市理科班的统一招生）。在高中时期，她继续保持着优秀的学习成绩，最终提前被北京大学录取，没有经历千军万马争过独木桥的残酷竞争。

如今，华华已成为美国一家世界500强企业的高级白领，她用自己的努力和智慧，书写着属于自己的精彩人生。在她父母结婚三十周年之际，华华从遥远的彼岸送来了一份特别的礼物——一个刻有"最佳父母奖"的水晶纪念品，以此表达她对父母无尽的感激。

大家纷纷向华华妈妈请教，想知道她是如何做到这一切的。以下是华华妈妈的自述。

【深挖地基】

我认为0~6岁是孩子成长的第一个关键阶段，这一时期为孩子未来的发展奠定了坚实的基础。就像造房子一样，地基打得深厚牢固，未来想造楼房、别墅都可以。

在女儿出生前，我在一些公共场合看到一些孩子因为父母没有即刻满足他们的需要而大哭大闹，甚至躺倒在地，最后往往是父母无奈地屈服了。我暗自下定决心，将来如果我有了孩子，不能让这种情况发生。所以，从女儿3岁开始，我就有意识地采用延迟满足的方式来培养她的自制力。

有一次，我和女儿在一起玩积木时，她突然注意到桌子上摆放的橘子。

"妈妈，我想吃橘子。"她望着我说。

"好啊！你看，现在指针在数字3这里，我们等到指针走到6那里再吃橘子，好吗？"女儿还不认识钟表，我耐心地用手指着分针的位置，告诉她需要等待15分钟。女儿点点头。

30年前，我并不知道心理学上那个著名的延迟满足糖果试验，但我深知自制力对孩子未来的成长有着多么重要的作用。它是孩子日后形成自我管理、自我约束能力的基础。让孩子晚15分钟再吃橘子，实际上就是在对她进行延迟满足的训练。我利用日常生活中的每一个机会，对女儿进行这方面的训练。所有的训练都是在不知不觉中进行的。

在女儿六岁之前，我所有的业余时间全部用于陪她玩耍，每天给她讲故事。随着女儿的长大，我也不断变换着讲故事的方式，以适应她日益增长的想象力和理解能力。

起步阶段：我首先采用"我讲她听"的方式。我绘声绘色地描述："小猴菲菲啊，吃饭不挑食，什么都爱吃，所以它力气很大，经常帮妈妈做很多事情……"通过这种方式，我将希望女儿具备的好习惯巧妙地编入故事情节，潜移默化中，孩子就会自觉地向这些好习惯靠拢，慢慢地，好习惯在她身上逐渐显现。

过渡阶段：随后，我进入了"我讲她接"的模式。在讲述故事时，我会故意留下一些空白，引导女儿进行想象。比如，在说到"小花猫跑进了房间，一眼看到桌子上有条鱼。"我会停下来问女儿："你猜猜看，接下来小花猫会怎么做呢？"女儿总是能发挥她丰富的想象力，给出各种有趣的答案。

收官阶段：到了这个阶段，我鼓励女儿自己讲故事给我听。孩子有着超凡的想象力，往往会编出一些充满奇幻色彩的故事。每当我听到这些故事时，我总是表现得非常感兴趣，给予她充分的鼓励和赞扬。

除了通过讲故事来锻炼女儿的语言表达能力，我更加注重让她多体验日常生活，增加她的生活实际经验。每当我去商店购物时，总是尽量带上她，让她亲自参与挑选一些小商品，自己计算找零。这样的经历是对她数学启蒙的机会。

在周末或假期，只要天气允许，我们一定会外出进行户外活动。在确保她人身安全的前提下，我鼓励她尽情探索，无论是玩沙、玩水、攀爬还是奔跑，我都不限制她。尽管衣服可能会弄脏，甚至偶尔会有小擦伤，但与她通过这些活动所获得的能力相比，这些都微不足道。我很清楚，要尽可能调动孩子各个感觉器官，看、听、闻、捏、摸、爬、滚等等多元刺激，可以促进孩子的大脑和身体各系统协调整合。因为孩子的大脑发展高度依赖于外部世界所给予的刺激，不同的刺激决定了神经元的网络连接方式。一个孩子得到的刺激越多，形式越多样，脑力发展就越好。

玩是孩子主要的学习形式，在玩的过程中注意观察孩子的表现，缺什么补（刺激）什么。

有段时间我发现女儿表现出只爱玩简单玩具，对一些需要动脑的智力型玩具就说"我不喜欢玩"，幼儿园老师也屡次反映孩子一遇到需要动脑筋的游戏或玩具就会退缩。怎么帮助孩子越过这个障碍呢？我就拿着那些智力玩具，坐在她旁边摆开了玩的阵势。我一边自己玩得"起劲"，一边用夸张的语调吸引她的注意。

"啊！原来是这样，这么有趣啊……"

女儿被我的声音吸引了，转过头来看。

"这个东西不知道怎么装上去，你能帮我吗？"我假装遇到困难，趁势求助女儿。这样的求助往往能引发孩子的好奇心和同情心，促使她参与进来。

这方法通常很管用，能当父母的小老师，孩子很有满足感。我就用这样的方法带着女儿一起玩。渐渐地，她不再害怕智力玩具，反而对它们产生了浓厚的兴趣。幼儿园的老师也开始夸她变得爱动脑筋了。

【兴趣学习】

在当今社会，许多孩子普遍觉得读书是一件苦差事，感到疲惫不堪。其中，缺乏学习兴趣以及学习形式过于单一，无疑是造成这种感受的主要因素之一。当前的教育模式往往过于应试化，学校考什么，老师就教什么，家长就补什么，一切围绕着考试内容，这样读书别说孩子不乐意学，就是成年人也没有几人愿意学。

以小学一年级第二学期的语文课文为例，前10篇多数描写了春天的景象，还有一篇是关于元宵节的。如果在学习这些课文之前，我们能够带领孩子亲自参与元宵节的活动，在小区、公园观察春天来临时植物的变化，那么当孩子在课堂上学到这些课文时，书本上就不再是一个个没有温度的文字，而是一幅幅温暖的、充满情趣的亲子活动画面，就会引发出孩子那些美好的情绪感受。有了这些积极的情绪体验作为陪伴，孩子还会对学习产生抵触情绪吗？

有篇课文《小猫钓鱼》，这篇课文批评小猫做事没有耐心，后来在老猫教育下小猫改正了。我没有对课文中的小猫、老猫做任何评判，只想让女儿去感受小猫为什么没有耐心。

于是，我决定带女儿去钓鱼。那一天，女儿玩得兴高采烈，也体验到了钓鱼是需要极大耐心的。最有成就感的是她自己亲手钓到好几条鱼。

早上临出门时，孩子爸爸看到我们带着中午的干粮，和一只用来装鱼的塑料桶，便再三关照：如果钓不到鱼就早点回家（他当时不相信我们能钓到鱼）。等我们傍晚满载而归时，他惊讶地合不拢嘴。他不知道我们是去鱼塘钓的鱼，那里只要有足够的耐心是肯定能钓上鱼的。

这次钓鱼的经历不仅让女儿亲身体验了耐心的重要性，还让她在实践中学会了如何等待和坚持。我相信，这次经历将会成为她人生中宝贵的财富。

如上所述的方式，都是引导孩子调动听觉系统、视觉系统、感觉系统共同参与学习，书本上的字不再是一堆枯燥无味的符号，而是一幅幅生动有趣的"活"故事游戏场景。有了丰富的生活体验，孩子能够更深入地理解和掌握知识，学习效果自然会好。

【夯实基础】

女儿从小没有学过奥数课，也没有上过其他形式的数学辅导班。初三时她突然萌生了想考入上海四大名校理科班的强烈愿望。当时她的班主任，也是她的数学老师，对我女儿的想法很惊讶，直接说："你考不进理科班的，你一点奥数基础都没有。"

我在一旁连忙承担责任："这事怪我，我没有送孩子去上奥数班。"

老师继续以务实的态度给出建议："我劝你们还是把精力集中在中考准备上吧，理科班竞争激烈，万一考不上，耽误了考重点高中，损失就大了。"

我觉得女儿自己有强烈的愿望，这个重要因素应该考虑。因此，我鼓励女儿如果真想考还是有希望的。我们共同制定了一套学习的战略和战术，女儿也展现出了惊人的毅力和决心。最终，她凭借自己的努力和坚持，如愿考进了理科班。

一些学校的校长认为，没有上过一天奥数课就能考入名校理科班的学生，一定是天资聪颖的人。然而，我自己生的女儿我最清楚，她没有特别聪明的天资，她所展现的学习天赋就是"三觉"学习优势。这是每个孩子都具有的优势，只是每个孩子所擅长的"觉"各不相同。

实际上，女儿在小学的学习过程中也是状况不断的。

在她一年级时，做作业总是显得心浮气躁，写了擦，擦了又写，有时甚至会把纸都擦破。为了纠正她这一行为，我制定了一个明确的规则：每门课的作业最多只能使用五次橡皮。在这样的"约束"之下，女儿逐渐改变了过去不经思考就随意落笔的书写习惯，心也慢慢变得沉稳了。随着时间的推移，她养成了思考后写字的习惯。

女儿上了二年级，我看到她从一年级开始就有的粗心毛病丝毫没有改正的迹象，反而越演越烈，尤其是做数学题，数字抄写错误频繁发生。例如，她会将36误写成63，或者只抄写了6而漏掉了3。这种粗心大意的情况每天都要发生，无论大小考试，她的每一张数学卷上一定有因为数字抄写错误而被扣的分。

女儿自己也为此非常苦恼，她甚至怀疑自己是改不了了。我意识到她需要我伸出援手了，去帮助她找到解决这个问题的方法。

起初，我用提醒的方法，叫她要看仔细哦，她"嗯"了一声。但无效！

接着，我建议她看题目时，在数字下方划线以作为提醒，她照做了，还是无效！

再后来，我叮嘱她做题时，用左手的手指点着数字，右手拿笔写。我想这样总管用了吧？结果，我在旁边亲眼见证了她左手指着题目上的数字，右手写下来还是错，这个方法仍然是无效！

我相信孩子已经付出了很多努力来纠正这个问题，这一点我深信不疑。为什么屡次尝试却无效呢？我也很纳闷。于是，我查阅了大量的相关文献资料。我了解到，如果粗心总是表现出同一类型的症状，主要原因是手、眼和大脑没有协调同步。造成这种协调问题的主要根源之一，是在幼年时期大脑发育过程中缺乏必要的动作刺激。

在仔细研究了这些理论之后，我意识到我女儿严重的粗心问题可能与她早期的成长经历有关。在她6个月大的时候，由于我工作繁忙，不得不将她送到安徽农村的婆婆家抚养了8个月，等她长到十四个月大再接回我身边时，她已经会走路了。在安徽的那8个月里，她经历了从爬行到直立行走的关键发展阶段。然而，奶奶觉得这个孙女是从大城市来的，很金贵，怎么能像农村的孩子那样满地爬呢？因此，奶奶不愿让她随意爬行，女儿大部分时间都被抱着，只是偶尔有机会在不到3平方米的床上爬行一会儿。由于爬行"公里数"没有达标，造成她的手、眼、脑之间的协调能力不足，进而导致了粗心的问题。

找到了问题的根源，就意味着我们有了解决的办法。我根据文献中提出的原理，为女儿在家中设计了一系列的手眼协调训练。最为"经典"的一项训练是每天让女儿切菜。不是简单地切大块、切片，而是切丝。茭白丝、土豆丝、黄瓜丝，等等，那段时间每天家里的餐桌上总是少不了有盘切丝的菜肴。就这样切了几个月，一天，女儿放学一进家门就兴高采烈地大喊："妈妈，我今天数学测验100分啦。"女儿为终于克服了粗心这个老大难问题而欢呼雀跃，我也为她感到由衷的喜悦。

进入三年级后，数学应用题的数量逐渐增多。我注意到女儿在做应用题时，就像猜谜语一样，看完题目先猜是用乘法还是加法，而不是先理解题目的意思并思考如何设置正确的算式。哪怕老师对这道题打了个"×"，订正时她还是继续猜。我明白，孩子缺乏一种正确的审题思维方法。为了帮助她打通这个学习瓶颈，在三年级升四年级的那个暑假，我为她制定了一个每天上午三小时的审题思维训练计划。

计划实施才进行到第三天，孩子的爸爸便悄悄地将我拉到一旁："老婆啊，我跟你说，读书这件事是要靠天赋的，我们家孩子天生不是读书的料，你就别那么辛苦了。"

我耐心地回应他："老公，我认为就小学、初中的学习来说，还轮不到拼天赋。只有当你期望孩子将来取得卓越的成就，比如说，成为贝多芬、莫扎特那样的音乐家，或者是著名的数学家时，天赋才是一个重要因素。学科学习也是如此。没有哪个孩子天生不是读书的料，只要孩子掌握了好的学习方法，她就能学好，应对考试是绰绰有余的。"

最后，我自信地向老公表示："最多两个月，我肯定能把这个问题搞定。"老公叹了一口气，说："算了，我以后不管你们了，我是看你一道题给孩子已经讲了三天了。"老公并不了解，我的方法是通过对一道题目进行不断拆分、组合和变化，以此来训练女儿的思维能力。我选的每一道题都是基于女儿当前的学习状况。训练不在于做多，而在于有针对性，通过一道题来举一反三，培养孩子融会贯通的能力。

我察觉到女儿的思维管道好似被某种无形的障碍"堵塞"了，她缺乏清晰的思路，就只能猜。那些我为她精心挑选的有针对性的训练题，就如同精准的锤子，每天用它敲打那些思维中的障碍，我坚信，那些障碍终将会松动。

果不其然，两周后的一天早上，女儿突然开窍了："妈妈，我知道了，这道题的意思是……要这样做！"那情景就像有一股强大的水流，终于冲散了思维管道中所有的障碍。一通百通，从此，什么样的应用题在女儿面前都如三个手指捏田螺，解题是十拿十稳的正确、迅速。她的学习进展势如破竹，能力得到了飞速提升。

对于女儿的作业，我们家长只负责签字（老师要求），不去检查对或错。我私心认为检查作业是老师的职责，家长不要揽在自己身上。家长可以培养孩子自我检查的能力。对于语文英语之类的默写，我让女自己负责想办法完成；对于算术等需要计算的题目，我教她使用复验的方法进行检查。至此，女儿养成了很好的作业习惯。进入初中后，随着数理化习题的增多，这种自我检查的方法更加凸显其优势，不仅锻炼了她一题多解的能力，还有助于培养她一次就做对的做题习惯。

我认为，女儿之所以没有经过奥数训练也能考取理科班，核心原因在于我们及时、有效地帮助她解决了学习上的卡点，从而增强了她的学习信心。此外，我们在日常生活中对她的逻辑、推理能力的训练，使她的基础知识扎实稳固。这些因素的共同作用，是她能够成功考取理科班的关键所在。

【资源善用】

除了家庭环境，学校也是孩子成长和学习的关键资源。

有一次，老师向我反映女儿在课堂上注意力不集中，小动作频繁。于是，我向女儿了解原因，原来是女儿觉得老师上课进度太慢而听得无趣。我耐心地与女儿沟通，告诉她："妈妈理解你已经听懂了，可是老师上课要照顾到全班同学，你做小动作会分散其他同学的注意力，影响了他们的学习，到时候那些同学的妈妈来找我怎么办？所以，妈妈给你增加一项任务好不好？以后在课堂上，当老师讲课或在黑板上写字时，你可以尝试在心里猜想老师接下来要讲的内容或要写的字。如果没有猜对就仔细找出原因，这样你比别人多学了一个本领。"女儿很认真地点点头，表示愿意尝试这个新方法。这一方法实质上是在训练她的思维和老师保持同步，对她的思维能力提高很有好处。

与一些家长的观点不同，我非常鼓励女儿在学校里去主动帮助其他同学，我不怕花费她的时间。我告诉她，仅仅自己会做题并不等于完全理解，还要能迅速看出别人的错误以及错误的原因，这样举一反三的学习方法，才能真正学透彻。后来，女儿总是积极主动去检查同学的习题，像个小老师那样热情地帮助同学，从小学到中学都保持着这种乐于助人的习惯。这一过程不仅帮助她巩固了课堂上学到的知识，更是一种有效的复习和总结方式，在不断地帮助她夯实基础知识。

在中学时期，女儿的笔记本是班级同学喜欢传阅的"抢手货"。因为她经常看同学做习题，由此养成了一个独特的习惯，她会在每道题目旁边详细记录下能想到的所有解法，掌握了一题多解的技巧，并将其归纳为常规解法和特殊解法。值得一提的是，她还会对每一个特殊解法注明其适用范围，并标注出每种类型题目中可能存在的"陷阱"，即使是她自己已经熟练掌握的题目也不例外。

这些标注并非一蹴而就，而是她在给同学解答问题的过程中，每当遇到有价值的问题和想法，就会随时补充到相关章节处。因此，她的习题笔记常常被同学争相借阅，借来借去，最后总会有人"收藏"起来再没有还给女儿。女儿对此并不在意。她告诉我，习惯这样做了以后，这些知识早就深深印刻在她的脑海里了，不会随着笔记的丢失而失去的。

【能力拓展】

女儿进入初中后，我最关注的是对女儿学习以外的能力培养。这并不是说我不重视孩子的学习，实际上，我始终认为学习在孩子的童年生活中扮演着至关重要的角色，但我不会将学习成绩作为最终目标。在我看来，学习是孩子需要具备的能力之一，但不是全部，学习成绩只是将这些能力综合运用的自然结果。

初中开学，要选班干部。听女儿说起有些同学的家长反对孩子当班干部，认为这会分散学习精力，是浪费时间。我则持有不同观点。我告诉女儿，将来要想在工作上有所作为，仅有课堂上学的这些学科知识是远远不够的，当班干部可以锻炼组织能力、管理能力、人际交往能力等，这些能力将来在工作上非常有用。在我的鼓励下，女积极参加了竞选，并最终当选为班长。

才过了半个学期，我去参加学校的第一次家长会。班主任特意找到我，说我女儿的组织和管理能力不够，她已经把我女儿的班长撤换掉，让她改当了学习委员。班主任特别强调，全班没有人比我女儿更合适担任学习委员了，同学们一致反映我女儿辅导功课极有耐心，还乐于将自己的好经验、好方法毫无保留地分享给同学。

我询问女儿："以后你还想当班长吗？想当的话，我们可以从现在开始做些训练，补上你管理能力的短板。"女儿表示，有机会她还想再尝试当班长。于是，我便让女儿经常讲述学校和班级发生的事情，我从中挑选一些事件作为案例，和她一起进行分析和复盘，并让她模拟练习解决方案。

进了高中理科班后，女儿又一次被选为班长，并一直担任至毕业。高中班主任对女儿的能力大加赞赏，我也深感欣慰。我们之间的交流内容也变得更加广泛和深入。我常常将工作中自己的弱项和遇到的难题作为案例坦诚地和女儿分享，希望她能够从中受益，积累更多的经验和智慧。

我清楚地记得2003年带给我喜悦的那件事。寒假结束开学不久，女儿的学校宣布将在4月底举办一场全校性的联欢活动，每个班级都需要准备一个节目。于是，每天中午，各个班级都忙碌于节目排练。那个时期，"非典"疫情已经开始在各地肆虐。

女儿根据"非典"疫情的严重性和传播趋势，判断学校很可能会取消这个大型活动，于是，她决定先不组织排练节目。她跟同学约定，老师那里由她去顶着，如果在活动日期前一周，学校仍然决定活动照常进行的话，那么全班同学都要积极配合，快速高效地投入排练。

班主任老师看到班级排练迟迟没有动静，便一遍遍催促女儿组织同学进行排练。女儿请老师尽管放心，说一切都已经安排妥当。

果不其然，在距离活动日期不到10天的时候，学校广播宣布了活动取消的通知。听到这个消息，全班同学立刻欢呼雀跃。这个消息传到隔壁班级，隔壁班的学生纷纷责备他们的班长，为什么不能像二班的班长（指我女儿）那样有前瞻性和判断力，害他们白白牺牲了一个多月的中午休息时间。

之前女儿对这个计划一直守口如瓶，直到那次回家晚餐时才得意地与我们分享了这个事情。我立即取杯倒酒，与她一同庆祝。我对女儿说："妈妈听到这个消息，比听到你考了第一名还要开心。多年的训练，今天终于看到了你的成果。这种判断能力将来在你踏上社会时，会是你宝贵的财富。"

华华妈妈的故事讲完了。听起来她所实践的育儿方法都是日常中容易操作的，难怪她从未觉得培养孩子是件辛苦的事。尽管我们未见她为孩子做过什么轰轰烈烈的大事，但细细品味，却似乎能感受到她为孩子的成长付出了很多特别的努力。

华华妈妈的育儿方法，其实与一份国外研究报道中的观点不谋而合。这份报道指出，所有善于培养孩子成长的家长和老师，都把主要的精力花在帮助孩子摸索策略上，花在让孩子看到正确的策略如何带来成功上，花在告诉孩子们当他们被困住了，他们要做的不只是努力努力再努力，而是分析原因，找出最适合的解决办法。因此，比起鼓励孩子努力，我们更应该做的，是和孩子一起去寻找更适合他们的学习策略，因为任何不讲策略的努力，其实都是浪费时间。

华华妈妈分享的经验，给了我们几点宝贵的启示。

首先，家长在小学生学习过程中，可以聚焦于协助孩子突破能力上的卡点，如华华表现出的粗心和思维障碍等，这些都阻碍了孩子的能力发展，需要得到家长的帮助。因此，建议家长着重帮助孩子提高45分钟的课堂学习效率，这样就不再依赖外部的辅导班。同时，鼓励孩子养成一次就做对的作业习惯。当然，这里所说的"作业一次做对"并非绝对要求，而是引导孩子尽可能减少错误，提高作业效率。只要孩子真正学懂、学通、学透学校课堂所学的内容，并能举一反三地运用，那么应对考试自然绰绰有余。

其次，孩子所经历的每一件事，包括错误和挫折，都是他们成长的宝贵财富。例如，当华华上课不专心以及被撤掉班长职务等经历，都是帮助她提高能力的绝佳机会。家长不妨利用这些机会，帮助孩子复盘和总结，让孩子从每一次经历中获得更多的成长和收获。

最后，我们要明白对孩子学习以外的能力培养尤为重要。实际上，帮助同学是提高自己学习能力最有效的方法，这与学习金字塔理论中的"教授给他人是学习效率最高的层级"相一致。这也是我始终倡导的学习方法。此外，周末让孩子有足够的空间和时间参与多元化的活动，这不仅能丰富孩子的生活，还能培养他们的团队协作、沟通能力、决策能力等学习以外的其他能力。这些能力将在孩子的一生中发挥重要作用，帮助他们更好地应对未来的挑战。正如世界著名的教育家苏霍姆林斯基所言："只有让学生不把全部时间都用在学习上，而留下许多自由支配的时间，他才能顺利地学习，这是教育过程的逻辑。"

孩子的脑力将在这种全面发展中得到充分锻炼，反过来又促进他们的学习和成长。每个孩子都拥有独特的学习天赋和潜力。作为家长，我们肩负着为孩子提灯照路的神圣使命。我们照亮的方向，将成为孩子前行的指引。

本节要点

通过华华妈妈的教育经验，展示如何通过宽松自由的学习氛围、延迟满足的训练和有效的策略指导，促进孩子的自主学习和全面发展，强调家长在孩子学习过程中的角色应更多作为引导者和支持者，而非主导者。同时，突出了学习以外能力培养的重要性，如组织能力、人际交往能力等，这些能力对孩子未来的成长至关重要。

家庭思考与实践

请思考并记录下您在日常生活中是如何平衡孩子的自主学习和适当指导的。设计一项计划，通过逐步放手，提升孩子的自我管理和自主学习能力。

第三节　父母只要做到这两条，就不会错过孩子的学习天赋

一、不要挡住孩子的阳光

古希腊有一位著名的哲学家叫第欧根尼。他喜欢躺在一个木桶里，一边晒着太阳一边思考哲学问题。一天，声明显赫的亚历山大大帝走到他的身边，诚恳地问道："让我为你做些什么？"第欧根尼留下了一句名言："请不要挡住我的阳光。"

我们的孩子还无法像哲学家那样用精准的语言向父母表达他们的需求，对孩子来说，父母就如亚历山大大帝那般强大。其实孩子的成长需求就是"不要挡住属于他的阳光"。因此，我们在养育孩子的过程中，需要不断探索如何满足孩子的这一成长需求。

1.不包办

当我们谈到要帮助孩子成长时，并不意味着要由我们成年人来塑造孩子的内在世界。尽管孩子们在身体上与成年人相比显得弱小，但他们的内心蕴藏着巨大的精神能量。我们不是孩子的"上帝"，很多时候我们觉察不到孩子内在的这种能量。孩子的发展并不需要我们给他添加新的内容，他们的创造力与生俱来，无需我们刻意去培养和灌输。相反，我们的角色是为他们提供成长的土壤和环境，让他们自主地选择吸收和成长。

可悲哀的是，我们往往以家长的身份自居，认为自己是孩子的"上帝"，从而不自觉地包办了孩子的一切。可能我们忘记了，孩子需要经历各种生活体验来发展他们的能力和技能。

我国著名教育家陈鹤琴先生在"活教育"原则中指出："凡是儿童自己能够做的，应该让他自己去做，凡是儿童自己能够想的，应该让他自己去想，自己去探索，去发现，自己所求来的知识才是真知识，自己所发现的世界才是真世界。"

陈鹤琴先生说的是孩子自己能做的让他自己做，不是说孩子做得好的事情才让他自己做。如果我们不给孩子足够的时间和过程去学做事，孩子怎么可能

把自己能做的事情做得很好呢？我们成年人不也是在经历一次次的失误和磨炼后才把工作越做越好的吗？

一些家长却不给孩子这样的机会。当孩子想要到处爬动时，家长担心地上脏，觉得不如把孩子抱在手上方便；当孩子想要玩水时，家长怕弄湿衣服要换而阻止他们玩；当孩子喜欢东摸西碰时，家长以为孩子是手"闲"而加以喝斥；当孩子挣脱家长牵着的手，想要走那几寸宽的路沿时，家长要把他们拉回到平坦的路上；当孩子想要自己穿衣服系纽扣时，家长嫌他们太慢而直接帮他们穿衣戴帽；当孩子吃饭将米粒掉一地时，家长觉得不如直接喂他吃来得方便快捷，那些上学了还在喂饭的孩子不在少数。其实，这些行为都是孩子在不同成长阶段神经系统发育所需要的刺激，是孩子内在的"自动导航"系统发出的指令才让孩子去那么做。家长的过度包办，实际上就是在挡住孩子需要的阳光，其后果就是造成中国大中城市的孩子感统失调率高达80%，其中30%为重度感统失调。

明明是我们把孩子有趣的生活变成了无趣，却让他们自己承受着后果。我们忘记了，自己能够照顾自己的生活，是一个人在社会上生存的必须条件。更何况生活能力和学习能力息息相关。

包办孩子的事情是一种廉价的爱。父母爱孩子的愿望是美好的，但方法是有偏差的，表面上帮助了孩子，实质上是破坏了孩子正常的能力发展。久而久之，孩子逐渐丧失了自我，成为一只迷途的羔羊。

2.不干涉

孩子沉浸于他们独特的专注活动中，无论是专注地玩耍、凝视某物，还是反复摆弄某样物品，这都是他们按照自身的发育规律在进行的专注学习和探究训练，是心智发展的必然需求。孩子为什么要研究这些，不是我们成年人能够洞悉的。只要这些行为是孩子自发的，而非单纯遵循成人的指令，那么它们便是由孩子内在的"自动导航"系统所引导的，这些行为有可能在塑造未来的科学家、发明家或其他杰出人物。

然而，在现代家庭环境中，孩子往往难以有一片属于自己的"净土"。养育者时常会出于关心或习惯，不经意间打断孩子的专注时刻，无论是提醒他喝水、吃东西，还是命令他去做其他事情。这种看似微小的干预，实际上像一层阴影，挡住了孩子成长道路上所需的阳光。它不仅打断了孩子的专注力训练，还可能降低孩子自身系统的感知能力和领航能力。

这种频繁的外界指令和干扰，对于那些从小生活在这样环境中的孩子来说，可能会导致他们逐渐形成一种依赖外界指令行事的习性。比如，一些孩子已经是小学生了，还需要他人提醒才会喝水，甚至在学校一整天都忘记这一基本需求。这背后反映出的正是孩子在成长过程中过度依赖外界指令，而非依靠自身的感知能力。

著名儿童教育专家孙瑞雪分享了一个例子：有一天早晨，我给孩子穿衣服，让他站立起来的时候，我发现孩子脸上的神态那么专注、神往。我想：这家伙看什么呢?我顺着他的目光望去，看到早晨的阳光从玻璃窗射进来，射在了一件粉色的睡袍上，粉色又将光反射过来，那景色特别漂亮。孩子在看，我不敢吭声，我想，我不能破坏他这个内在的自然组成的过程。过了一会儿，他不看了，我才问他是不是看到阳光照在妈妈的睡袍上特别漂亮，孩子点点头。谁知道那其中发生了什么事情呢?那诗意的感觉是怎样产生又是怎样流连的呢?如果这个时候我废话一大堆，这个过程是不是就不存在了?很显然，我们有些成年人太喜欢说话了。

当孩子通过自身的经验和探索得出的结果，就变成孩子生命的一部分，成为他们真正拥有的财富。创意和独立思考的能力是无法通过简单的教导来获得的，它们需要孩子自己去体验、去发现!

3.不强制

孩子上学后，有相当一部分家长认为，孩子的童年毕竟短暂，面对日益激烈的竞争，为了孩子将来的幸福，只能亏欠孩子的童年。于是，家长对孩子的学习要求不断提高，每个周末带孩子奔波于各类辅导班和才艺培训班。这些孩子过着没有童趣的童年生活。

《中国青年报》的一项调查显示：52.2%的被调查者表示，由于小时候被压制不能玩，他们在上大学或成年后出现了"反弹"，过度追求玩乐以弥补自己童年缺失的乐趣。这种现象在大学尤为明显，一些学生突然变得懒散，沉湎于谈恋爱、吃喝玩乐、上网和打游戏等，把玩当成第一要务，导致学业荒废。以上海为例，每年各高校都有不少学生因成绩不达标而退学，其中不乏当初以高分考入的学生。类似于"天才连续被北大清华退学，原因是沉迷网络游戏"的报道在媒体上屡见不鲜。在我国所有的学生中，大学生是最有时间玩游戏也是玩得最多的，而上课睡觉与逃课是这些网迷们的显著特征。

从表面上看，这些行为似乎是大学生缺乏自制力的表现。深入分析其心理原因，这实际上是一种心理补偿机制在起作用。浙江大学郑强教授曾指出，不少学生上大学后沉溺网络，是因为小时候玩的机会太少了，上大学后要弥补。

可见，剥夺孩子的童年乐趣并不能带来预期的效果。即使孩子如家长所愿，考上了重点中学、进入了重点大学，也可能出现荒废学业、玩物丧志的情况。也就是说，就算牺牲了童年的快乐，成年也未必幸福。

欠孩子童年的方法不可取。是不是说，要想不欠童年就是课外什么都不要求孩子学，让孩子随意玩就是尊重童年呢？当然不是。

为什么强调童年要多玩？其实，玩是一种形式，是儿童学习的重要途径，玩什么才是关键所在。家长要关注的是孩子玩的内容。做游戏、体验式教学都是玩，很多的学习内容都可以用玩的方式让孩子学懂。

童话大王郑渊洁曾强调："不要在孩子不感兴趣或者还没有能力理解的时候，让他做任何不感兴趣的事情。"

通常孩子觉得痛苦，很大一部分原因是被家长硬"逼"着学这学那。其实成年人也是一样，如果有人逼我们一定要做这做那，我们也会觉得不舒服。孩子就是孩子，他们有自己的童趣和自由的天性，他们也有自己的权利。在孩子成长的过程中，确实需要父母的引导，需要有规则，但是这种引导是建立在尊重孩子内在发展规律的基础上，不能强加给孩子，这个规则的树立也是在保障孩子发展权利的基础上，不能让孩子感到痛苦。套用影片《天下无贼》里的一句台词，"童年不快乐，后果很严重。"

心理学家认为，缺少快乐童年的遗憾往往会扭曲人的成长心态。更何况还有一句老话，"欠债总是要还的。"欠孩子的童年，就是在孩子心中埋下了一颗情绪的地雷，这颗地雷迟早会在孩子人生的某个阶段爆发。一旦引爆了这样的地雷，受伤最重的一定是孩子自己，还会伤到家人，伤害别人，到那个时候，孩子的幸福去哪里找回？

4.无为而治

我们时常会陷入一种误区，将自己视为孩子的"全知者""救世主"，似乎孩子的每一项都要靠我们教出来，好像没有人教，他就会变成白痴。尤其是当孩子做错事的时候，我们急于纠正他，急切地指出他应该怎么做，并试图把孩子拉到我们希望他行走的道路上。

实际上，孩子犯错的过程，是他们学习和成长不可或缺的部分。我们成年人都深有体会，我们从错误中往往可以学到更多。那么，我们为何不能给予孩子同样的机会，让他们从错误中学习和成长呢？

孩子是独立的个体，他们的人生轨迹注定与我们不同。有些错误是孩子人生旅程中必须经历的风景，我们应当允许这些风景的存在。我们想为孩子指明一条捷径，但那条捷径是基于我们自身的经验和人生道路，而非孩子的人生之路。我们可以分享自己的经验，但孩子的成长必须基于他们自己的直接体验，这些体验才是他们真正能够拥有的。

孩子的错误，其实也是一种自然的探索和创造性的过程。他们充满冒险精神，勇于尝试，天生拥有强烈的好奇心。这些错误正是孩子成长的垫脚石，是他们积累经验、提升能力的宝贵机会。如果我们阻止孩子进行这些探索和创造，强迫他们按照我们的经验行事，长此以往，孩子的创新能力、研究能力、思考能力和探索精神可能会被我们的"指导"所限制，使他们无法跳出我们为他们设定的框架，这就是所谓的原生家庭为他们设置的"天花板"。

我常常建议父母们，当你对孩子的心理需求感到迷茫，或不确定孩子需要怎样的支持时，不妨采取"无为而治"的态度，给孩子自由和空间，让他们按照自身的导航系统去探索世界。你会发现，孩子们有着超乎我们想象的"神奇"发展方式。

如果我们在不了解孩子的情况下采取行动，特别是当这些行动受到我们自身的焦虑、担忧、不满或愤怒等负面情绪驱动时，我们很可能会无意中阻碍孩子的成长，这样的付出往往费力不讨好。

父母要深信，孩子不仅是依赖我们的生命，更是具有丰富内心世界、独特个性和独立人格的智慧生物和灵性生命。他们有能力探索宇宙和人生的意义，拥有理性、智慧和自由意志，能够决定自己的行为。

"无为而治"的精髓是给予孩子足够的自由和空间，让他们自然而然地成长。正如俗话所说，"不要逼一头狼去吃草"。每个孩子都是独一无二的。一个真正快乐的孩子，可以通过自己的能力去完成他想做的事情。

二、父母别用自己的眼界框住孩子的未来

1.为何我们需要对孩子抱有更高的期望？

我常常听到有家长声称，他们对孩子没有很高的期望，成绩中等就可以，将来随便做什么工作，只要快乐就行。其实这只是家长的一厢情愿，因为家长不知道他的孩子长大以后想做什么。孩子长大以后有自己的追求和梦想，也许他想成为某个领域的佼佼者呢。

在我们的父母课堂上，雯雯妈妈向我们介绍了自己参加这个课程学习的初衷，说她和老公都是中学学历，他们从未对儿子在学习上提出过任何要求，无论孩子表现如何，她从来不说什么，认为孩子开心最重要，成绩中等已经很不错了。去年，儿子参加了高考，被上海一所普通大学录取，作为父母，他们当时是很开心的。然而，当儿子得知自己儿时的玩伴（他们两家的父母学历、从事的工作以及家庭经济条件都相差无几）考进了复旦大学时，就郑重其事地对

母亲说，假如自己的妈妈能像那个玩伴妈妈那样，从小对他的学习有些要求，他相信自己也有能力考进复旦大学。

雯雯妈妈说，儿子的一番话让她无言以对。她和丈夫虽然学历不高但事业有成，给孩子创造了优越的经济条件。他们秉承着"成绩不重要，只要孩子开心，他愿意怎么玩就怎么玩，反正家庭经济条件好，将来随便他做什么工作"这个想法，哪里想得到孩子大了会这样责怪妈妈。

现在，雯雯妈妈意识到，孩子看起来很快乐，其实他内心有很多的渴望和追求，而作为父母，他们没有真正了解孩子内心的需要，也没能及时为孩子提供必要的支持。这个遗憾让她决定来参加这次父母课堂，为了她初中的女儿雯雯，她希望通过学习，能更深入地了解孩子的需求，不再留下和儿子同样的遗憾。她期待能够成为一个更加懂孩子、支持孩子的母亲，为雯雯的未来铺就一条更加宽广的道路。

我遇到过不少类似雯雯妈妈这样的家长。当孩子遇到学习困难时，如果家长不是鼓励或帮助孩子一起复盘、寻找原因，而是告诉孩子成绩不要紧，开心最重要，那会对孩子产生一种消极的心理暗示。这种暗示会降低孩子克服困难的勇气和动力，不利于激发出孩子自身的潜力。

孩子在以后的成长乃至于成年后进入职场，也会遇到各种困难。如果家长在孩子小的时候没有培养他们面对挑战的动力和能量，那么在未来充满机遇和挑战的职场环境中，孩子很可能会因为缺乏这种必要的动力和勇气而选择逃避。当逃避困难成了一种习惯，孩子也容易错失发掘自身潜能的机会，还可能因此失去未来发展的无限可能。

实际上，孩子的学习能力正是在不断解决问题的过程中一步步得到提升的。这里所说的学习能力，并非狭义上的读书考试能力，而是涵盖了更广泛的领域。一种积极向上的思维方式，就是将遇到的挫折和困难视为锻炼孩子分析问题和解决问题能力的重要机会，鼓励孩子积极面对，克服困难，让他们体验成功的快乐。

如果家长能够充分利用好这些机会，当孩子遇到困难想要退缩时，及时给予孩子正面的鼓励和支持，帮助他们去体验学习带来的成就感的快乐，那么孩子在以后的学习生涯中，再遇到难题就不会退缩和惧怕了，而具有这种精神和能力的孩子，不仅学习成绩优异，更具备良好的人格修养，懂得如何做人、如何做事，并且深刻理解成功的真正含义。在未来充满挑战和机遇的职场中，他们同样能够不畏困难，勇往直前，继续享受成功带来的喜悦，实现自己的人生目标。正如成功教育创始人、知名校长刘京海所言，"在反复的成功体验中，培养学生自信心，激发学生学习积极性，使他们自主成功。"

20世纪60年代，美国哈佛大学的罗森塔尔博士及其团队进行了一项著名的心理实验。他们来到一所学校，从全校学生中随机选出一些学生，列出一份名单，然后煞有介事地告诉学校，名单上的学生经过他们的"测试"被认定是极具潜力的聪明孩子，未来会有出色的表现。一年后，博士的团队再次来到这所学校。他们惊讶地发现，名单上这些孩子的成绩有了显著的进步。

事实上，这是心理学家进行的一次期望心理实验。那张名单上的学生完全是随机选取的，没有任何特殊之处。由于罗森塔尔博士团队的"权威性"，使得学校老师深信不疑，老师便对名单上这些学生寄予了较高的期望。即使这些学生初时的学业表现并不理想，老师也坚信他们拥有优秀的天赋，认为当前的不足只是暂时的。

老师的包容、接纳、相信与期望，如同阳光和雨露，滋养着这些孩子的心灵。孩子们因此变得自信，产生一种奋发向上的动力。于是，孩子本已具足的智慧天赋得以充分展现，进而取得了极大的进步。这种企盼将美好的愿望变成现实的心理，心理学称之为"期待效应"，而这项令人瞩目的实验也被誉为"期待效应"实验。

看见了吧？孩子的可塑性是巨大的。虽然"期待效应"实验是在学校环境下进行的，但实验的结果同样适用于父母对孩子的期望。

父母对于孩子来说，天生就拥有一种权威性。如果父母能够用好这个权威，像对待成功人士那样，相信孩子的潜能，包容孩子的不足，那么正如"期待效应"实验所展现的，父母的期望将能够转化为孩子奋发向上的动力。孩子会在这种积极的期望下，向着自己期待的方向努力，不断取得进步。

反之，如果父母对孩子没有较高的期望，甚至看低孩子的能力，这种态度将对孩子的心理产生负面影响。孩子会因此觉得自己缺乏能力，面对困难时容易退缩，难以产生积极进取的心态。一个没有进取心的孩子，即使拥有再强的天赋，将来也很难取得较大的成就。

因此，父母对孩子的期望高低直接且显著地影响孩子的发展，并与孩子将来的成就有着密不可分的联系。这种期待并非简单地强加给孩子的要求，而是源自内心深处对孩子成长动力和优秀潜能的坚信。孩子本就拥有无尽的智慧，"期待效应"实验也可以简单概括为："说你行，你就行，不行也行；说不行，就不行，行也不行。"

父母给予孩子快乐固然重要，但仅仅停留在这一层面是不够的。帮助孩子树立远大目标和志向，培养他们追求更深层次快乐的能力，是父母责无旁贷的责任。

2.每个孩子都是艺术品

韬韬，一个至今仍令我难以忘怀的孩子。

十多年前，通过朋友介绍，韬韬的父母带着三年级的儿子来找我。他们希望我能帮助解决孩子做作业效率低下、成绩不佳的困扰。

初见韬韬，只见他戴着一副眼镜，显得文质彬彬，又透出机灵与聪慧。三觉评测的结果，他是一个听觉型的孩子，天生对语言指令有着敏锐的感知力和理解力。

这一点，在韬韬跟随我去夏令营中得到了充分体现，他总是能迅速而准确地回应领队的指令，且对指令理解透彻。因此，他的小组自然而然地形成了以他为核心的团队模式，并在最终的竞争中脱颖而出，夺得了第一。

韬韬不仅领导力出众，还拥有极好的人际沟通能力和组织能力。当团队中出现冲突时，他总能及时化解。例如，组里有同学因为争执而动手时，他会立刻阻止，并以"君子动口不动手"来平息纷争。

韬韬更拥有一种令人钦佩的知错就改的气度。让我印象深刻的是有一次，韬韬和另一个男孩汤汤在玩耍时，韬韬不经意间说了一句："你怎么连这个也不会？"这句话仿佛触动了汤汤敏感的神经，他瞬间变得愤怒，像一头被激怒的小公牛，猛地冲向韬韬并挥了一拳，然后气冲冲地跑到一个拐角处独自生闷气。

韬韬被这一拳打得有些发懵，他困惑地问："我就这么一句话，他为什么会发这么大的火啊？"

我耐心地解释给韬韬听："汤汤在学校里经常受到老师的批评，同学也都嘲笑他笨。所以，当你无意中提到他连这个也不会时，他可能以为你又在嘲笑他，所以才引发了他长期积累在心中的负面情绪，就立刻变得愤怒了。"

韬韬听后恍然大悟，他立刻说："哦，我明白了，我要向他道歉，以后我要多表扬他，我还要其他同学也这样做。"说完，韬韬立刻跑向汤汤，紧紧地拉住他的手，很真诚地说："对不起，请原谅我，我不是有意的，我愿意做你的好朋友。"

此后，韬韬不仅自己处处为汤汤仗义执言，保护他不再受伤，还鼓励其他同学一起给予汤汤更多的关爱和支持。这种知错就改、勇于承担并乐于助人的精神，让韬韬在同学们中很有威望。

韬韬如此优秀，并且在课堂上注意力集中，但为何他平时做作业的速度很慢且成绩不佳呢？我深感这其中必有隐情。

我仔细观察韬韬做作业，发现他虽然认真，但是每读完一行字所需的时间明显比其他孩子要长。当我询问他为何如此时，他告诉我，他一下子看不清是什么字，有重影，要盯着看一会才能看清。

基于我的观察以及韬韬的描述，我进一步向他的妈妈了解了孩子的眼睛状况。妈妈略显尴尬地告诉我，韬韬天生就有斜视的问题，因为在学校受到同学的嘲笑，他于一年前去医院做了矫正手术。

我接着问："手术后有做过一些视觉训练吗？"

妈妈一脸茫然："没有，医生好像没有关照我们做什么训练。"

了解到这些信息后，我开始明白韬韬在做作业和考试时遇到的困难了。虽然手术在一定程度上矫正了他的斜视，但手术后，韬韬的视觉神经聚焦系统发生了改变，这需要通过专门的训练来帮助他的双眼重新建立视觉聚焦系统。在视觉功能尚未完全恢复的过程中，他对于笔画和相似形状的辨识能力受到了影响，视力对焦所需的时间也超过了常人，这就解释了为何他阅读文字时会特别费力，从而导致他做作业速度很慢。考试时也是如此，他看每一个字都要花费不少时间，所以韬韬考试成绩不佳并非因为他不会做题，而是因为他来不及完成所有题目。

我告诉韬韬妈妈，如果在幼年时期就进行这个手术，视功能的恢复会容易一些。然而，现在韬韬已经10岁了，过了视功能的最佳发育期，所以训练恢复所需的时间会更长。鉴于韬韬目前学习上那么痛苦，我建议考虑转校重读一年，并同时对他进行视觉聚焦训练，这样不仅能给他更多时间去追赶学习进度，还能帮助他建立学习的自信。从长远来看，这对韬韬是非常有利的，否则视觉问题对他的学习自信会造成严重的打击。

"韬韬的语言组织能力超强，善解人意，又有很好的领导力。将来他会成为一名出色的大律师或者大领导。"在与韬韬妈妈的沟通中，我毫不掩饰对韬韬的欣赏。

"怎么可能当领导呢？他的学习成绩那么差。"妈妈似乎认为成绩决定一切。

"韬韬的听觉非常敏锐，对老师上课内容的理解力很强，只是因为眼睛的问题，他在写作业时才会遇到困难，并不是他的学习能力差。"我半开玩笑地说，"看文字慢有什么关系？以后他还可以有助理和秘书帮他处理文件呢。"介绍韬韬妈妈来找我的朋友是韬韬妈妈的同事。朋友也提到，单位同事们一致公认韬韬情商极高，在同龄孩子中非常出色。

有段时间，我被邀请到电视台参与一个家庭教育类节目的录制，这个节目有时候需要带一些孩子参加。韬韬当然是种子选手，因此他随我一同前往电视台。在那天，我们有幸与上海知名的十大名律师之一的黄荣楠先生一同录制节目。我听韬韬说过他将来想当律师，而这正是他听觉型学习风格的优势领域。

我特意将韬韬带到黄律师面前，向他介绍了韬韬的志向。黄律师听后非常赞赏，并搂着韬韬照了一张合影。

在节目录制过程中，韬韬充分展现了他的听觉优势。他的语言组织能力出众，对主持人提出的问题反应迅速，表达清晰且有逻辑性。他的回答很有深度，几乎没有废话，句句都是真知灼见，令在场的成年人个个对他都竖大拇指。在参与节目的30多个孩子中，韬韬的表现无疑是最为出色的。

节目录制结束后，我把合影交给了韬韬妈，建议她将照片放大后放在韬韬的房间，以此激励他勇敢地去追求自己的梦想。然而，韬妈又是那句话："成绩那么差，将来怎么可能当得上律师？"

电视台计划制作一档关于孩子成长的纪录片，他们选中了韬韬作为拍摄对象，希望记录他在家庭和学校的日常生活片段。当我兴冲冲地将这个好消息告诉韬韬妈妈时，她却断然拒绝了。她的理由依然是："孩子成绩不好，就不要丢人现眼了。"

韬韬的父母没有接受我提出的让韬韬重读一年的建议，仍然继续用打骂的方式强迫孩子学习。期末考试结束后，我心里特别牵挂韬韬，于是拨通了韬韬妈妈的电话。电话那头却传来了韬韬爸爸严厉的怒斥声和韬韬痛苦的哭声。我急切地问韬韬妈妈发生了什么事情，韬韬妈妈的声音里充满了无奈："孩子考得不好，爸爸正在用皮带抽打他。"

听到这里，我心中涌起一阵难以言喻的疼痛。我立刻放下电话，不顾外面38℃的高温，驱车前往20多公里外的韬韬家。到了韬韬家后，我很激动地对韬韬的父母说："这个孩子如此优秀、聪明、有灵气，看错字、写错字不是他的错，你们这样的教育方法会毁掉这个孩子的天赋，让我带回去养这个孩子吧，等孩子有了学习成就再还给你们……"

韬韬的父母看到我如此坚决和痛心的样子，就向我保证他们会改变教育方式，不再打孩子。

此后，我再也没敢给韬韬妈妈打电话，怕听到那些让我心脏难以承受的消息。但我心里始终惦记着韬韬，只能时不时向那位朋友打听他的近况。

"韬韬又没有考好，挨打了。"朋友告诉我。一听到这个消息，我的脑海中便浮现出韬韬爸爸挥舞皮带的场景，顿时肠胃一阵痉挛般的疼痛。

"韬韬现在变得越来越沉默寡言了。"有一次朋友这样告诉我。我的心一沉，韬韬以前可是个活泼开朗的孩子，总是话匣子一打开就停不下来。

"韬韬中考考得不理想，他现在重读初三。"朋友小心翼翼地看着我说。唉！我深深地叹了口气。当初在三年级时，我曾建议让韬韬转学并重读三年级，那个时候孩子的状态还可以很快建立自信，但现在到了初三再重读，非但不能帮助他建立自信，反而会伤害到他的自尊。

后来，朋友传来噩耗，韬韬妈妈因癌症不幸离世。这让我感到非常震惊和难过。我知道她生前一直期盼着儿子能够成才，如今她只能在天堂里默默关注儿子了。朋友说，在追悼会上，韬韬始终低垂着头，沉默寡言，整个人显得更加沉闷了。

每个孩子心中都深埋着一个梦想，那是他们前行的动力与灵魂的指引。然而，当这个梦想被父母的无知摧毁时，孩子自我实现和成长的"自动导航"系统也会随之受损。

韬韬，这个天赋异禀的孩子，他的未来本应充满无限可能。至今，我的电脑里还珍藏着他和黄律师的合影，每当我想起他，心中总是充满了无奈与痛惜，仿佛亲眼看着自己珍爱的艺术品被一点点毁坏，而我爱莫能助。

每个孩子都是独一无二的艺术品，他们值得被细心呵护、被尊重、被理解。愿我们都能以更接纳和理解的心态去对待包括韬韬在内的每一个孩子，让他们能够自由地追逐自己的梦想，实现自己的价值。

3.父母的限制性信念是孩子成长的隐形障碍

小璇妈妈一直为小璇的学习成绩感到焦虑，因此为她报了许多课外班，但效果甚微。于是，妈妈带着小璇来到我的工作室寻求帮助，希望能找到解决之道。通过三觉评测，我们找到了小璇学习上的真正困难所在，并据此制订了个性化的改善计划。

小璇非常配合地按照我们的方案进行脑体训练，她的学习自信心也随之逐渐增强。在一次课堂上，她有了明显的进步，习题完成得既迅速又准确。当我们向小璇妈妈分享这一好消息时，小璇满怀期待地希望得到妈妈的肯定。

妈妈的回应却让小璇感到失望。她轻描淡写地说："肯定是题目简单，小璇才能做得好。"这句话无疑给小璇泼了一盆冷水，让她原本高涨的自信心瞬间降温。

妈妈脱口而出的这句话，反映出的是她内心"小璇学不好"的固有信念。这种信念不仅阻碍了她客观地看待小璇的进步，更在无形中给小璇的自信心造成了严重的打击。她的每一句消极评价，都如同在小璇的能量储存罐上打开了一个漏洞，让小璇从其他地方获得的正向能量不断流失。

仔细分析妈妈的口头禅和一次次送孩子去辅导班的行为，我们可以发现，她内心其实并不是很坚定地认为"小璇学不好"，也渴望看到小璇在学习上的改善。然而，她并未意识到，自己经常挂在嘴边的这句话，对小璇产生了多大的负面影响。作为孩子成长路上的重要引路人，父母的每一句话都可能对孩子产生深远的影响。

同样，小芸的父亲是一位高学历的数学专家。当他一遍遍教女儿数学，而女儿的数学成绩没有明显提升时，父亲开始对小芸说："你没有遗传我的基因，你没有学数学的天分。"在我与小芸父母一起协商如何帮助小芸提高数学能力时，小芸爸爸首先说出的便是这句话。我瞬间就明白了，小芸在数学训练营，每当遇到稍有挑战性的题目时，为何会表现出退缩的情绪，为何她学习数学的动力不足。

小芸妈妈透露，小芸爸爸在家经常把这句话挂在嘴边。每当小芸面对所谓的数学难题时，父亲的这种信念就会像阴影一样笼罩在她的心头。这种影响导致小芸在面对困难时缺乏勇气去挑战，于是选择退缩。与此同时，她不甘于这样的结果，渴望能够学好数学，这种内心的矛盾和挣扎常常让小芸暗自流泪。

有类似小芸父亲这种想法的家长不在少数。在我的日常咨询中，经常能遇到这样的情况。如果父亲学历高而母亲学历低，当孩子遇到学习瓶颈时，父亲会认为孩子没有学好是因为没有遗传到自己的优秀基因，这时母亲会感到很大的压力和无助。如果夫妻双方都是高学历，他们则怀疑孩子是否存在先天智力问题。比如我在自序中提到的那个案例，父母双方都是高材生，但当他们发现二年级的女儿学习困难，而中班的儿子表现出色时，他们就开始怀疑女儿的智商。然而，最终的事实证明，这些家长的担忧和信念都是错误的。

我的朋友有一个刚读初一的儿子。有一次，我们几个人在他家聚会时，朋友当着孩子的面，不断地向我们抱怨儿子的种种不是，"不用功，偷懒，成绩越来越差，这次考试成绩落到班级倒数第二，气也要被他气死了。"每当遇到这种情况，我一定要找机会去安慰孩子，并疗愈孩子受伤的心。何况朋友的儿子小时候我见过多次，感觉他很聪明机灵，于是，我走到孩子身旁，与他聊了起来。

"喜欢读书吗？"我轻声问道。

孩子摇了摇头。

"听说你这次考试成绩不太理想，我想一定是有原因的，我们一起来找找原因好吗？"

孩子点了点头。

"把你认为最难的，考得最不好的考卷拿出来给我看看好吗？"

孩子很快拿出一张只考了42分的数学卷。我仔细看了看，心里有谱了。

"这张试卷上哪一道题最难啊？"我故意这样问。

孩子指向了最后一道附加题，告诉我班上只有3名同学会做。

"我觉得这道题你也能做出来。"我用肯定的语气对孩子说。

孩子听到我的话，原本低垂的头抬了起来，脸上露出了惊讶的表情。

我没有直接看试卷，而是让孩子指着题目，从第一句开始，逐字逐句地解释给我听。每当孩子对题意理解不够深入时，我就假装没听懂，反复追问，还要他一遍遍画图示意……最后，在我用不断提问的方式引导下，孩子真正搞懂了题意，并成功地解答了这道题。

"你看，我并没有直接告诉你应该怎么做这道题，我只是让你解释题目的意思，然后你自己就把它做出来了，对吧？"

听了我的话，孩子的眼中闪烁着惊奇和喜悦的光芒。

"你通过自己的努力解答出了最难的题目，这充分说明你有潜力和能力。所以，你怎么会学不好数学呢？以后遇到暂时不会做的题目，就像刚才我们一起做的那样，你可以试着自己问自己，题目上每一句话是什么意思，多思考，多尝试，我相信你一定能够找到解题的方法。"我趁热打铁，帮助孩子树立了对学习数学的信心。

渴望成功是每个人的心理需要，孩子的这种心理需要更为强烈。有些家长恰恰会忽略这一点，这对孩子的成长产生了不利影响。

父母对孩子造成的限制性信念，影响的不仅仅是孩子的学习，还有对孩子解决困难的自信与决心以及对他们未来的人生发展。父母眼界的高低，决定了孩子未来发展的高度。

注：文中所提人物均为化名。

本节要点

通过多个实际案例，强调父母在教育孩子过程中应避免过度包办、干涉和强制，而应给予孩子足够的自由和空间，让他们按照自己的天赋和内在规律成长。同时，指出父母的限制性信念可能成为孩子成长的隐形障碍，并呼吁家长应以开放的心态接纳和理解孩子的独特性。最后，强调家庭、学校和社会环境对孩子成长的重要性，以及匹配孩子天赋的成长环境对于培养天才的必要性。

家庭思考与实践

请反思家庭养育者在孩子成长过程中是否有过包办、干涉或强制的行为。设计一项具体行动，尝试放手让孩子自主决定并完成一项任务，观察并记录孩子的变化和您的感受。

结　语

留下深思，寄语未来

在我多年的咨询经历中，我深切地体会到，当家长感到培养孩子很艰辛时，他们往往正陷入焦虑的旋涡，而这种焦虑情绪会在无形中传导给孩子，使孩子也经历这样的痛苦。家长的艰辛和孩子的痛苦，这两者之间有着一种微妙的正比关系。

其实，孩子对父母的需求很纯粹。在本书第一章中，我们详细探讨了每个孩子与生俱来就拥有的三觉学习天赋。孩子真正需要的，是一个能够让他们这些天赋得以充分展现和成长的环境。

当没有任何障碍限制孩子的学习能力发展时，他们的学习会如同呼吸一般自然顺畅。遗憾的是，我们有时采取的养育方式却无意中阻碍了孩子的学习能力发展。这在本书第二章中有详尽的阐述。

孩子的行为表现是能力和情绪状态的综合体现。除了学习能力发展受阻，本书第四章还探讨了学习情绪对孩子学习表现的影响。随着孩子年龄的增长，情绪因素在学习中的作用愈发显著。

心理学家指出，孩子在学习过程中是否体验过成功的喜悦，将直接影响他们学习的动力和感受。那些逃避困难的孩子往往陷入在"逃避—畏惧困难—再逃避"的不良循环中，面对作业就发出"啊！怎么这么多作业！"的抱怨，即使一根稻草的压力对他来说都觉得是负担。

而体验过成功快乐的孩子将走上"体验成功—克服困难—再体验成功"的良性循环，对他们而言，即使学业重也不会感觉是负担，反而是一种乐趣，是一种推动力。

当我们不再阻碍孩子的能力发展，不再用自己的局限性影响他们的情绪状态时，孩子的学习天赋便能得到充分的展现。

孩子的天赋不仅限于三觉学习天赋，还包括性格、思维、艺术、运动、人际交往等诸多方面。尽管本书主要聚焦在如何让孩子的学习天赋发光发亮，但其原则对其他天赋的发展同样适用。因为保护天赋的底层原理是一样的，就是为孩子提供足够的成长空间和时间，让他们能够按照天赋指引的方向自由地探索和发展，最终成为更好的自己。这是家庭教育的核心要义，也是父母能为孩子创造的最大价值。

联合国儿童基金会有一首专为儿童写的歌曲：

See Me Beautiful《请看到我的美丽》

See me beautiful　请看到我的美丽

Look for the best in me　请找到我最好的地方

It's what I really am　这是真正的我

And all I want to be　也是我想成为的样子

It may take some time　也许要花一点时间

It may be hard to find　也许找起来很困难

But see me beautiful　但是请看到我的美丽

See me beautiful　请看到我的美丽

Each and every day　每一天

Could you take a chance　请去尝试一下

Could you find a way　请找到那个方法

To see me shining through　从我做的每一件事情里

In everything I do　看到我的闪光之处

And see me beautiful　并看到我的美丽

第一次听到这首歌时，我就被它深深地打动了，童年的一幕幕场景不断涌现在脑海中。这些歌词不仅是我最想对父母说的话，也是天下孩子最想对父母说的话。

当年著名教育家陶行知先生不断地提醒所有教育者："你的教鞭下有瓦特，你的冷眼里有牛顿，你的讥笑里有爱迪生。"所以，学会看到孩子的美丽，这是父母成长的第一步。

通过这本书，我最想传递的信息有三点：

第一，父母要创造一个与孩子天赋匹配的成长环境。这确实是一项非常艰巨的任务，因为我们可能会无意中制造出阻碍孩子天赋发展的困境，而很多时候我们对此并不自知。即使如此，我们仍需尽力而为，否则孩子的天赋不就白白浪费了吗？作为父母，辛苦养育孩子一场，若未能让他呈现更多的天赋，岂非憾事？

第二，即使父母无意中给孩子制造了影响天赋发展的障碍，也不能完全归咎于父母，这背后有着深层次的、系统性的原因。尽管孩子的人生体验最终是属于他们自己的，但孩子的人生是否幸福快乐，与父母的幸福感息息相关。

第三，在我数十年的家庭教育咨询经验中，我发现不阻碍孩子天赋发展这件事，父母们其实并不缺乏意愿。父母们首先缺乏意识和觉察能力，无法清晰地认识孩子的天赋发展需要哪些条件，自然也难以觉察自己在无意识中给孩子造成了阻碍。其次，父母们需要得到专业的指导和学习正确的方法，才能支持孩子的成长。

天才就是基因与成长环境相匹配的结晶。家庭、学校、社会，为孩子所营造的成长环境，与孩子基因的匹配程度越高，孩子的天赋便越能得以充分展现和释放。当这种天赋的释放累积至某一临界点时，人们便称之为"天才"。愿全天下的父母都不错过你的孩子的天赋优势！

后　记

我们之所以没有变成天才，只因未被如天才般珍视

国外一位心理学教授曾进行过一项有趣的实验：他将一个跳蚤放入玻璃杯中，并用盖子封住了杯口。跳蚤拥有惊人的跳跃能力，其跳跃高度可达到自身体长的四百倍左右，若无盖子阻挡，它轻易就能从杯中跃出。

实验开始时，跳蚤在杯内不断尝试跳跃，但每次都重重地撞上了杯盖。在反复尝试与碰撞之后，这只跳蚤似乎吸取了教训，开始根据盖子的高度调整自己的跳跃力度，它在杯内自如地跳跃，却始终不再触及杯盖。经过一天的时间，当教授移除了杯盖，这只跳蚤依然没有尝试跳出杯子，而是继续保持着先前的跳跃高度。

教授告诉学生们，此刻，阻挡跳蚤的已不再是物理上的杯盖，而是其被束缚的思维。经过一天的"训练"，跳蚤已经形成了固定的思维模式，认为自身无法超越原先杯盖所在的高度。这个实验生动地展示了环境如何影响并限制了个体的思维与行为。

人的成长原理又何尝不是如此？就像那只跳蚤在反复碰撞后不再尝试跳得更高一样，当我们从小接受了一个观念，并长时间受到这种观念的思维定式的影响后，一旦遇到超出这个框架的挑

战，我们会感到害怕，内心深处告诉自己，我们的能力仅限于此，我们不能去触碰这个"顶盖"的。久而久之，我们不再敢于尝试超出自己以为在能力之外的事情。

如果我们不去努力打破这种定式思维，我们可能永远无法真正认识到自己的潜力有多大，不知道自己能成就怎样的事业，也就不可能成为曾经梦想成为的那个人。许多人就是在这样的自我设限中度过了一生。

父母对孩子的教育观念就是孩子成长高度上的无形"顶盖"。从这个意义上来划分，人的成长路径分为两大类：一类是在"顶盖"下自我挣扎中度过，受限于既定的观念和思维；另一类则是冲破了"顶盖"，在不断完善自己中实现成长，并获得成就。

我在2010年时创办了一个家长学习俱乐部，每个月选一个周末组织一群父母学习现代家庭教育理念，探讨如何和孩子一起成长。在每次的学习交流中，我都会引用实际案例进行深入剖析。从那时候起，就不断有人建议我写书，说我做家庭教育咨询几十年，积累了大量的案例和经验，这些宝贵的素材足以写好几本书，不出版出来实在可惜。面对这样的建议，我总是摇头。

我心里有障碍，很大的障碍，我觉得我这辈子是不可能写出书来的。

小时候，除了在课堂上回答老师的提问（在那种情况下，感觉只是面对老师一个人），我总是不敢在众人面前讲话。成年后步入职场，每当领导清嗓宣布要开会时，我就会莫名的紧张，手心冒汗，不敢抬头与人对视。我对于那些能够在台上娓娓道来、出口成章的演讲者钦佩不已；对于虽不擅口头表达，但能妙笔生花，迅速挥洒出一篇美文的高手，更是心生羡慕。因为我既不敢说，又害怕写。可能是由于小时候字写得不好经常受到批评的缘故，我从小就对写作文感到恐惧（在我做咨询的过程中，遇到过不少因为恐惧写字而害怕写作文的孩子）。至今，当有人审视我的字迹，或是需要我签名时，我内心都会涌起一股莫名的恐惧。因此，看到他人能言善写，我就会不由自主地感叹，唉！这辈子是不可能了，下辈子吧，下辈子投胎一定要投成那样的人。那时候，我认定自己这一辈子也无法突破这些障碍，于是我选择埋头苦干，由此，我成为单位里工作勤奋积极的人之一。

　　然而，在2000年，当上海某区教育系统面向全国招聘10名中学校长时，我竟然忽略了自己的障碍，也许我根本没意识到校长这一职位需要拥有能说会写的能力。总之，在我先生的"鼓动"下，我去应聘并最终被录用。我绝不是奔着校长的名分去的，这一点非常明确。我在内心深处想的是，进入普教系统将为我提供更多机会去从事小学生的成长教育工作，实施我的教育理念。可在新岗位工作不到半年，教育局当时的老局长敏锐地察觉到了我的这一不足，语重心长地对我说："小雷，你不能当众发言，这个缺点太致命，如果你不能克服这一点，就当不了正职，因为发言是无法由他人代劳的啊。"我立刻回应老局长说，我就不当正职呗。事实上，我的兴趣只在于孩子们，担任一把手这件事并不能激发我去挑战自己、克服"不敢说、害怕写"的心理障碍。

　　在我这一生中，唯有孩子能激发我无尽的勇气和动力。当我目睹越来越多的家长陷入焦虑，看到孩子们承受的痛苦日益加剧时，我再也忍不住了。尤其是有一天，我在学校操场上目睹了一个场景，更加坚定了我站出来的决心。

　　那天，一位女同学和她妈妈一同从教室走出，女同学脸上特别怪异的表情引起了我的注意。我看到那位母亲满脸怒容地训斥着孩子，她一边训话，一边狠狠地掐孩子的胳膊。我们都知道，掐比打还要疼，尤其是在6月穿短袖的时节。孩子被掐得眼中含泪。我靠近她们时，正好听见妈妈低声喝道"不准哭出声来"。孩子只能硬生生地忍住泪水，所以她脸上的表情显得格外扭曲。

　　我去班级里了解到底发生了什么事情，同学们纷纷说没有什么事，就是公布了考试成绩。那位妈妈不满意孩子的成绩，在教室里就开始严厉训斥孩子了。

　　那一幕深深地刺痛了我的心，我至今仍清晰地记得那个孩子脸上的痛苦表情。我也很理解那位母亲的心情。我知道我必须要站出来，向家长们传播我的家庭教育理念，帮助他们改善亲子关系，为孩子营造一个良好的家庭成长环境。我下定决心，无论如何都要克服自己当众讲话的恐惧。

于是，2009年10月，我以50岁的"高龄"参加了知名心理学家开办的讲师培训班。在这个培训班上，我果然实现了当众讲话的突破。

此后，我积极寻找各种讲课的机会，不断锤炼自己的演讲勇气。用了五年的时间，我终于完成了从恐惧到淡定自如地当众演讲的心理转变。

这五年，我进行了一场又一场讲座。尽管当前的教育体制问题给家长们带来了诸多压力，但我相信，我们仍然有能力为孩子营造一个好的家庭氛围。随着讲座的连续举办，有越来越多的家长认同我的观点，我也不断收到越来越多家庭的成长喜讯。

我也意识到，虽然我喜欢与家长有面对面互动，但这种形式的传播受到地域和时间的很大限制，难以触及更广泛的受众。这时，一个愿望开始在我心中生根发芽——将我所经历的案例与积累的经验转化为文字，通过图书的形式传播出去，以助力更多的家长。但愿望与现实之间，总有着需要跨越的鸿沟。对于写作，我深知自己内心有着不小的障碍。我愿意给自己时间，去慢慢去突破这些心理障碍。

2014年，我在公众号上发表了第一篇表达自己生命愿望的文章《我想要怒放的生命》。2015年，在某次工作坊学习之后，我写下了《使命宣言》。我立下了自己的使命：助力更多的孩子去实现他们的天赋才能，同时帮助更多的父母享受和孩子共同成长的喜悦。我感觉这份《使命宣言》上的一个个字，不是用手写出来，而是从血液中自然流淌出来的。我写得热血沸腾，好似生命重新进入了青春期。

青春期不仅是身体迅速生长发育的时期，更是一种心理能量的膨胀期。这股能量若用于正向，便能促成突破性的成长；倘若用于负向，表现出来的就是叛逆。回想我的第一次青春期是叛逆的，而现在，我踏入的是突破性成长的青春期。我体验到了青春期能量用于正向时，内心的喜悦是多么纯粹和强烈，如果有人还没有体验到这种喜悦，实在是人生的一大憾事！

我不断地破除自己一个又一个限制性信念，记录下那些关于父母与孩子成长的故事，以及陪伴他们的这个过程中带给自己对生命的深刻感悟。这些故事在我的脑海中汇聚出一片片绚丽多彩的花海，每个季节都呈现出它独特而令人陶醉和喜悦的色彩：有在春天绽放的快乐的孩子，也有着夏天盛开的喜悦的家长。花海中有一朵晶莹剔透、洁白如玉的琼花，带着秋的芳香，缓缓舒展开优雅的身姿，那便是我。

随着时间的流转，转眼到了2018年，我有幸遇到了一位特别的家长——赵鑫老师。他通过自己的亲身体验和深切感受，不断地给予我鼓励和力量。正是这份激励，如同催化剂一般，让我突破了写书的最后一点心理障碍。最终，在2019年，我的第一部书稿得以出版发行。

我从50岁开始，用了五年的时间克服了当众说话的障碍，又用了五年时间战胜了对写的恐惧，再用了五年时间完成了对人生第一本书的修订。有些人对此感到不解：已经到了可以享受悠闲生活的年纪，为何还要如此努力地学习、不断地突破自我呢？我的回答是，因为我年轻时没有现在这样好的学习机会，如今既然有幸赶上，就不愿错过。也有人认为年过半百再谈成长晚了点。不不！我认为人生的成长从任何时候开始都不晚。

如果我不学习，不突破自己，时间同样会把我带到60岁、65岁。但是现在的65岁，与不学习、不努力的65岁，人生意义完全不同了，我的人生有了更加丰富的色彩和更深的内涵。

出版这本书，是我生命成长中的一次突破。我想告诉大家，如果我们能静下心来探寻自己内心的渴望，如果我们通过学习从"顶盖效应"里面解脱出来，如果我们不断地尝试去打破自己的思维定式，那么我们的人生高度有可能在突破"顶盖效应"中得到提升。

出版这本书，我还想告诉所有的父母，只要不放弃，每个孩子都能绽放他们独特的天赋。相较于成年人，孩子们的限制性信念更容易被打破，因而他们更容易实现突破性的成长。作为父母，我们要做的就是竭尽所能去成就孩子。

我用自己生命成长的故事，诠释了每个人其实都有自己独特的天赋潜能。我们之所以没有成为天才，只是因为从来没有被当作天才一样对待。现在，是时候坚信了 —— 您的孩子还来得及。

致　谢

　　这本修订版图书的完稿，让我心中充满了感激。此刻，我想向那些为这本书注入生命和灵魂的人们，表达我最深的感谢。

　　我要感谢那些给予我无限信任的家长们。你们的信赖和勇于实践，不仅丰富了我的咨询经验，也为这本书的创作提供了源源不断的灵感和动力。你们无私分享了实践经验，为这本书注入了真实的情感和实用的智慧，使其内容更加丰富和深刻。你们对家庭和孩子成长的生命感悟，无疑是这本书不可或缺的灵魂。没有你们的信任和投入，就不可能有这本书的诞生。

　　在将三觉理念运用于家庭教育的过程中，我要衷心感谢我的团队伙伴——方亦卿老师、翁羽老师、陈皎姣老师。你们通过自身经历积极传播"三觉"理念，推动了许多家庭实现积极的转变。作为父母训练营系列课程的资深助教，你们的贡献和努力给予了我极大的支持。翁羽老师还热情地帮我搜集了家长们运用"三觉"理念后的宝贵反馈。

　　我也要向上海市及各区、县负责教育管理的领导们表达深深的谢意。正是你们对于"三觉"教育理念的信任，以及积极帮助老师们解决实际问题的初心，为我提供了给学校教师培训的机会，从而让"三觉"理念在更广泛的教师群体中得以传播。你们的支持不仅帮助了许多老师解决日常教学和学生管理中的难题，也为本书的创作提供了丰富的实践经验和生动案例。

　　我还要感谢雷氏三觉学堂的各位老师们。我书中所提及的孩子们通过脑体训练，有效改善专注力、克服学习粗心等问题，都离不开你们专业的指导和引领。你们以深厚的专业知识，耐心地带领和指导孩子们进行训练，才有了这些显著的进步和改变。

　　我特别要向我亲爱的家人表达深深的感谢。我的先生一直悉心照顾我的生活，默默地支持着我。我的女儿虽然远在异国他乡，但始终关心和支持着我的花海事业。她曾悄悄从京东购买了我写的第一版图书（当时我写书这件事并未告知家人），并在阅读后为我提供了宝贵的修订建议。

　　最后，我衷心感谢生命中遇到的每一位孩子。是你们让我的人生变得丰富多彩，更有意义。你们的纯真和善良天性，不仅激励我不断自我提升，而且是我勇往直前、不懈探索的动力。

　　在未来的日子里，我将继续满怀感恩之情，怀着对孩子们的爱与责任，与所有的父母们共同努力，去实现我们的共同愿景——让每个孩子都能充分释放自己的天赋潜能，活出他们最真实、最精彩的自我。

　　真心感谢生命中所有的遇见和经历。生活如此幸福美好，我将用余生去回报那些给予我支持和帮助的人，回报孩子们带给我的快乐和成就感，回报这美好的生活。

　　再次感谢所有为这本书付出的人们！

附录一　核心观点与知识精粹

第一章　发掘"三觉"优势，不错过孩子的学习天赋

【第一节】

1. 每个孩子出生时，都携带着一个未被完全解锁的大脑，等待着与世界的互动来逐渐展现其独特的学习天赋。

2. 大脑如同一个信息处理器，需要从外界和自身接收信息。

3. 模式加工是大脑对信息进行一系列加工，将其转化为基于经验的模式记录。

4. 注意协调系统就像神经学习过程中的指挥家，它要确保每一个阶段的学习活动能够有序、高效地进行。

5. 孩子学习困难的表现正是他们在向家长发出求助信号，提醒家长：孩子的神经发育尚未达到当前学习要求，需要得到额外的支持和帮助。

【第二节】

1. 这些孩子并非智商不够，也并非不够努力，更不是上小学以后变"笨"了。

2. 每个人的听觉系统、视觉系统和感觉系统都能正常运转（先天有缺损的除外），区别只是在接收外界信息的时候，个体会优先采用某个系统。

3. 当我们的教学方式与孩子的学习特质相匹配时，他们才能充分发挥自己的学习潜力，取得更好的学习效果。

4. 了解孩子的学习特质至关重要。

5. 我们在日常咨询中，发现不少被误认为有多动症的孩子，经过评估，大部分并不是真正的多动症，只是强感觉型的孩子在用自己的方式寻找学习的感觉。

【第三节】

1. 每个孩子都是一块未经雕琢的玉石，内心世界丰富多彩，学习特质各异。

2. 我们需要一套科学、系统的工具来评测孩子的学习特质。

3. 每个孩子既拥有独特的优势，也面临一些潜在的挑战。

4. 并不存在一个最佳的评测数据或者最好的优势系统。

5. 评测的真正目标，是帮助每个孩子发现并发展自己的潜能，让他们在学习的道路上更加自信、高效和愉悦。

【第四节】

1. 运用优势学习法，针对孩子的特质，因材施教，往往能取得显著的教学效果。

2. 只要我们以足够的尊重和支持对待每一个孩子们，努力找到适合他们的学习方式，那么每个人都能够充分展现出自己的学习潜力，取得令人满意的成果。

3. 在视觉或听觉中至少具有一项特别突出优势的孩子，在现行的教学体系中能够较好地适应教学节奏，应对学习挑战。

4. 对于那些在听觉和视觉方面都较弱而唯有感觉能力出众的孩子来说，他们面临的学习挑战较大，他们更加需要得到老师和家长的理解和关爱。

【第五节】

1. 家长可能会无意中强迫孩子使用其不擅长的方式去学习，这不仅导致孩子学习效果不佳，还容易让家长错误地认为孩子笨或学习能力有限。

2. 当发现孩子学习上似乎有困难时，不要急于归咎于孩子"学不好""不用功""太笨"，而是应该通过科学的评测和数据分析，了解他们的视觉系统、听觉系统、感觉系统的优势分布。

3. 条条大路通罗马，每个孩子都有其独特的优势和学习路径，都有达成学习成就的罗马之道。

【第六节】

1. 发展多模式的学习策略是神经学习的重要方式之一。

2. 多感官联合训练是帮助孩子开辟多条通往学习目标的路径，让他们在学习的道路上更加游刃有余。

3. 高效学习策略的核心，是融合优势系统在内的两种或更多感官系统共同参与学习。

4. 每个孩子都是独一无二的，他们的神经系统在持续的学习和成长过程中不断塑造。

5. 三觉优势学习法，让天下没有教不会的孩子。

第二章　解锁天赋之路：孩子成长的障碍与突破

【第一节】

1. 每个孩子都有自己的优势学习系统，这是上天赋予每个孩子的礼物。

2. "感觉发展"和"知觉发展"是"三觉基础"优势得以展现并实现学习成就的重要保障。

3. 当孩子在学习上遇到困难时，我们需要逐层深入探寻问题的核心原因。

4. 通过专门的脑体协作训练，可以有效改善孩子的知觉发展状况，进而提升学习成绩。

5. 只要我们找到并移除阻碍孩子优势发挥的障碍，他们就能在学习上取得显著进步。

【第二节】

1. 对于12岁以下的儿童，他们在学习上出现的所有不理想的行为表现，都不是主观意识上的"不认真"，而是大脑神经发育过程中某些系统的偏差所致。

2. 专注力是孩子学习和发展的基石，正如蒙台梭利所言："给孩子最好的学习方法就是让孩子聚精会神地去学习。"

3. 当孩子在学习上遇到困难时，家长和老师需要给予更多的理解和包容，而不是简单地将责任归咎于孩子的学习态度。

4. "三觉通路"评量体系是一套针对儿童学习困难体征开发的学习发展能力评量工具，旨在帮助识别并改善影响孩子学习能力的关键因素。

5. 孩子的脑神经发育决定了其在学习和生活中的表现，因此，理解并支持孩子的神经发育过程对于促进其全面成长至关重要。

【第三节】

1. 孩子的感觉统合能力在0～6岁期打下了大约80%的基础，因此这一时期的养育方式对孩子的未来学习和成长具有深远影响。

2. 感觉统合失调（感统失调）已成为许多孩子学习困难的主要原因之一，而现代家庭养育方式中的过度保护和不恰当干预是其重要诱因。

3. 过度的家庭关注和干预无意中阻碍了孩子的自然成长过程，剥夺了他们自我发展的机会，导致孩子在学习和生活中遇到更多困难。

4. 理解和包容孩子的学习困难至关重要，家长需要避免将责任归咎于孩子的主观态度，而是寻求科学的方法帮助孩子克服障碍。

5. 通过系统性的脑体协作强化训练，结合家长的理解和支持，可以有效改善孩子的感统失调问题，提升孩子的学习能力和自信心。

6. 没有了翅膀，即使是天赋异禀的孩子也难以展翅高飞。

【第四节】

1. 通过"三觉通路"评量法，我们可以评估并改善孩子在运动中的行为表现，进而帮助他们克服成长障碍。

2. 家长应耐心和坚持，确保孩子按照规定的剂量和疗程进行训练，适时调整训练内容和强度。

3. 家长的信念和家庭氛围对孩子的训练效果起着至关重要的作用。

4. 在训练过程中，家长需要关注孩子的情绪状态，用尊重、理解和坦诚的语言给予孩子支持和鼓励。

5. 即使存在先天因素的影响，也不必过于担心，因为通过恰当的后天养育和感统刺激，完全可以有效改善甚至消除不良影响。

第三章　行为管理：塑造孩子的积极能量场

【第一节】

1. 行为表现＝情绪×能力，理解并应用这一公式，是解决孩子作业拖拉问题的关键。

2. 同理心话术，是打开孩子心扉的钥匙，也是缓解作业抵触情绪的第一步。

3. 没有规矩不成方圆，共同制定规则，让孩子在有序的环境中成长。

4. 脑体训练不是负担，而是磨刀不误砍柴工的高效学习法。

5. 父母的情绪管理，是家庭教育中最宝贵的资源，先爱自己，才能更好地爱孩子。

【第二节】

1. 小步快走法，积土而为山，积水而为海，每天进步一点点，终成大器。

2. 正向反馈引导法，让孩子在欣赏和鼓励中激发内在动力。

3. 豁免卡，传递允许与信任，让孩子在挑战中学会自我管理。

4. "你是怎么做到的？"教练式赋能对话，激发孩子成就感和自信心。

5. 规则约定的艺术，透明合作中建立孩子的自律与责任感。

【第三节】

1. 如果每个家庭都能遵循科学的养育方法，依照符合儿童身心发育的规律来养育孩子，就不会出现如此多的孩子面临学习困难。

2. 一个孩子的课业负担是否过重，并不完全取决于作业的数量，更重要的是孩子完成作业时的心理感受。

3. 为了真正实现减负，我们需要从多个层面入手，全面考虑孩子的心理需求、学习状况以及他们所处的环境。

4. 减负的关键在于同步减轻孩子、家长、老师三方的心理负担。这三者本就是一个紧密联动的整体，在情绪上相互影响，一荣俱荣、一损俱损。

5. 减负的终极目标，应当是构建一个能让孩子充分展现天赋的教育环境，为他们提供丰富多元的活动，以激发他们的好奇心、求知欲、创造力和成就感。

第四章　情绪智慧：解锁学习天赋的钥匙

【第一节】

1. 一个健康积极的情绪状态能够激发孩子的学习潜能，帮助他们更好地发挥自己的学习天赋。

2. 我们不仅要重视孩子的感统失调问题，更要关注孩子的情绪状态。

3. 每个孩子的内心都蕴藏着积极向上的能量。

4. 孩子们期望的是精神盛宴，而父母给予的往往只是物质大餐。

5. 上天似乎在给予家长们高难度挑战的同时，也慷慨地提供了便捷的学习途径。

【第二节】

1. 情绪智慧是解锁学习天赋的钥匙，它能帮助孩子更好地发挥自己的潜能。

2. 理解并善于利用孩子的三觉特质，可以有效提升亲子沟通的效果，助力孩子成长。

3. 家长的言辞和态度对孩子的影响深远，特别是对于听觉型的孩子，温和的语言是他们心灵的阳光。

4. 让孩子担任家庭角色，满足他们的掌控和影响力需求，能激发他们的自信心和积极性。

5. 不同三觉特质的孩子需要不同的赋能方式，针对性的表扬和批评更能触及他们的心灵。

【第三节】

1. 相信是帮助孩子成长的重要秘诀，它具有超乎想象的威力和效果。

2. 信任之光能点亮孩子的学习之路，激发他们内在的潜能和动力。

3. 每个孩子都值得被相信，家长的信任是孩子面对困难时最坚实的后盾。

4. 信任的力量不容小觑，它能让孩子更加自信地迎接挑战。

5. 信任是亲子关系中不可或缺的养分，用相信点亮孩子的学习之路，让他们茁壮成长。

【第四节】

1. 孩子的内心孕育着种子，每颗种子都有能力绽放绚丽的花朵。

2. 教育的力量在于激发孩子的内在积极性，而非简单追求表面的成绩。

3. 孩子需要正面的反馈和肯定，以建立稳定而积极的学习情绪。

4.每个孩子都有非凡的天赋和能量，只是展现的时机与方式不同。

第五章　让孩子的学习像呼吸一样顺畅

【第一节】

1.孩子是我们的老师。

2.每个孩子都是一颗充满生命潜能和生长动力的种子，他们的内在力量与智慧远超我们的想象。

3.孩子的内心蕴藏着最纯真的感恩。

4.孩子的身体天生具备敏锐的感知能力，能够清晰地辨识自身的天赋。

5.爱父母是孩子与生俱来的本能。

【第二节】

1.学习是孩子自己应当承担的责任。

2.宽松而自由的学习氛围，让孩子的学习天赋得到了充分的发挥和发展。

3.延迟满足的训练，实际上是在对孩子进行自我管理、自我约束能力的基础培养。

4.比起鼓励孩子努力，我们更应该做的是，和孩子一起去寻找适合他们的学习策略。

5.学习以外的能力培养尤为重要，这些能力将在孩子的一生中发挥重要作用。

【第三节】

1.请不要挡住孩子成长的阳光。

2.不包办、不干涉、不强制、无为而治，是父母应秉持的教育原则。

3.每个孩子都是独一无二的艺术品，值得被细心呵护、尊重和理解。

4.父母的限制性信念是孩子成长的隐形障碍。

5.天才就是基因与成长环境相匹配的结晶。

附录二　联合感官训练实例

视听联合

一、学龄前

序号	名称	训练内容
1	舒尔特方格	在一张方形卡片上画上1厘米×1厘米的9个（或者6个、8个、12个等）方格，随机填写数字1~9。训练时，孩子按从小到大的顺序依次一边指一边读，家长记录完成时间。更多训练方法，参照教具说明。
2	数字垫	孩子从1开始，依次边数边踩到10，家长记录完成时间。更多训练方法，参照数字垫说明。
3	读故事	听觉优势：每天一次，每次5分钟，着重对话内容多的。 视觉优势：每天一次，每次5分钟，着重景色描写内容多的。
4	听故事	听觉优势：每天一次，每次5分钟，着重对话内容多的，并复述出来。 视觉优势：每天一次，每次5分钟，着重景色描写内容多的，并复述出来。
5	眼耳追家长	（1）家长提前准备一段适合孩子年龄的文章内容； （2）在约定时间内，家长边读文章边做动作，请孩子重复，练习准确性和速度。
6	火眼金睛	说出某个室内可以看到的物品，不重复，要找得又快又多。
7	开心撞色糖果	用教具糖果，家长扔三粒彩色骰子，根据骰子停止后出现的颜色，孩子快速报出颜色，并快速找出和骰子颜色相同的糖果。
8	我是记忆王	放1~2分钟的视频，家长根据内容提问（比如里面的某个人物穿什么颜色的衣服），孩子回答。
9	玩色块	每周两次，每次5分钟，在一些正方形的硬纸块上涂一种颜色，每种颜色准备两块，按口令找颜色。
10	快速查找数字	每周两次，每次5分钟，在一串数字中，快速找出听到的数字并圈出来。

二、小学生

序号	名称	训练内容
1	舒尔特方格	在一张方形卡片上画上1cm×1cm的25个（36个、49个）方格，随机填写数字1~25。训练时，孩子按从小到大的顺序依次一边指一边读，家长记录完成时间。更多训练方法，参照教具说明。
2	数字垫	家长告诉孩子算式，孩子一边说算式一边跳到对应的数字上，最后跳到结果上。更多训练方法，参照数字垫说明。
3	读故事	听觉优势：每天一次，每次15分钟，着重对话内容多的。 视觉优势：每天一次，每次15分钟，着重景色描写内容多的。
4	听故事	听觉优势：每天一次，每次15分钟，着重对话内容多的，并复述出来。 视觉优势：每天一次，每次15分钟，着重景色描写内容多的，并复述出来。
5	眼耳追家长	(1) 家长提前准备一段适合孩子年龄的文章内容。 (2) 在约定时间内，家长边读文章边动作，请孩子重复，练习准确性和速度。
6	读音找词	(1) 家长提前准备一段适合孩子年龄的文章内容。 (2) 在约定时间内，孩子找出文章中的所有指定的字或词语。
7	火眼金睛	说出某个室内可以看到的物品，不重复，要找得又快又多。
8	开心撞色糖果	用教具糖果，家长扔三粒彩色骰子，根据骰子停止后出现的颜色，孩子快速报出颜色，并快速找出和骰子颜色相同的糖果。
9	我是记忆王	放1~2分钟的视频，家长根据内容提问（比如里面的某个人物穿什么颜色的衣服），孩子回答。
10	玩色块	每周两次，每次5分钟，在一些规则图形（长方形、正方形、三角形、圆形等）的硬纸板上涂一种颜色，每种颜色和形状各三块，听口令找颜色或形状。

序号	名称	训练内容
11	快速查找数字	每周两次，每次5分钟，在一串数字中，快速找出听到的数字并圈出来。
12	看图说话	每周两次，每次10分钟，家长出示一张图，孩子练习口头表达。
13	复述	每周两次，每次10分钟，孩子写出听到的口令或句子。
14	顺风耳	家长按顺序报出一串非连续的数字，孩子写出听到的数字，再说出漏报的数字；或者先说出漏报的数字，再写出听到的数字。
15	正话反说	将听到的一串从小到大的数字按从大到小的顺序写在本子上。
16	我是口算王	家长写好4个数字一组的纸条，家长出示纸条并报出一个得数，孩子运用加减乘除法，计算得出这个数。（类似训练：算24）
17	定向寻宝	每周一次，在约定时间内，根据家长口头告知的线索找出宝物。
18	梳理大师	（1）家长写出清晨、晌午、傍晚等词语，孩子按自然发生时间先后来排列，再说出来。 （2）家长给出打乱的四五句话组成的一段内容，孩子正确排序后读出来。

视感联合

一、学龄前

序号	名称	训练内容
1	舒尔特方格	填满数字的方格上，孩子按从小到大的顺序找到数字，家长记录完成时间。更多训练方法，参照教具说明。

续表

序号	名称	训练内容
2	数字垫	孩子从1开始依次踩到10，家长记录完成时间。更多训练方法，参照数字垫说明。
3	拍球	每天一次，每次5分钟，用惯用手拍。
4	拼图	每天一次，每次5~10分钟，根据图案例子拼出完整的一幅图，显示内容有古诗、词语、单词等。
5	clever friend	教具：clever friend (1) 把36个黄色小帽子均分。 (2) 让孩子拿小帽子去盖卡片上的相同颜色的内容（相同、相等、相关、相联、正反面或者物体的两部分），全部盖完后，盖得多者胜出。
6	找不同	找出两幅图中的所有不同之处，越快越好。
7	搜索卡	每天一次，每次5~10分钟,在图片中找出卡片提示的内容，并圈出。
8	趣味翻翻棋	教具：趣味翻翻棋 把36个游戏棋子翻盖在棋盘上，猜拳决定先后。输的一方在任意位置翻开两枚游戏棋子，如两枚棋子相同，则收起这两枚棋子，并继续在任意位置翻开两枚棋子，直到翻出的两枚棋子不同为止，则将其盖回原位；开始下一位玩家翻游戏棋子，规则如同上一位玩家。当翻出的图案为"炸弹"时，则翻的一方要将两枚相同的游戏棋子放回棋盘中，并翻盖起来。当翻出的图案有"暂停"时，则翻的一方要暂停一轮。当翻出的棋子既有"炸弹"又有"暂停"时，则两者并罚。当只剩下"炸弹"和"暂停"时，此时，拥有棋子数目多的一方胜。
9	多米诺骨牌组词	自制多米诺骨牌，把词语贴在多米诺骨牌上，孩子找出家长说出的数字、形状、词语、单词等，越快越好。
10	大象射击	在指定位置，孩子捏着鼻子装大象快速转动三圈，将指定物品扔向靶心，越准越好。

序号	名称	训练内容
11	数字排排座	每周两次，每次5~10分钟，把杂乱无序的数字按顺序排列。
12	杯子盖球	每周两次，每次5~10分钟，用三个杯子，其中一个里盖住小球，随意移动杯子位置，选出有小球的那个杯子。
13	走迷宫	每周两次，每次5~10分钟。
14	玩粘土	每周两次，每次5~10分钟。
15	定点投球	每周两次，每次5~10分钟，在一米或多米远放置一个小篮子，让孩子投。
16	双人投球	每周两次，每次5~10分钟，两人相对而站，把手中的球投给对方的同时，接住对方投来的球。
17	走独木桥	每周两次，每次5~10分钟，脚跟必须挨着脚尖走。
18	夹豆子	每周两次，每次5~10分钟，用惯用手夹豆子。
19	魔方	每周两次，每次5~15分钟。

二、小学生

序号	名称	训练内容
1	舒尔特方格	填满数字的方格上，孩子按从大到小的顺序找到数字，家长记录完成时间。更多训练方法，参照教具说明。
2	数字垫	家长出示算式给孩子，孩子按算式顺序跳到对应的数字上，最后跳到结果上。更多训练方法，参照数字垫说明。
3	拍球	每天一次，每次5分钟，用惯用手拍。
4	拼图	每天一次，每次5~10分钟，根据图案例子拼出完整的一幅图，显示内容有古诗、词语、单词等。

序号	名称	训练内容
5	clever friend	教具：clever friend (1) 把36个黄色小帽子均分。 (2) 让孩子拿小帽子去盖卡片上的相同颜色的内容（相同、相等、相关、相联、正反面或者物体的两部分），全部盖完后，盖得多者胜出。
6	五颜六色	教具：五颜六色 (1) 让孩子熟悉玻璃片上的图片内容。 (2) 给孩子看卡片上的图形。 (3) 用玻璃片拼出与卡片一致的图形（100种），越快越好，拼得多者胜出。
7	找不同	找出两幅图中的所有不同之处，越快越好。
8	搜索卡	每天一次，每次5~10分钟,在图片中找出卡片提示的内容，并圈出。
9	写偏旁部首	家长准备一些偏旁部首，孩子写出带有某个偏旁部首的字，越多越好。
10	趣味翻翻棋	教具：趣味翻翻棋 把36个游戏棋子翻盖在棋盘上，猜拳决定先后。输的一方在任意位置翻开两枚游戏棋子，如两枚棋子相同，则收起这两枚棋子，并继续在任意位置翻开两枚棋子，直到翻出的两枚棋子不同为止，则将其盖回原位；开始下一位玩家翻游戏棋子，规则如同上一位玩家。当翻出的图案为"炸弹"时，则翻的一方要将两枚相同的游戏棋子放回棋盘中，并翻盖起来。当翻出的图案有"暂停"时，则翻的一方要暂停一轮。当翻出的棋子既有"炸弹"又有"暂停"时，则两者并罚。当只剩下"炸弹"和"暂停"时，此时，拥有棋子数目多的一方胜。
11	24点	家长告诉孩子4个数字，孩子用加、减、乘、除（可加括号）把给出的数列成横式，得数是24，每个数字必须用一次且只能用一次，记录完成时间。

序号	名称	训练内容
12	多米诺骨牌组词	自制多米诺骨牌,把词语贴在多米诺骨牌上,孩子找出家长说出的数字、形状、词语、单词等,越快越好。
13	大象射击	在指定位置,孩子捏着鼻子装大象快速转动三圈,将指定物品扔向靶心,越准越好。
14	好眼力游戏	每周两次,每次5~10分钟,准备一些两可图形,即一个图形可以看出两种形态。
15	数字排排座	每周两次,每次5~10分钟,把杂乱无序的数字按顺序排列。
16	杯子盖球	每周两次,每次5~10分钟,用三个杯子,其中一个里盖住小球,随意移动杯子位置,选出有小球的那个杯子。
17	接棒子	每周两次,每次5~10分钟,准备手握成圈,从正上方落下棒子,以最快速度接住。
18	读故事	每周两次,每次5~10分钟,着重情景描写内容多的。
19	走迷宫	每周两次,每次5~10分钟
20	定点投球	每周两次,每次5~10分钟,在一米或多米远放置一个小篮子,让孩子投。
21	双人投球	每周两次,每次5~10分钟,两人相对而站,把手中的球投给对方的同时,接住对方投来的球。
22	走独木桥	每周两次,每次5~10分钟,脚跟必须挨着脚尖。
23	夹豆子	每周两次,每次5~10分钟,用惯用手夹豆子。
24	魔方	每周两次,每次5~15分钟。

听感联合

一、学龄前

序号	名称	训练内容
1	舒尔特方格	填满数字的方格上，家长说出一个或多个数字，孩子迅速找出。更多训练方法，参照教具说明。
2	数字垫	家长告诉孩子一个或多个数字，孩子依次跳到数字上。更多训练方法，参照数字垫说明。
3	读数掐秒表	先约定好秒数，孩子默数开始即掐秒表，当数到指定秒数时说停，家长看是否和秒表时间相同，越准越好。
4	西瓜蹲	(1) 每人头上戴一个小帽子站成一圈，帽子上贴着不同的字。 (2) 家长讲出词语，被讲到的孩子蹲下，争取又对又快。
5	听故事，情景对话	家长讲情景对话内容多的故事，孩子复述出来。
6	自编故事	每周两次，每次5~15分钟，家长给一个故事主题（一个物品、一个或者几个词语、一句话等），孩子根据主题编一个故事并讲出来。
7	拍手数数	按约定好的数字（如3、6、9，2的倍数，7的倍数等），不要数出来，用拍手表示。
8	盲人开车	(1) 准备线路图，不给孩子看到。 (2) 给孩子蒙上眼睛，家长在旁边指挥孩子用笔在线内"开车"。
9	手口不一	10以内的数字，说出的数字和手比划出的数字不一样。
10	猜谜游戏	每周两次，每次5个。
11	听我数一数	每周两次，每次5分钟，家长快速报数，让孩子集中注意力，说出家长漏报的数字。
12	悄悄话	每周两次，每次5分钟，先藏好某物品，提示孩子在哪个区域、方位，让他寻找。

二、小学生

序号	名称	训练内容
1	舒尔特方格	填满数字的方格上，家长说出一定规则的数（如偶数、能被3整除的数），孩子迅速找出。更多训练方法，参照教具说明。
2	数字垫	家长告诉孩子算式，孩子一边说算式一边跳到对应的数字上，最后跳到结果上。更多训练方法，参照数字垫说明。
3	读数掐秒表	先约定好秒数，孩子默数开始即掐秒表，当数到指定秒数时说停，家长看是否和秒表时间相同，越准越好。
4	西瓜蹲	(1) 每人头上戴一个小帽子站成一圈，帽子上贴着不同的字。 (2) 家长讲出词语，被讲到的孩子蹲下，争取又对又快。
5	听故事，情景对话	家长讲情景对话内容多的故事，孩子复述出来。
6	自编故事	每周两次，每次5~15分钟，家长给一个故事主题（一个物品、一个或者几个词语、一句话等），孩子根据主题编一个故事并讲出来。
7	拍手数数	按约定好的数字（如3、6、9，2的倍数，7的倍数等）不要数出来，用拍手表示。
8	盲人开车	(1) 准备线路图，不给孩子看到。 (2) 给孩子蒙上眼睛，家长在旁边指挥孩子用笔在线内"开车"。
9	数青蛙	(1) 所有人围成一圈。 (2) 从其中一个人开始念：一只青蛙,一张嘴,两只眼睛,四条腿,扑通一声跳下水；第二个人念：两只青蛙,两张嘴,四只眼睛,八条腿,扑通、扑通跳下水。以此类推。说错即被淘汰。青蛙，嘴，腿、跳水声音要按实际数量增加。或者每人说一次扑通，如果需要再说的，下一个人接着说（比如第三个人说：三只青蛙，三张嘴，六只眼睛，十二条腿，扑通，第四个人说扑通，第五个人说扑通跳下水，第六个人说四只青蛙……）。

序号	名称	训练内容
10	手口不一	十以内的数字，说出的数字和手比划出的数字不一样。
11	词语接龙	每天一次，每次5分钟，组词并说出对方词语的意思，后一个词的第一个字，跟前一个词的最后一个字，发音相同。
12	猜谜游戏	每周两次，每次5个。
13	听我数一数	每周两次，每次5分钟，家长快速报数，让孩子集中注意力，说出家长漏报的数字。
14	悄悄话	每周两次，每次5分钟，先藏好某物品，提示孩子在哪个区域、方位，让他寻找。

三觉联合

一、学龄前

序号	名称	训练内容
1	舒尔特方格	填满数字的方格上，孩子按从小到大的顺序，一边说一边找数字，完成后家长记录时间。更多训练方法，参照教具说明。
2	数字垫	孩子从1开始依次边数边踩到10，家长记录完成时间。更多训练方法，参照数字垫说明。
3	理财小能手	(1) 准备一个游戏超市。 (2) 给孩子一定数额的游戏币。 (3) 孩子当顾客或者老板。
4	拼图说故事	准备拼图教具，先把图片拆开，拼好后，再说出故事。
5	我是小演员	家长出示一个词语给孩子，孩子只表演不说话，另一个家长猜词语；家长和孩子可以互换角色。
6	圈画古诗接力背	(1) 学习或者复习一首古诗。 (2) 孩子和家长接力背出 (可以一人背一句、一人背一个词等)。

二、小学生

序号	名称	训练内容
1	舒尔特方格	填满数字、字母的方格上，孩子按从大到小的顺序，一边说一边找数字、字母，完成后家长记录时间。更多训练方法，参照教具说明。
2	数字垫	家长告诉孩子算式，孩子一边说算式一边跳到对应的数字上，最后跳到结果上。更多训练方法，参照数字垫说明。
3	拼图说故事	准备拼图教具，先把图片拆开，拼好后，再说出故事。
4	我是小演员	家长出示一个词语给孩子，孩子只表演不说话，另一个家长猜词语；家长和孩子可以互换。
5	圈画古诗接力背	(1) 学习或者复习一首古诗。 (2) 孩子和家长接力背出（可以一人背一句、一人背一个词等）。
6	理财小能手	(1) 准备一个游戏超市。 (2) 给孩子一定数额的游戏币。 (3) 根据不同的购买条件（如买的数量多、品种多、活动主题等）来采购。
7	强手棋/大富翁	准备教具，参照教具说明。

附录三　家庭训练方法实例

专注力训练：左右脑协调能力不够，会导致孩子注意力不集中

序号	名称	训练内容
1	舒尔特方格	孩子一边指一边读数字，按1 2 3 4 5……的顺序，记录完成时间，每天练习4面。
2	顶沙袋翻杯子	在地面间隔1米摆放5个一次性水杯，杯口朝下杯底朝上，然后将5个乒乓球放在杯底上，孩子头顶沙袋，蹲下将乒乓球拿起并将杯子翻转，把球放入杯口中，返回时要把球再次从杯口拿出，放在杯底上。
3	倒滑滑梯	头朝下，从滑梯顶端滑到底端（注意安全）。
4	顶沙包走独木桥	沙包放在头顶，脚尖挨脚跟两脚轮流走规定直线。
5	过障碍丢沙包	孩子手拿沙包，跑过一定高度的障碍，定点把沙包丢到一个盒子里。
6	猜杯子	三个杯子，其中一个放入球体，不断交换位置。
7	滚圈走直线	地上铺约5米长的泡沫垫，孩子手脚紧贴身体，从垫子的一头翻滚到另一头后，站起来走直线。
8	数字传真	家长读出一串数字（5~10个，比如829413），孩子听后写出来。
9	找数字	在一串数字中，数出指定的某一个或两个数字有多少个。
10	找字母	在一串字母中，找出某一个或两个字母的数量。
11	消消乐	准备两副扑克牌，挑选出两副牌中所有的黑桃牌，打乱后背面朝上放在地面，孩子每完成2次蹲起翻2张扑克，2张扑克如果一样，则消除成功，如果不一样，要在次翻回到背面状态，重新蹲起后翻拍，直至消除所有扑克。
12	躲避炸弹	规定一个2平方米的范围，让孩子站在这个范围里面，不能出界，家长距离孩子3米以上距离，手拿沙袋或者小型瑜伽球，当作我们的炸弹，用炸弹砸向孩子，孩子需要在范围内进行躲避，游戏难度由扔炸弹力度决定。

其他：定点跳绳、骑两轮自行车、轮滑、荡秋千等户外活动。

手眼协调训练：手眼脑不协调，
会导致孩子粗心严重

序号	名称	训练内容
1	格梯跳	双脚左右或前后跳格梯。
2	正反开合跳	正开合跳，就是在保持立定站姿，起跳时手脚同时打开，将身体变成大字，然后再次起跳将身体恢复成立定姿势，反开合跳腿并拢准备，双臂侧平举变成T字，起跳后将双腿分开，同时双手贴住大腿变成人字，再次起跳恢复成"T"字。
3	视动协调	在印有100个小圆圈（直径2毫米，每行10个）的训练纸上，计时35秒钟，快速地由起点连续向圆圈内打点，不能点在圆圈线上、圆圈外。
4	切丝	孩子把土豆、萝卜等切成丝。
5	剪波浪线	打印或者手画波浪线图形，孩子用剪刀沿线剪图。
6	夹豆子	用碗装一些豆子，手拿筷子夹豆子，一次夹一颗。每天练习，可以定时间或定数量。
7	跳出地雷阵	在地上间隔40厘米摆放10个以上的足球标记碟，标记碟作为地雷，我们要利用地雷中间间隔，快速跳过不要触碰地雷。
8	轰炸机	设置一个目标起点，孩子站在目标位置，然后根据孩子能力将空塑料瓶放到1米以上距离（可放多个），摆放好之后用沙包作为炸弹，轰炸塑料瓶。

方位训练：方位的快速判断记忆能力出现偏差，
会导致孩子"b""d"不分，写字左右颠倒

序号	名称	训练内容
1	门球	家长把球从不同方向扔给孩子，孩子用门球棍侧面击球。
2	球类	乒乓球、篮球、足球、羽毛球、网球等所有球类游戏
3	吃葡萄	家长和孩子相距2米以上距离，面对面站立，家长手里准备好乒乓球当作葡萄，孩子手拿一次性纸杯，家长把球抛向孩子身体前方，孩子用纸杯把葡萄吃掉，不要让葡萄落地摔碎。
4	摸鼻子耳朵	孩子左手摸右耳朵，右手摸鼻子，拍一下手，换成左手摸鼻子，右手摸左耳朵。
5	手枪	先将右手的大拇指和食指伸出，其他手握紧表示一把手枪，左手只伸出食指表示数字1，然后换左手的大拇指和食指伸出，其他手指握紧表示手枪，右手伸出食指和中指表示数字2，左右手轮换。
6	对墙接球	孩子自己单手拿一次性纸杯，另一只手拿乒乓球，站在距墙1米的位置，将手中乒乓球抛到墙面上，球反弹回来时用杯子接到。
7	抱球翻滚	两手举过头顶，抱着小球，用身体翻过5米长软垫，起立跑回出发点。

写字肌训练：写字肌锻炼不强，

会导致字迹不端正，甚至排斥写字类作业

序号	名称	训练内容
1	手推车	孩子两手着地，支撑身体前进；家长用两手分别握住孩子的两脚（脚踝处），并抬高，大致与后背同一高度，跟随孩子的节奏前进。
2	握力器	孩子双手一起握住一个握力器，缓慢用力，用到最大力时松手。
3	拧毛巾	孩子把湿毛巾拧干。
4	斜体支撑	孩子双手撑地，双脚抵在高的物体上（从低往高，逐渐增高），身体保持一条直线，支撑一定时间。
5	支撑摸肩膀	手掌撑地，整个身体保持平板支撑姿态，抬起左右摸右肩，抬起右手摸左肩，依次交替完成。
6	蜘蛛爬	肚子朝上屁股朝下，身体呈仰姿准备，手脚交替向前爬行。特别注意手脚联动配合，左手和右脚同时，右手和左脚同时，不要顺拐。
7	小驴踢	蹲姿势准备，双手撑地面，双脚同时向上踢起，手臂一直保持支撑状态。